エネルギーと地方財政の社会学

旧産炭地と原子力関連自治体の分析

湯浅陽一 YUASA, Yoichi

エネルギーと地方財政の社会学

旧産炭地と原子力関連自治体の分析

目次

はじめに 3

第Ⅰ部　財政社会学の理論

第1章　問題の所在 7

第2章　分析の枠組み 13

第3章　財政社会学の研究史 37

第Ⅱ部　旧産炭地自治体財政の社会学分析

第4章　日本の地方財政制度の諸特徴 67

第5章　財政の破綻と再建の諸事例 81

第6章　石炭産業と産炭地対策の歴史 113

第7章　福岡県田川郡の財政再建団体の取り組み 141

第8章　夕張市における破綻と再生への取り組み 161

第Ⅲ部　原子力関連施設立地自治体財政の社会学的分析

第9章　原子力エネルギーをめぐる現状 191

第10章　原子力関連施設立地の経済・財政効果と特徴 205

第11章　原子力関連施設立地自治体の財政動向 243

第12章　電源三法交付金の社会学的分析 273

最終章　まとめにかえて 295

あとがき 303

参考文献一覧 305

索引 313

はじめに

　本書は、地方財政を社会学的な視点から体系的に分析することを意図したものであり、財政社会学の一研究として位置づけられる。国・地方を問わず、財政は社会学にとって重要な研究対象とはみなされてこなかった。海外では財政社会学に関する研究の歴史と蓄積があるが、必ずしも多くの研究者が取り組んできたわけではない。また、日本国内に関しては、関連したものを含めても非常に数が限られている。

　今日の社会問題は、様々な形で財政に関係している。社会問題の解決が行政の主目的であることをふまえれば当然ではある。しかし、その行政や財政が適切に機能することができずに問題の解決が進まないケースは多い。さらには、財政制度そのものの特徴や課題から、問題が発生したり拡大したりしている事例もみられる。

　近年ではとくに、地方自治体の財政ひっ迫が課題となっているが、その原因は個々の自治体の努力の問題に帰せるようなものではない。日本の地方財政制度が抱える構造的な問題に起因していると捉えるべきである。

　日本の地方自治体が直面している問題の内実を明らかにし、対応策を検討するためには、財政制度内の整合性などを問うだけでなく、これをより広い文脈において研究することが必要である。ゴルトシャイトを創始者とする財政社会学は、マクロ要因との関連を問うことを主たる分析視点としてきた。財政制度に対する多角的な分析のために、有益な視点を多く提示することができる。

　本書ではこの財政社会学の視点を、主としてエネルギーに関わりの深い自治体に適用している。エネルギーと財政は、一見すると関わりが少ないようにみえるが、少なくとも地方自治体においては、密接に関連している。石炭を主要産業としていた旧産炭地は、この産業の斜陽化とともに衰退してきた。その際、地方財政には地域を下支えするものとして大きな期待が寄せられたが、結果として、夕張市のように財政破綻する自治体も現れてしまった。主要産業の衰退という危機に直面して、自治体財政は、いかなる機能を果たしたのか。あるいは果

はじめに　3

たせなかったのか。その構造的要因はどのようなものであるのか。

　原子力をめぐっては、立地受入にともなう財政効果が大きな論点となっている。福島第一原発事故以降、原子力エネルギーの将来も不透明さを増している。石炭から石油、そして原子力から再生可能エネルギーへという移り変わりがみられたように、エネルギー源は、いずれ変遷していく。原子力への依存を深めてきた地域は、その変遷の中で、どのような道を辿ることになるのか。旧産炭地のような苦境に陥ることを避けるための手立てはあるのか。

　エネルギーに関わりの深い自治体の財政問題を分析していくことは、その自治体の財政面での持続可能性を考えることであるとともに、日本の地方財政制度の全体的な課題を明らかにすることにつながる。本書では、2つの問題を結びつけることで、それぞれの問題に対する分析と理解を深めていくという方法をとる。

第 I 部

財政社会学の理論

第1章

問題の所在

本書は、北海道夕張市や青森県六ケ所村など、エネルギー産業に関わりの深い自治体を主たる対象として、地方財政の持続可能性を、財政社会学の視点から問うものである。

本研究のきっかけの1つは、2006 (平成18) 年に表面化した夕張市の財政破綻である。2007 (平成19) 年度より旧制度のもとで財政再建団体となった同市の事例は、マスコミによって大々的に報道され、全国的にも高い関心を集めた。民間企業にとっての倒産に相当する自治体破綻という現象の深刻さもあろうが、同じように危機的な水準の財政ひっ迫に苦しむ自治体が少なくないことも大きな理由であると考えられる。都道府県と市町村、都市部と地方といった条件の違いを問わず、多くの自治体が厳しい財政事情に直面している中での夕張市の破綻は、少なくない人々から、自治体の連鎖的な破綻の前触れとして受け取られたのではないか。

本書では夕張市の問題を、相互に関連しあった2つの文脈に位置づけている。1つは、日本の地方財政制度の問題である。財政危機に苦しむ自治体は少なくないが、とくに非都市部あるいは「地方」に所在する自治体が置かれている状況は、非常に厳しい。危機の背景は様々であっても多くの自治体が深刻な形で苦しんでいることは、その原因や責任が、個々の自治体のみに帰せるものでなく、わが国の地方財政制度が抱える構造的な課題に由来するものであることを示唆している。では、その構造的な課題とはどのようなものであるのか。

もう1つの文脈は、エネルギー産業と自治体の地域振興あるいは財政的持続可能性との関わりである。夕張市はかつて国内有数の石炭の産出地であった。同市の破綻は、石炭産業の衰退と関連企業の撤退を背景としている。本書で取り上げる福岡県の田川郡にあった4つの町も、旧産炭地であり、1980年代から90年代にかけて、相次いで財政再建団体入り

を経験している*1。

　北海道であれ、福岡の筑豊であれ、石炭産業の衰退は資源の枯渇によるものではない。海外産の石炭に価格面で押される一方で、エネルギーの新たな供給源として、石油や天然ガスが台頭してきたからである。電力にかぎってみれば、かつては石炭火力、そして水力が中心であったものが、火力に石油・天然ガスが加わり、次いで原子力が占める割合が増え、今日では再生可能エネルギーが増加しつつある。電力をはじめとするエネルギーはわれわれの生活に不可欠のものであるが、その主たる供給源は時代とともに変遷する。

　他方、石炭や原子力において顕著なように、これらのエネルギーの供給地である自治体は、経済や財政などの面で、これらの産業に深く依存する傾向にある。そのため、その産業が衰退し、関連企業が撤退したり活力を失ったりすることは、当該地域にとっては致命的とも言える影響を与えることになる。夕張市などの旧産炭地は、エネルギー供給源の時代的な変遷の中で、大きな打撃を受けてしまった。

　この文脈はさらに、原子力関連施設を立地している自治体が、潜在的には類似した危機に直面していることへとつながる。これらの自治体における財政や地域経済の原子力関連施設への依存度は押し並べて高いため、2011 年の福島第一原発事故以降の原発の長期停止によって影響を受けている部分もある。立地自治体の中には、早期の再稼働に期待を寄せているところも少なくない。しかし、国内の原発の大半は老朽化しつつあり、新規建設の目処も乏しい。すでに日本のエネルギーは、原子力エネルギーから再生可能エネルギーを中心とした段階に入りつつあるのではないかと思われる。それでは、原子力に深く依存しているこれらの自治体はどうなっていくのか。このまま原子力が衰退し、旧産炭地に生じたもの

第 I 章　問題の所在　　9

と同じような危機的な事態が生じてくるのか。その危機のメカニズムはどのようなものであり、どのような部分で旧産炭地のケースと異なっているのか。そして対処策はどのようなものが考えられるのか。

　自治体財政とエネルギーというこの2つの文脈は、深く関連している。地域の主力産業が衰退していく局面にあっては、自治体の財政出動による対処が求められる。夕張市を始めとする旧産炭地でもそうした取り組みは行われたが、十分な成果を挙げられなかったケースが多い。夕張市の財政破綻は、その帰結の1つである。他の旧産炭地の自治体でも、多くが、財政難に苦しんでいる。原子力関連施設の場合は、自治体が受ける恩恵は雇用の創出などの経済効果よりも財政的なものに集中している。その影響は規模の小さな自治体ほど巨大になる。享受している恩恵が大きいものであるほど、このエネルギーが本格的に衰退したときに受ける影響も深刻なものとなる。その影響のあり方をみていくと、現在の地方財政制度が抱える特徴と課題が浮かび上がってくる。

　原子力関連施設を立地している自治体が今後どうなっていくのかは、本書にとって重要な課題である。原子力関連施設という場合、多くは既設の原子力発電所や核燃サイクル施設が想起されるが、本書では、原発から生じた使用済み核燃料、あるいは核燃料サイクルによって発生するガラス固化体という高レベル放射性廃棄物（以下、高レベル廃棄物）の処理の問題を付け加えたい。すでに日本は、多量の高レベル廃棄物を抱えている。これらの廃棄物は、国内のいずれかの土地で、何らかの形で処理されなければならない。政府は、地層深く埋めるという深地層処分を打ち出しているが、そのための施設を立地する場所が見つかっていない。政府が設置した原子力発電環境整備機構（NUMO）を中心に受け入れ地域を探している

が、住民の反発は非常に強く、見通しはまったくと言っていいほどに立っていない。こうした状況を受け、政府は、自治体の自主的な応募を募る立場から、より積極的に政府が介入する立場へと方針を変えている。こうした状況の中では、原発立地の際に電源三法交付金が果たしたような財政措置を設け、それと引き替えに、財政難に喘ぐ自治体がこの施設を受け入れるという流れが強まることが懸念される。このような立地手続きは、候補地周辺住民にどのような影響をもたらすのか。あるいは、このような手法は、高レベル廃棄物のような高度の危険性を持つ負の財の処理にあたって、適切な手続きと言えるのか。

　本書は、これらの問いに対して、財政社会学の視点から答えていこうとするものである。地方財政に関する研究は、当然のことながら財政学が担っているが、本書の問題関心からみたばあい、その対象は狭義の地方財政制度に限定されてしまっているようにみえる。財政社会学は、現在の日本の社会学では広く認知された領域ではない。国内におけるこの領域の研究は財政学者によるものがほとんどである。社会学者によるものは、近接したものは少なくないが、財政社会学という用語を用いているものは、管見のかぎりでは、筆者によるものを除けば皆無に近い。海外では、Fiscal Sociology という語をタイトルに含んだ研究も散見されるようになっている（詳しくは第 2 章を参照）。

　本書では、これまでの財政社会学の知見を踏襲しつつ、これに他の社会学的知見を組み合わせて、分析枠組みを構築する。これによって、問題をより深く分析しつつ、財政社会学の新たな理論展開の可能性を示す。

　本書の構成は大きくは 3 つに分けられる。本章も含めた第

Ⅰ部では、財政社会学の理論的な展開を確認しながら、本書の分析枠組みを提示する。財政社会学は、社会学の一分野としてはっきりと確立された領域ではない。先行研究はあるものの、その理論的内容について言えば、多様というよりは個々にバラバラという状況にある。

まず第2章において、本書で用いる分析の枠組みを提示する。これは、国際社会、国民国家、地域社会という3つのレベルと、市場、行政、市民社会という3つのセクター、そして経営システム・支配システムという2つのシステムを軸としたものである。次いで第3章において、財政社会学の先行研究を概観し、本書の分析枠組みとの関連性を明らかにする。

第Ⅱ部では、第4章において、近年の地方財政の全体的な状況を、三位一体改革や平成の大合併を中心に検討する。第5章では、エネルギーに関わりの深い自治体に限定せずに、近年の地方財政をめぐる動向の中で、いくつかの特徴を示している自治体を取り上げる。第6章から第8章では、夕張市や福岡県福智町など旧産炭地の事例について検討する。

第Ⅲ部では、原子力施設を抱えた自治体の状況をみていく。第9章で原子力エネルギーに関わる全体動向をみたうえで、第10章と第11章で原子力関連施設の立地自治体の財政状況を分析する。第12章では、原子力関連施設の財政効果の中心の1つである電源三法交付金制度を起点にした分析を行う。最後に、本書での知見を整理しつつ、まとめの作業を行う。

注

1 　赤池町、金田町、方城町、香春町。このうち、香春町を除く3町が2006（平成18）年に対等合併して福智町となっている。詳しくは第2部を参照。

第 2 章
分析の枠組み

本章では、本書で用いる分析の枠組みを提示する。多くの学術的な文献では、先に先行研究のレビューを行い、それをふまえてあとから自らの枠組みを示すが、本書においては、本書の枠組みを先に示し、その後に先行研究に言及することにする。本書が用いる枠組みは、社会学と財政学の2つの分野の先行研究に立脚している。これらの研究への言及は学術文献としては不可欠であるが、2つの分野にまたがるレビューのため、一定の長さに達せざるをえない。本書の枠組みを先に示し、後にレビューを行った方が、本書の枠組みの理解を明確に示しうるからである。

2-1. 3つのセクターと3つのレベル

　図2-1は本書の分析の枠組みを示したものである。本書ではまず、社会を、政府・市場・市民社会という3つのセクターからなるものとしてとらえる。このセクターは、それぞれに国際社会レベル・国民国家レベル（以下、国レベル）・地域社会レベルという3つの層を持っている。そして、各セクターそれぞれのレベルを、1つのシステムとして捉える。これにより9つのシステムが析出される。順に列挙すれば、国際政治システム、国民国家政治システム（以下、国レベルの政治システム）、地域政治システム、国際経済システム、国民国家経済システム（以下、国レベルの経済システム）、地域経済システム、国際市民社会システム、国民国家市民社会システム（以下、国レベルの市民社会システム）、地域市民社会システムである（表2-1参照）。

　これらのシステムは、それぞれにまとまりを持ってはいるものの、それ自体が無数のサブシステムによって構成されている集合体でもある。また、これら9つのシステムが集まって構成されている全体社会も1つのシステムとみなしうる。

14

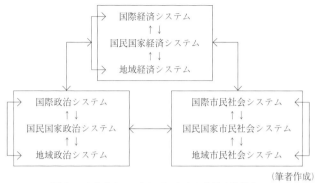

(筆者作成)

図2-1 3セクター・3レベルによる分析の枠組み

表2-1 3セクター・3レベルの表

	政府セクター	市場セクター	市民社会セクター
国際社会レベル	国際政治システム	国際経済システム	国際市民社会システム
国民国家レベル	国民国家政治システム	国民国家経済システム	国民国家市民社会システム
地域社会レベル	地域政治システム	地域経済システム	地域市民社会システム

(筆者作成)

これらの点もふまえたうえで、本書では、この9つのシステムを分析の基本的な単位として位置づける。

これら3つのセクターと3つの層において形成されている9つのシステムのあいだでは、相互行為が成立している。この相互行為の中身は多様なものであるが、財政は、システムとシステムとつなぐ有力な回路の1つである。本書では財政を、システムのあいだの相互行為の一つとして捉え、財政社会学を、財政の相互行為としての性質に注目した分析を行う研究分野として位置づける。

したがって、本書の分析の根底には、システムのあいだの

相互行為という視点が横たわっている。社会学はシステムとしての社会や、主体と主体の相互行為を捉える分析視点を多様な形で発展させてきた。本書では、その中でも、フランスの M. クロジエ (Crozier) らが展開している戦略分析 (L'Analyse stratégique) の枠組みを用いる。この枠組みについては次節で述べる。

戦略分析について検討する前に、9 つのシステムの相互行為における財政の機能について確認しておこう。それぞれの相互行為における財政の機能は多様である。

9 つのシステムのあいだの相互行為は、①同じレベルに位置する異なった 3 つのセクターのあいだのもの、②同じセクターの中での異なったレベルのあいだのもの、③セクターおよびレベルを異ならせたもの同士のものに分けることができる。

このうちの①同じレベルに位置する異なった 3 つのセクターのあいだでの相互行為について、国レベルを事例にみていこう。国レベルの中央政府は、課税という形で、経済システムや市民社会システムに働きかける。市民に対しては所得税や相続税・消費税など、企業に対しては法人税や事業税など、多様な形で課税する。

課税の第一の目的は、政府の活動に必要な財源の調達である。これは租税のもっとも重要な側面であるが、税の徴収が果たす機能はこの点だけに留まるものではない。租税は、政策手段としての性質も併せ持っている。例えば、市民に対して累進的な所得税を課すことは、政府の税収を確保することと同時に、市民のあいだでの富の格差に対する再分配の機能を担う。企業に対しても同様で、一部の企業による独占の防止や、公害・環境問題の改善を狙った税が導入されることもある。

政府が自らの権限にもとづいて他のシステムに課税し、それに応じる形で他のシステムの財が、政治システムへと移動する。これが、課税に関わる政治システムと経済システム・市民社会システムのあいだの相互行為である。政策手段としての機能は、その財の支払いを通じて、各システムを構成している主体の行為に影響を与えようとするものである。

　政府から企業や市民への財政を通した働きかけは、一方的に税を集めるだけではない。政治システムから経済システムや市民社会システムへの財の移動もある。これは、具体的には、政府としての活動を通じて、各種の財やサービスを企業や市民に提供するという形をとる。この財やサービスの提供には、警察による治安維持のように直接的な財のやりとりを伴わないものもあれば、各種の補助金などの形で直接的に財を支払い、企業や市民に働きかけるものもある。

　こうした政府のうごきに対し、企業や市民は、受動的に税を払い、助成金などを受け取るだけではない。財政民主主義の原則が採用されている民主主義国家では、政府の課税権そのものが市民によって付託されたものである。市民社会は、好ましくない税の徴収を行う政府に対しては選挙を通じて政権の交代や政策の変更を促すことができる。どのような税が好ましいものであるのかについて、要望を出すこともできる。同じことは企業にも当てはまる。市民社会や政府と異なり、企業は課税の権限には直接には関与しないが、望ましい課税や補助金のあり方について、業界団体などによって政府に働きかけることは日常的に行われている。以上のような政府へのはたらきかけも、システムのあいだでの相互行為である。

　このような3つのシステムのあいだの相互行為は、さらに、あるシステムが他の2つのシステムの媒介となるという、より複雑な形もとりうる。例えば、企業が発生させた公害被害

第 2 章　分析の枠組み　　17

に苦しむ市民が、税制度を利用して公害を防止すべきと考えて、政府に制度の構築を働きかけることがある。これは、市民による、政府を通じた企業への働きかけであり、政府は市民と企業とのあいだの媒介として機能している。システム同士の相互行為を直接的相互行為とみれば、こちらは媒介的相互行為と呼ぶことができる。

　以上のような直接的ないし媒介的相互行為は、地方財政という形で、地域社会レベルにおいても成立している。地方財政をめぐっては、これまでに述べてきた3つのセクターの関係が、それぞれ、地域政治システム、地域経済システム、地域市民社会システムとして成り立っている。この3つのシステムは、国レベルと類似した形で、それぞれに作動し、相互行為を展開しているが、国レベルのものとは異なった点も少なくない。

　例えば、地方自治体は、条例によって独自課税が可能ではあるが、その範囲は限定的である。かれらの財源の大半は、国の法律で定められ直接に自治体の歳入となる地方税か、国が徴収し、交付金や補助金として自治体に配分される国税の一部である。自治体にとって国の補助金の獲得は重要な目標であり、時期によっては首長などが、距離的には遠く離れている東京に出張を繰り返すこともある。

　企業や市民社会の活動においても、同様に、それぞれの特徴がある。日本の地方経済は、「支店経済」と呼ばれることもあるように、東京などの大都市に本社を置く企業の支店が重要な役割を担っており、地方の都市に本社を置く企業が少ない。そのため、行政の場合と同じように、地元の状況よりも、東京の本社のうごきに注意が向けられることも少なくない。地域の企業などが連携して地方自治体に働きかけることはあるが、国レベルの動向が重視されることもある。

市民社会のセクターでは、地縁組織の存在が注目に値する。基礎自治体である市町村のもとには、自治会・町内会という地縁組織がある。自治体の業務遂行にあたっては、こうした地縁組織の支援を受けているケースも多い。政治システムと市民社会システムのあいだの相互行為は、国レベルに比べ、地域社会レベルの方が濃密である。その分、住民から行政に対する財政支出についての要求は、より直接的なものとなる。

　したがって、地域社会レベルでは、市民社会と行政という水平の関係が密であるが、政治システムや経済システムにおいては、中央政府と自治体、本社と支社のように、同じセクターの中の垂直な関係がより重きを持つようになるという特徴がある。

　そこで、②の関係、すなわち、各セクター内での 3 つの層のあいだでの相互行為についてみていく。この相互行為は、それぞれのセクターの中で行われているが、財政を回路としているものは中央政府と地方自治体との関係のみである。

　上記の①の地域レベルの部分でも述べたように、地方自治体は独自の課税権限を持ちつつも、少なくない部分を国からの交付金等に依存している。日本の場合、国と地方を合わせた税収のおよそ 3 分の 2 が国に入る仕掛けになっている。これに対し、国や自治体の予算の執行は、生活に身近な自治体で行われることが多い。したがって、日本の中央と地方の財政上の関係の特質として、国が税を集め、それを自治体に配分している割合が大きいということができる。これは日本の地方財政制度が持つ重要な特徴である。市民の立場からみれば、とくに行政予算の分配を受ける面に関しては自治体の存在感が大きくなるが、その自治体の動きを分析するためには、国との関係をふまえておくことが欠かせない。国と自治体のあいだの垂直的な関係は、日本の財政制度を検討するうえで

最も重要な点の１つであり、財政社会学にとっても主要な研究対象となるうる。

　最後に③の関係についてみておこう。本書ではエネルギーに関わりの深い地域社会を取り上げるが、エネルギー産業をめぐる動向は、国際社会と密接に連動している。旧産炭地の衰退は、政府による石炭から石油へというシフトの帰結であるが、この政策は、国際社会レベルでの動向を受けてのものである。国際社会レベルの経済システムの変動が、国レベルの政治システムを介して、地域社会レベルの各システムに影響を与えていることになる。むろん、国際社会におけるエネルギーの動向が地域社会に対して与える影響は、国レベルの政治システムを介してのものだけではない。国レベルの経済システムを経由することもあれば、地場資本の企業の撤退などのように、国際社会レベルの経済システムのうごきが、地域社会レベルの経済システムのうごきを直接に左右することもある。他にも、地域社会レベルの市民組織が国際的なNGOと連携するなど、同じセクターの中で国レベルを飛ばしたつながりなどもありうる。

　これまでに述べてきた①〜③の関係は、国レベルと地域レベル（地方自治体）に関わるものが中心であり、国際社会レベルのものは多くない。本書の分析においても、国際社会レベルは直接的な対象となっていない。

　国際政治システムには、国連やそれに準じた国際機関が含まれる。これらの組織もそれぞれに予算を持っているが、国や自治体によるものと同じ税を課してはいない。国や自治体における財政と同じ視点で、これらの組織の行為を捉えることは難しい。

　しかし、国際社会レベルの動向が国や自治体の財政と無関係ということではない。むしろ、密接な形で関わっている。

租税のあり方に大きな影響を与えている変化の1つとしてグローバル化を挙げることができる。グローバル化によって人や企業が容易に国境を越えられるようになると、所得税や法人税の課し方も変化せざるをえない。国や地域によって税率が異なっている状況で、容易に国境を越えることができるのであれば、税率の高いところから低いところへの人や企業、あるいは資産の移動が起こるからである。タックス・ヘイブンを通じた税負担の回避は、その代表的な現象である。

税率の低い地域への流出を防ぐため、政府は、自国の税率を下げなければならない。しかしこのことは同時に、自らの税収が減ることも意味する。この減収分をカバーするためには、他の税による歳入を増やさなければならない。住所が置かれている場所によって左右されず、消費行動に伴って課税が可能となる消費税は、グローバル化する世界の中では、政府が頼りやすい税の1つである。また、グローバル化による環境の変化に対しては、グローバル・タックスの導入による対処も考えられる。じっさい、国境をまたいだ課税を導入するうごきは出てきており（例として EU の金融取引税）、さらなる導入の必要性を指摘する研究も多い（Piketty2013、諸富2013）。ただし、この方向でのうごきは、まだまだ萌芽的なものに留まっている。

政府も、市場、市民社会も、時代によって変化していく。9つのシステムの相互関係も同様である。これらの変化に応じて、租税や予算といった財政のあり方も変わらざるをえない。そして、租税や予算の形が、市場や市民社会、場合によっては政府そのものにも影響を与えていく。

これまで、9つのシステムのあいだの財政を通じた相互行為のあり方をみてきたが、いくつか留意すべき点を指摘しておこう。

第一に、これら9つのシステムのあいだの相互行為については、財政が関係しているものもあれば、そうでないものもある。しかし、財政が関係していないものが、本書の分析の枠組みの適用外となるわけではない。こうしたシステム間のやりとりは、財政に影響を与える外部要因あるいはマクロ要因となる。次章でも述べるように、財政社会学の先行研究は、こうしたマクロ要因を分析対象に取り入れることを主要な論点の1つとしてきた。

　第二に、具体例として挙げたものは、国が税金を集め、自治体が執行するという関係のように、現在の日本の制度を前提としている。9つのシステムのあいだの関係は地域や時代によって異なったものとなる。とくに、国レベルの政治システムにおける制度の相違は重要である。この違いは、地域レベルの政治システムだけでなく、経済システムと市民社会システムに対しても大きな影響を与える。本書では詳しく取り上げないものの、こうした多様性に注目した比較研究は、財政社会学の重要なテーマの一つである。

　第三に、このような各システムのあいだの相互行為に加えて、1つのシステムの中のサブシステム同士の関係も本書の分析対象に含まれることを付言しておかなければならない。とくに本書では、国レベルと地域社会レベルにおける政治システムの分析が重要となる。財政をめぐる行為は政治システムにおいてなされている。政治システムは多くのサブシステムによって構成されている。中央政府や自治体の活動が、税を集め、予算を編成・執行することによって成り立っていることをふまえれば、財政を実行するための諸制度や諸組織は、政治システムにとって極めて重要なサブシステムを形成している。したがって、政治システム内での他のサブシステムと、財政との相互行為も財政社会学における分析対象となる。

3つのセクターと3つの層による9つのシステムとして、社会全体を捉える構図は、本書の分析対象の全体像を示したものである。次に、システム間のやりとりを分析していくための枠組みを示そう。

2-2. 本書の分析に関わる諸概念

　本書は、社会をシステムとして捉える視点を採っている。この視点は、社会を、これを構成する各主体の相互行為が集積した結果として把握することを意味する。本書の分析の枠組みでは、財政をシステム間の相互行為の回路として把握している。個々のシステムの作動は、それぞれの構成主体の行為の累積の上に成り立っている。システム間の相互行為もその延長線上にある。

　社会をシステムとして捉える分析視点は社会学が多様な形で発展させてきたものであるが、本書ではフランスの戦略分析学派によるものと、協働連関の両義性論における経営システムと支配システムの視点を用いる。以下、この分析視点についてみていこう。

2-2-1. 戦略分析

　戦略分析は、組織社会学における理論の1つとして展開されてきた。この分析の枠組みの第一の特徴は、主体を、つねに最低限の自由を持っており、この自由を強力なやり方で行使しているものとする主体観にある。科学的管理法を提唱したテイラリズムでは、主体を「手」や「心臓」すなわち受動的な存在とみなしていたが、戦略分析では「頭」を持つ能動的な存在として捉えている。「頭」を持った主体は、自分自身の利得を最大化させるという目的のもとに作戦＝戦略を立

て、使用可能で有効な資源であるところの勢力を駆使しなが
ら行為している。

第二の特徴は、主体が行使する「勢力」の概念である。勢
力は、フランス語では pouvoir、英語では power であり、社
会科学では一般に権力と訳される。しかし戦略分析の視点の
特徴をふまえれば、勢力という訳語が適切である。この概念
は、主体が持つ資源＝自由な選択範囲と不確実性の領域に言
及しながら、はたらきかける相手の資源や自分が置かれた状
況を視野に含めた定義をしているという特徴を有している。

もう少し具体的に説明しよう。個々の主体は、自分自身の
「自由な選択範囲」 (marge de libert) を持っている。これは主体
が持つ権限や能力という資源の範囲を示すものである。これ
に対し主体の能力が及ばない範囲は「不確実性の領域」 (zone
d'incertitude) となる。主体 A が必要とすることがらが A の自
由な選択範囲のうちになく、不確実性の領域にあるばあい、
主体 A はそのことがらを自由な選択範囲に含んでいる別の
主体 B にはたらきかけることで、自分にとって必要なこと
がらを得ようとする。このはたらきかけに際しては、主体 A
は自らの自由な選択範囲に含まれていることがらを駆使する
ことになる。しかしこのはたらきかけが常に有効であるとは
かぎらない。主体 A が用いたことがらがどのくらい有効で
あるかは、主体 B が持っている資源や能力、かれらが置か
れている状況などに依存する。主体 A が持っている自由な
選択範囲はそのまま勢力となるわけではなく、相手に対して
有効性を持つ部分が勢力となる。各主体はこのような勢力を
駆使することで自分の関心を満たそうとする。

戦略と勢力という 2 つの概念を基礎とする主体観は、標準
的な経済学理論における主体観と基礎的な考え方を共有して
いる。すなわち戦略分析は、主体を、所与の目的 (多くの場合、

自己の利得の最大化）を達成するために最も効率的な手段を選ぶという意味において合理的な存在とみなしている。

　本書においてもこのような見解は踏襲するが、主体が有する基本的な性質として、合理性に加え、道理性 (Reasonability) という視点を取り入れる。この概念は、J. ロールズ (Rawls) から示唆を得て、湯浅 (2004) などにおいて展開されているものである。ロールズによれば、主体は、「善の構想のための能力」と「正義の感覚」という 2 つの道徳的能力を持つ。このうち、前者は「合理的利益ないし善の構想を形成し、修正し、合理的に追求する能力」であり、後者は「社会的協働の公正な条件を特徴づける公共的な正義の構想を理解し、適用し、それを動機として行動する能力」である (Rawls, 1993:19)。ロールズはさらに、主体は、「協働の公正な条件として原理や基準を提案し、他の人々がそれを遵守するのであれば、自らもそれに従うという用意のできている」ときに道理的である、と述べている (Rawls, 1993:49)。主体は、善の構想のための能力を持つゆえに合理的であり、正義の感覚を持つゆえに道理的な存在となる。

　このような合理性と道理性は、前者については効率性を追求して利得の獲得という課題を達成しようとするもの、後者については公平性や公正性を追求して正義に適った社会を構築しようとするものであると言い換えることができる。本書では、主体について、合理性とともに道理性を備えた存在として定義する。主体がこのような 2 つの性質を有していることは、この後に述べる経営システムと支配システムの視点と連動している。

　主体は、戦略と勢力を持ち、合理性と道理性に準拠しながら、能動的に行為する。本書はこのような主体観を取るが、主体は無制限に自由に行為できるものではない。自身の能力

等の限界に加え、様々な外的な制約条件が存在する。本書ではこれを構造的条件と呼ぶ。構造的条件は、明文化されている規則など観察可能なものがある一方で、特定の文化や集団における習慣的な思考方法など、直接的に観察することのできないものも少なくない。これらの構造的条件は、財政社会学におけるマクロ要因として分析しうるものである。

このような構造的条件が主体を「制約」することは、常に行為の選択肢を減らすことを意味しない。反対に、そうした制約があることが、特定の主体の資源となり、勢力となることもある。特定の業界などへの参入障壁は、新たに参入を目指す主体にとっては選択肢を狭くするものであるが、先に参入している主体にとっては有利な資源となるからである。

以上のように主体は、戦略と勢力をもち、構造的な条件のもとで行為する。主体の行為は、基本的には他者に向けられたものである。他者にはたらきかける行為に対して、他者の側からの反応があることで、相互行為となる。戦略分析では、この相互行為はゲーム (jeu) として把握される。

ゲーム概念は、組織あるいはシステムに関する研究において避けることのできない問い、すなわち組織やシステムにおける秩序や統合はいかにして成立するのかという問いと深く関わっている。この点について戦略分析は固有の視点を有しているが、その根幹を担うのがゲームの概念である。

個々の主体が戦略と勢力を持ちながら能動的に行為しているという戦略分析の視点から捉えると、構造的条件という制約があるとはいえ、組織やシステムがバラバラにならず、統合された状態、あるいは一定のまとまりをもった状態で成立することが困難であるように感じられる。個々の主体による利得追求のための相互行為が展開されている以上、組織は「紛争の宇宙」であり、その作動は主体同士の対立の偶有的な結

果でしかなくなる。一定の目的をもった集団としての機能を果たしているとは考えられなくなる。しかし組織やシステムは現実に、ある程度のまとまりを維持しながら機能している。この事態はどう捉えるべきか。

　ゲームは、主体同士の相互行為を指すが、戦略分析において特徴的な点は、この相互行為を通じて主体が互いに相手を拘束していると捉えている点である。自分が望むことを相手にしてもらうように仕向けることは、相手に対する拘束を伴うと同時に、自身にも何らかの拘束が課されることになる。例えば、家の修理を大工に頼んだばあいをみてみよう。修理を頼んだ側は、自分では修理ができない（＝修理技術が不確実性の領域に属する）ゆえに、技術を持った人に依頼する。ただ、この依頼を成立させ、大工に家の修理をしてもらうためには、代金を支払わなければならない。ここでは、代金を提供する側と技術を提供する側とのあいだでのやりとり、すなわちゲームが成立している。依頼した側は、きちんと修理がなされれば代金を支払わなければならないし、修理をする側も、きちんと仕事をしなければならない。ゲームという相互行為を通じて、お互いに相手を拘束し、抑制しあっているのである。

　このようなゲームを通じての相互抑制は、協調関係の構築によるものであり、主体の自由という視点とは矛盾しない。このゲーム概念を通じて、主体の自由と、かれらの行為の制御による組織やシステムの成立とを両立させることができるのである（Crozier et Freidberg、1977:97-105）。

　ゲーム概念は、戦略分析が提示する「具体的行為システム」（systèm d'action concret）の基礎をなすものである。クロジエらは、具体的行為システムを、「相対的に安定したゲームのメカニズムによって参加者の行為を調整する、人間の構造化された集まり」として定義している（Crozier et Freidberg、1977:97-246）。ゲー

ムが積み重なることによって具体的行為システムが構成される。

　具体的行為システムはゲームの集積体である。主体による相互行為であるゲームは、個々の主体の特性やその時々の事情に応じて異なった形をとる。したがってその集積体である具体的行為システムも、基盤となるゲームの形に応じて様々な特性を持つようになる。社会システム論の中には、T. パーソンズなどのように、システムの中に伏在する普遍的な法則を見つけることに重きを置くものもある。しかし、戦略分析では、ゲームや、その集積体である組織やシステムの特性は、偶有的なものとなる。この捉え方のもとでは、普遍的な法則の発見は重要視されない。重要なことは、この偶有性を前提に、それぞれのゲームの観察から個々のシステムの特性を把握することである。

2-2-2. 経営システム・支配システムと受益圏・受苦圏

　本書では、上記の戦略分析に加え、経営システム・支配システムと、受益圏・受苦圏という分析視点を用いる。

　経営システムと支配システムは、それぞれ、企業などの組織の水準や、政府や自治体が関わる社会制御の水準などにおいて常に存在する (舩橋 2010)。企業などの組織は、自らの存続のために解決しなければならない複数の経営課題を抱えている。行政組織であれば、年金制度や医療制度、あるいは景気の循環など制度や社会の状態を一定に保つという経営課題を負っている。これらの経営課題の解決に向けて作動する人々あるいは組織の連なりが経営システムである。経営システムは、組織の運営を行うリーダー層と、その指示を受けて行為する主体とによって構成される。

　支配システムは支配者と被支配者によって構成されてお

り、そのあり方は、意思決定権を軸とする政治的権力と、各種の財の配分状況に規定される。支配者は、政治的権力と財を、被支配者に比して多く有しているが、その中には「ワンマン」タイプの人もいれば、調整を重んじるタイプのリーダーもいる。支配者と被支配者のあいだには、多様な関係が成立しうる。

いかなる組織であれ社会であれ、その内部には、経営システムと支配システムの双方が常に存在しており、何らかの形で結びついている（舩橋 2010:113-114）。本書の枠組みに即せば、9つのシステムの内部には、必ずこの2つのシステムが存在しており、それらがいかなる形で連動しているかが、そのシステムの作動のあり方を大きく規定することになる。

本書ではシステム間の相互行為の回路としての財政に分析の焦点を合わせているが、システム同士の関係も経営システムないし支配システムとして捉えることができる。例えば、国レベルと地域社会レベルの行政システム同士のような、同じセクター内の垂直的な関係は、支配システムとしての性質を有しやすい。本書の分析においては、システム同士の関係の分析に対しても、経営システムと支配システムの視点を適用していく。

このような2つのシステムのあいだの関係は、正連動と逆連動という視点から捉えることができる。正連動とは、一方のシステムにおける課題の解決が、もう一方のシステムにおける課題の解決を促進するというものである。これに対し逆連動は、一方のシステムにおける課題の解決が、他方のシステムの課題をより深刻化させるものである。逆連動のパターンは、典型的には経営システムにおける課題の解決が、支配システム上の課題を深刻化させるという形で現れる。

財政は、政府が活動のための資源を確保しつつ、社会をよ

り望ましい状態にすることができるよう、その資源を用いた活動を行っていくものであるから、まずは経営課題の1つとして立ち現れる。適切に設定された課題に、適切な形で予算を付け解決していくことで、社会全体の豊かさを最大化していくことは、行政組織と予算の執行に求められる本来の役割である。

ただし、その取り組みは、常に支配システムと結びついている。例えば、特定の社会階層を課税の際に優遇したり、予算の執行において手厚くしたりすることがあるとしよう。当然、他の階層からは反発が生じうるが、政府や優遇された社会階層の社会的な力が強く、政府の対応を変更させることができない場合は、支配システムが作動していると言うことができる。社会的強者に多くを課税し、社会的弱者に再分配することは、累進課税制度などを通じて広く行われているが、反対に、社会的弱者に重税を課し、社会的強者がそれを使うという形もありうる。社会的格差の少ない状態の達成を望ましい目標とするのであれば、前者のパターンは経営システムと支配システムが正連動しているが、後者の場合は、逆連動していると言える。

本書で取り上げる事例は、多くが事態の悪化という帰結に至っている。このことは、財政をめぐる経営システムと支配システムが、適切に連動しえず、逆連動のケースが多く生まれていることを示唆している。この逆連動が生じる原因を明らかにすることは、本書における重要な課題の1つである。

受益圏・受苦圏は、経営システムと支配システムの作動の状況を把握する際に有効な概念である。この2つの概念は、それぞれ、利得の享受によって受苦や負担を生み出した主体の集合と、受苦や負担を引き受ける主体の集合を指す概念であり、これを用いることで、両者の関係を明らかにすること

ができる。両者の関係には、典型的には重なり型と分離型がある。文字通り、前者は受益圏と受苦圏が完全に一致しているものであり、後者は別々のものである。社会問題は、発生している何らかの受苦の解消という形をとるものが少なくない。受苦の解消のためには、それを生み出している受益のあり方を問わなければならない。両者が重なっていれば、受益圏にある人々は受苦の問題を自らのものとして受け止めるので、解消に取り組みやすい。これに対し、分離し、受益圏の人々が受苦圏の存在を十分に認知していないような状況では、受苦の解消が困難になる。

ただし、このような受益圏と受苦圏の関係性は可変的であり、両者が重なり型に近づくこともあれば、互いの距離が拡大していくこともありうる。このような受益圏と受苦圏の関係は、これを取り巻く社会システムの持つ性質によって左右される。

本書では、旧産炭地の財政破綻に関する事例を経営システムの文脈、原子力関連施設の立地自治体に関する事例を支配システムの文脈に位置づけ、とくに後者の事例に対して受益圏・受苦圏の視点からの分析をおこなう。

2-2-3. 公共圏・アリーナと合理性・道理性

本書では、経営システムと支配システムの連動関係の解明にあたり、公共圏とアリーナという2つの場の機能に着目する。この2つの場の機能の分析は、合理性と道理性の概念と結びついて展開される。

公共圏の概念は、J. ハーバマスによるものであり、開放的・批判的な言説が飛び交う社会空間である（Habermas1990=1994）。討論の対象は多様であり、主として文芸批評を対象とした討論が行われる空間は、文芸公共圏と呼ばれる。本書ではこの

第 2 章　分析の枠組み　　31

うち、公権力と公共圏が交差し、政策をめぐる討論が展開される空間を政策公共圏と呼ぶ (湯浅 2004)。アリーナは、政策公共圏を構成する個々の取り組みの場であり、国会や閣議、裁判所や各種の委員会などの公的な組織のほか、住民組織と行政との折衝など、非公式の場も該当する。

　政策公共圏の基本構造は、政策決定を担う制御中枢圏を他のアリーナが取り巻いているというものである (松橋 2012:64)。制御中枢圏は、経営システムにおけるリーダー層であり、支配システムにおける支配者である。受益圏そのものか、それを代弁する立場にあり、2つのシステムの連動関係の中枢に位置している。

　討論空間としての政策公共圏の機能を左右する要因は複数ある。まず、制御中枢圏のアリーナにおける負担分配の位置づけである。制御中枢圏がいかなる態勢でこの課題に臨むのかによって、主たる課題として論じられることもあれば副次的な課題として扱われることもある。後者はもとより、前者の場合であっても、制御中枢圏に近い諸主体からの働きかけによって、公平さを確保するためのルールの形成が重要視されず、その場の「政治的な」妥協による解決が目指される事も多い。

　2つ目は、制御中枢圏と対抗的なアリーナとのあいだの接続回路 (＝政治的機会) の有無である。制御中枢圏を取り巻くアリーナは、協調的なものと対抗的なものとに分類されるが、前者はもともと、制御中枢圏との接続回路が豊富であり、人材や政策上の情報・意見のやりとりが活発である。これに対し後者が持つ接続回路は限定的になりやすい。対抗的なアリーナの種類や数が豊富であり、制御中枢圏との接続回路も開かれていれば、そもそもの課題設定の適否や公正なルールの形成など、多様な観点から根本的な討論が活発になされう

る。

　もう1つが、制御中枢圏と受苦圏との関係である。原発など、特定の迷惑施設を立地しようとする場合、制御中枢圏たる政府は、潜在的な受苦圏である立地地点とは丁寧に交渉しようとすることも多い。この場合、受苦圏と制御中枢圏のあいだに接続回路は開かれている。しかし両者のあいだの討論の展開は、支配システムの特性によって実質的に左右される。本書で注目する地方財政制度は、こうした機能を果たす支配システムの要素の1つである。

　合理性と道理性は、アリーナや公共圏で展開される討論を分析するための準拠点である。合理性は、経営システム上のアリーナにおける討論の準拠点であり、複数の代替案が比較されるなどして、最も能率的あるいは効果的な選択肢が選ばれる場合には、合理性が確保されていると言える。これに対し、道理性は、支配システム上のアリーナにおける討論の準拠点であり、意思決定の手続きの公正さや、特定の主体への負担分配の集中という公平性の問題が問われている場合には、道理的な討論がなされていると言える。公正さと公平さは道理性の構成要件であり、負担分配をめぐる議論において焦点となるものである。

　経営システムと支配システムの正連動につながるようなうごきが活発化するためには、各アリーナでの討論が、合理性や道理性の観点から徹底されることが重要である。他の主体やアリーナからの働きかけや、アリーナに参加している諸主体の能力不足などによって、十分な討論がなされないままに形式的な結論に至る場合には、逆連動が生じることになる。

　合理性と道理性は、戦略分析における主体の特性でもある。討論の準拠点としての合理性・道理性と、主体の特性としての両者は、重なりあっている。すなわち、公共圏やアリーナ

第2章　分析の枠組み　　33

において、合理性や道理性に準拠した討論が展開されている場合には、その場に参加している諸主体が、合理性や道理性を発揮していることになる。この合理性や道理性の発揮は、個々の主体の心がけにのみに帰するものではない。むしろ、公共圏やアリーナが適切に設定されていれば、合理性や道理性が発揮されやすいのに対し、その設計に問題があれば、2つの特性は十分に発揮されなくなってしまう。人間の持っている特性の発揮は、周囲の状況に左右されるからである。戦場という極限状態に置かれれば、家庭内では穏やかな人柄であった人が、生き残るために強度の残忍性を発揮し相手を殺そうとすることはありうる。

　公共圏とアリーナの配置が適切に設計されていることは、主体が合理性と道理性を発揮し、経営システムと支配システムのあいだで正連動を生み出すことを可能にする。そのことによって、受益圏と受苦圏のあいだの関係も改善する。

　このように、2つのシステムのつながり方とルール形成のあり方は、政策公共圏とアリーナの状況から分析されうる。このような討論空間の構成は、政策公共圏の設計図とも言えるものである。

　本書では旧産炭地の事例を経営システム、原子力エネルギーに関わりの深い自治体の事例を支配システムの問題として位置づける。旧産炭地については、石炭から石油へというエネルギーの変遷の中で、地域社会の疲弊も含めた様々な問題が噴出した。それらの問題に対処する過程の中で、地域社会に多くのしわ寄せがなされた。財政の破綻はその現れであり、そこに至る経緯を、これらの枠組みにより分析していく。原子力関連の自治体では、リスクのある施設の受け入れをめぐる経緯の中で、自治体側の意思決定権ないし自己決定性が

奪われている。支配システムは財と意思決定権の分配の偏り
と、持たざるものの排除を特徴とするが、原子力関連施設を
めぐる経緯においては、その特徴が顕著に観察される。

第 3 章

財政社会学の研究史

本章では、財政社会学に関わる先行研究のレビューを行う。筆者は社会学を起点に財政を論じている。財政社会学という名称は社会学の一分野であることを想起させるが、少なくとも日本の社会学者にとって財政社会学は、まったくと言っていいほどに聞き慣れない用語である。これまでの財政社会学の研究は、主として財政学者によって展開されてきた。以下では、まず、財政学における先行研究を、財政社会学の歴史を振り返りながらみていく。その後、社会学分野の先行研究で、広い意味で財政社会学と関わりがあると考えられるものを検討していく。

3-1. 財政社会学の基本的視点と課題

財政社会学の歴史は決して短いものではなく、その始原はおよそ 100 年前まで遡ることができる。その歴史は、一度は「死んだ」とみなされたのちに復権してくるなど起伏に富んでおり、その内容も多彩である。ただしその中でも、「財政社会学は、社会現象である財政を社会・政治・経済との関連でマクロに考察することを主張する」(神野 2002:55) ことは共有された視点となっている。

この視点は、本書の枠組みとも適合的である。本書では、財政を政治システムにおけるサブシステムの 1 つとして捉えている。政治システム内の他のサブシステムと相互に影響し合いながら、経済システムや市民社会システムとも相互行為を行っている。財政社会学は、財政に関わる諸現象を、財政制度に限定して理解するものではなく、よりマクロな社会的文脈の中で、幅広い範囲の諸要因との相互作用をふまえながら解明しようとするものである。

3-1-1. 財政社会学の萌芽

　まず、海外におけるものを中心に、財政社会学の萌芽から現代に至るまでの展開をみていく。この点については神野 (2002) の取りまとめを参考にする。

　財政社会学の誕生は第一次世界大戦を契機としている。総力戦として行われたこの戦争では、インフレへの対応など財政に関連する様々な問題が生起した。当時は、財政学と言えばドイツ正統派財政学であったが、そのドイツ正統派財政学は、これらの問題に対する適切な対処方法を示すことができず、強い批判を受けるようになる。その中で、財政学を経済学に接近させようとする新経済学派の財政学と、社会学に接近させようとする財政社会学が展開されるようになる (神野 2002:49)。

　新経済学派の財政学は、財政と市場経済という二元的組織論を展開し、財政を市場経済という経済システムとの関連で分析する必要性を主張する。これに対し財政社会学は、財政を「国家」との関連で分析しなければならないとする (神野 2002:52-53)。

　財政社会学の始祖とされるのは、第一次世界大戦によって破綻したオーストリアを祖国とするゴルトシャイト (Goldsheid) である。かれは 1917 年に『国家資本主義か国家社会主義か』を著し「予算はすべての粉飾的なイデオロギーの衣を脱ぎ捨てた国家の骨格である」という言葉を残す。ゴルトシャイトが提案した企業への一回かぎりの財産課税という危機克服策は実施されなかったが、かれの財政社会学への着想は、同じオーストラリアの財務大臣を務めていたシュンペーター (Schumpeter) へと引き継がれる (大島・井手 2006:207-208)。

　シュンペーターは 1918 年に「租税国家の危機」と題された講演を行う。この講演は論文としてもまとめられており、

第 3 章　財政社会学の研究史　　39

財政社会学の歴史の中で最も重要な文献の1つとなっている。この中でシュンペーターが示した理論的な枠組みは、キャンベル（Campbell 1993）のまとめによれば、租税制度や財政制度を、幅広い範囲の政治的、経済的、文化的、制度的、歴史的な要因、すなわちマクロ要因に影響を与え、かつ、これらの要因からの影響を受けるものとして捉えるというものである。そして、租税制度と財政制度の背後にある、上記の諸要因による社会過程についての研究を財政社会学であるとした。シュンペーターの講演は財政社会学の理論的な出発点とされているが、それは、財政を取り巻く他のマクロ要因との相互作用という視点が確立されたからである。

　ゴルトシャイトとシュンペーターのあいだには相違点もあったが、共通点もあった。大島と井手は、両者の根底にある共通点として、「国家は社会的権力関係を反映する機構、なんらかの社会集団の利害を代弁する機構であるとされていること」を指摘する（大島・井手2006:219）。国家はそれ自体として意思を持った存在ではなく、これを取り巻く様々な社会集団にとっての道具でしかない。国家のあり方は、その時々での個々の社会集団の強さや配置などを反映したものとなる。

　この視点は、財政制度と他のマクロ要因との相互作用を具体的に分析していくことの糸口になりうる。諸々の社会集団の行動は、これを取り巻くマクロ要因によって規定される。財政に関わる国家として意思決定は、社会集団の行動の選択の累積による。このように、社会集団の行動と国家を媒介することで、マクロ要因→社会集団→国家→予算という枠組みとして整理することができる。

　こうしたゴルトシャイトとシュンペーターによる定義は、マクロ要因が国家に与える影響を強調している。留意すべきは、この捉え方は、まさにこの時期に活躍していたM.ウェー

バーの社会学とは対照をなしている点である。ウェーバーの国家観は、国家を構成する法制度や官僚制の自律性を強調する。マクロ要因の影響の重視か。自律性の強調か。このような国家観の対立は、その後の財政社会学をめぐる議論の中で繰り返されることになる（大島・井手 2006:220）。

　ゴルトシャイトとシュンペーターが提起した視点と、本書の枠組みとの関連をみてみよう。かれらの言う国家は、本書における国レベルの政治システムに相当する。財政は政治システムのサブシステムの1つである。国家＝政治システムに対して影響を与える社会集団は、市民社会や企業等によって構成されているものである。また、文化的要因などのマクロ要因は、個々のセクターにおける主体に対して影響を与えている構造的条件の1つと捉えれば、ゴルトシャイトやシュンペーターの枠組みは、本書のものと大きな相違はない。

　本書では、各セクターや層とのあいだには相互行為が展開されているものとみなしている。この視点は、ゴルトシャイトとシュンペーター、さらにはウェーバーの国家観をめぐる相違についても適用できる。国家を1つのシステムとして捉えれば、それぞれに戦略や勢力を持っており、自律している。それと同時に、かれらを取り巻く構造的な条件の影響のもとにさらされている。自律性を保っていることと、諸要因の影響に曝されていることは、戦略分析の視点では矛盾するものではなく、むしろ、当然のこととして枠組みに組み込まれている。戦略分析を用いた本書の視点の特徴の1つは、構造的な条件の影響と、個々の主体やシステムの自律性を両立させて分析できる点にある。

　新経済学派との対比でみたばあいの財政社会学は、財政に対する国家の機能について社会学的視点を適用して分析している。本書の枠組みで言えば、政治システムの内部に焦点を

合わせたものである。本書の枠組みは、市場や市民社会との関わりを広く捉えようとするものである。この点では新経済学派の視点も組み込まれている。政治システムそのものの分析と、市場との関係の分析は、矛盾するものではない。本書の枠組みは、この2つの視点も組み込んだものとなっている。

3-1-2. 海外における近年の研究の特徴

ゴルトシャイト・シュンペーターによって創始された財政社会学の研究は、その後も継続はされたが、第二次世界大戦後には影響力を失い、全体としては低調なものとなる。その間、興隆を極めたのは、ケインズ革命とそれを受けたフィスカル・ポリシーの財政学であった。

しかし近年になると、異なった視点からまとまった形での成果が提示されるようになっている。以下では、マーチン（Martin）ら（2009）のまとめに従って、この流れを要約しよう。マーチンらは、近年の財政社会学の研究を、近代化理論・エリート理論・軍事理論の3つにまとめ、これらの理論の特徴と短所を検討したうえで、新しい財政社会学の必要性を指摘している（Martin・Mehrotra・Prasad2009: 6-11）。

1つ目の近代化理論は、特定の形態の租税システムが、各国で共通して形成されていることに着目する。なぜ、このように特定の形態の租税システムが共通して形成されているのか。近代化理論は、その答えを経済成長の軌跡に求める。近代においては、いずれの国や地域も一定の近代化を達成してきた。現在主流となっている租税システムは、近代化と深く結びついているため、多くの国や地域で、共通した租税システムが導入されてきたといえる。

しかし、この理論では、財政制度の多様性が説明できない。たしかに多くの国や地域で、近代の租税システムは類似して

42

いるが、同時にそれぞれ異なった点も多い。日本の国と地方自治体の関係についても、国が税を集め、地方がそれを執行しているという特徴があるが、この点も国ごとの違いの1つである。

　2つ目のエリート理論が問うのは、なぜ納税者は税の支払いに同意するのかという点である。少なくとも民主的な体制のもとでは、人々は納税の義務を負う一方で、税制度に反対することもできる。とくに、税の負担や予算の使い方は、常に公平であることは難しく、何らかの問題点を抱えている。それでも人々は、特定の政権を支持し、税を納める。これはどうしてなのか。

　エリート理論の源流となっているのが、イタリアにおける財政錯覚の理論である。この理論は、アメリカのブキャナン（Buchanan）が留学をきっかけに母国に持ち帰り、公共選択論に大きな影響を与えた。当時アメリカで主流であったケインズ主義的な視点、すなわち政府による計画という視点に対して、対抗的な枠組みを提供したからである。エリート理論では、主体は支配者＝エリートと被支配者に分けられる。両者は、それぞれの取り分を増やそうとする。その中で、不利な立場にある被支配者が税負担を引き受けるのは、情報を操作されているからである。支配者は、税負担を見えにくくし、効果を大きく見せる方法を駆使して、被支配者に税を払わせる。財政的な錯覚を起こさせるのである。

　エリート理論にはもう1つ、パレート（Pareto）による研究の流れもある。この研究により、公共選択理論の研究者は、公的な政治制度の役割に注目するようになる。民主的に選ばれた政府が、なぜ、納税者である人々の利益に適わない形で税を集めたり使ったりするのか。なぜ、少数の人々の利益になるような形で税が再配分されるのか。答えは、官僚や政治

第3章　財政社会学の研究史　　43

家、圧力団体の利益追求に求められる。かれらが、民主的に選ばれたはずの政府を、様々な手法、しかも合法的な手法を用いて操作しているのである。

しかし、この理論もやはり、制度形成の歴史的側面に注目しておらず、なぜ様々な制度があるのかを説明できないという限界を抱えている。

3つめが軍事理論である。この理論は、シュンペーターが注目したような、租税がもたらす社会的・文化的な帰結に関心を寄せるものである。軍事理論という名称は、この理論が、戦争が財政制度に与えた影響に注目しているからである。戦争は、財政制度に大きな影響を与える。封建制度の上になりたっていた中世の王政のもとでは、王室＝政府は、戦費を自らの領地から調達していた。しかし近代の戦争においては、戦費は巨額なものとなり、領地からの調達だけでは不足するようになる。そこで、租税として、広く国内から資金を集める体制の構築が必要とされる。税を集めるためのこのような転換は、王政のあり方の変容も促す。王室の力は相対的に低下し、政府は、他の諸侯との集合体としての性質を強める。その中で、税を扱う役人＝官僚が、次第に力を強め、独立していく。これにより、官僚制国家の原型が出来上がる。

戦費調達の必要性が財政に関わる諸制度を大きく変動させてきたという視点は、様々な時代や地域においても適用可能である。それでも、近代化理論やエリート理論と同様に、現代の税制の多様性を十分に説明できないという難点がある。とくに近年の国家は福祉国家としての性質を強く帯びているが、軍事国家から福祉国家への移行の過程も十分には説明できていない。

マーティンらは、以上のような形で近年の財政社会学の研究成果をまとめつつ、いずれに対しても財政制度の多様性を

説明できないという限界点を指摘してきた。かれらは、これまでの先行研究の上に、新しい財政社会学を構築しようとするが、その理論は、財政制度の多様性を説明することに重点を置いている。

　かれらが構想する新しい財政社会学は、第一に、インフォーマルな社会制度、制度化されていない社会的関係に焦点を合わせている。税制は、国家と市民の信頼関係のあり方、階層間の格差、家族や宗教、労働、余暇の制度など、インフォーマルな社会制度や制度化されていない社会的関係に編み込まれており、その形成に影響を与えることもあれば、それらによって影響を受けることもある。第二に、歴史的な経緯と文脈を重視する。これは経路依存性の理論と呼ばれるものである。ここで言う経路とは歴史的な経緯である。現在の財政制度の姿は、過去の経緯による影響に制約されている。第三に、個人よりも社会の水準で観察される現象に注目する。その具体例として、戦争、社会的特性、宗教的伝統、ジェンダー、労働システムなどが、かれらの編著で取り上げられている。

　これに加えて、シュンペーター以来の古典的な問題（租税システムの源泉、税負担者の合意の決定要因、租税の社会的・文化的帰結）も扱う。とくに租税を、社会の基盤となる力を増加させるための社会契約として理解する理論へと向かう。租税制度は、経済成長によって特定の形態に収斂することはない。制度的な文脈、政治的対立、偶発的な出来事によって多様な形をとるようになる。納税者からの合意は、強制や命令、幻想などによって説明されるのではなく、集合的な交渉の中で、社会の生産能力を高める集合財の提供との交換に応じている視点で最もよく説明できる。租税が重要なのは戦時中の国家にかぎらない。租税はあらゆる社会生活において重要な位置を占めるものであり、租税国家の多様な形態は、国ごとの政治的社会的差異

第 3 章　財政社会学の研究史　　45

を説明するものである。

3-1-3. 堺・泉北臨海工業地帯の行財政分析

　財政社会学の研究史を振り返ってきたが、これとは異なった文脈に位置づけられる先行研究として、マルクス主義財政学が挙げられる。代表的な研究者であるオコンナー (O'connor) らは、政府が財政活動を通じて資本の蓄積を後押しするという機能を重視する。

　国内の研究でも、遠藤宏一らによる研究は、マルクス主義財政学という言葉は用いていないものの、この系譜に属すると位置づけられる。以下、遠藤 (1977) による堺・泉北臨界工業地帯造成に関する研究をみていこう。

　この研究は、財政システムと地域開発の関係を取り上げたものである。本書の分析枠組みに照らし合わせると、地域社会レベルにおいて、財政システムを含めた行政システムが経済システムに働きかけている部分に当てはまる。

　堺・泉北臨海工業地帯は、1960年代に大阪都市圏の南部で開発・造成された工業地帯である。大阪府内（堺市と高石市）という、極めて人口の多い地域に造成されたという特色を持っている。この堺・泉北臨海工業地帯にかぎった話ではないが、こうしたコンビナートの開発にあたっては、国や自治体によって資金が投入され、基盤整備がなされていることが多い。堺・泉北にも、多くの資金と社会資本が投入されている。その成果として、同工業地帯には鉄鋼・石油・石油化学などの分野で、国内を代表する企業が進出している。予算を投入する自治体にとっての目的は、これらの企業の活動により、地域に経済的な効果をもたらすことにある。

　この研究の特色は、実際に投入された各種の資金と、地域社会が得た経済効果、さらには公害等の社会的な影響を含め

て考察しながら、コンビナート建設という地域開発のバランスシートを検討している点にある。国や自治体の財政から支出した巨額の投資に見合った利益が得られているのかどうかをみようというのである。

結論から言えば、バランスシートは悪い。とくに地域社会の視点からとらえると、投資に見合った利益が得られていない。

政治システムから経済システムへの投資は、直接的な事業費と、社会資本の転用や整備という2つの面に分けられる。このコンビナートの建設において、用地 (埋め立て)、用水、港湾、道路などの整備ために投入された事業費は、約3053億円あまりである。社会資本の整備については、既設道路に簡単な取付工事をするだけの転用によって後背地などとのアクセスが容易に改善されているケースもあれば、住宅や学校を従業員の就業に伴う人口増に対応するために建設するというものもある。これらの施設については、ストックがあれば転用することができるが、人口過疎地での開発であれば、ゼロから作り始めなければならない。

では、こうした投資をした結果、地域社会はどのような利益を手に入れたのであろうか。この研究によれば、国・大阪府・堺市・高石市などへの租税収入は1217億円ほどである。これに大阪府が手にした土地売却収入782億円を加えたとしても、1999億円にしかならない。投入された事業費3053億円と比較しただけでも1054億円の赤字となる。

一方、進出企業の活動による地域への経済効果についてみてみると、こちらは域外流出が多くなっている。同コンビナートで生産された素材は関東などに移出されており、地元の阪神・大阪既存産業との結びつきは強くない。雇用効果をみても、2万人という従業員の多くが他の工場からの配転による

第3章　財政社会学の研究史　　47

ものであり、創出効果そのものは大きくない。配転にともなって一緒に転入した家族は多いため、堺市や高石市などでは人口が増えている。所得効果についても、コンビナート立地企業から大阪府内に支払われている額として計算すると、最大でも1000億円（1974年）であり、同年度の府民所得11兆3400億円の1%ほどにすぎないとしている。

　税収は多くなく、地域への経済効果もそれほど大きくないという点だけでも、バランスシートは赤字となるが、これに加えて、公害対策などの費用も負担となっている。こうした社会的費用も考えれば、コンビナートによる開発事業は、経済システムが多くの利益を得ている一方で、政治システムからみれば完全に赤字である。

　遠藤の研究では言及されていないが、こうした大規模な地域開発は、市民社会システムに対しても大きな影響を与える。人口の増加は地域の中での生活ぶりや人間関係を変容させる。開発による都市化が市民社会システムに対して持っている意味は多様であり、「バランスシート」として検討することは容易ではないが、公害による被害は住民生活や地域のネットワークを直撃する。その被害の状況や企業・行政の対応の仕方によっては、大きなマイナスになることもありうる。

　このようなマルクス主義財政学の視点は、本書の枠組みにおける支配システムの視点と適合的である。従来の財政社会学に関わる諸研究は、こうした支配システムの視点を取り入れたものは多くなく、ゴルトシャイト・シュンペーター以降の財政社会学とマルクス主義的財政学も、お互いの成果を取り入れてきているようには考えられない。本書では、経営システムと支配システムという2つのシステムによる枠組みを用いることで、この2つの流れを踏まえた分析を行っていく。

3-2. 社会学における先行研究

　日本の社会学者による研究の中で、財政社会学という語を掲げて財政現象を中心的な分析対象としているものはほとんど見当たらない。しかしこのことは、社会学者が財政に無関心であったことを意味するものではない。地域社会学や環境社会学の研究者は、地域社会の中で生じている政治・経済・社会に関わる諸現象に対する研究を積み重ねてきた。これらの研究を行うためには、財政は避けて通れない領域であり、じっさい、何人かの社会学者がそれぞれのやり方で財政に関する分析を行ってきた。本章ではこれらの研究の代表例として、「政府の失敗」に関する研究、地域社会学者のグループによる広島県福山市と兵庫県神戸市を対象とした研究を取り上げ、前章で整理した財政社会学の分析枠組みに加味すべき知見を探っていく。

3-2-1.「政府の失敗」に関する社会学研究：事例の概要

　舩橋・角・湯浅・水澤 (2001) と湯浅 (2005) による「政府の失敗」に関する研究はいずれも、整備新幹線建設と旧国鉄債務処理という鉄道政策を対象にしている。これらの政策は、結果として債務の増大による国家・自治体財政の悪化や地域間格差の拡大などの問題を発生させており、「政府の失敗」とみなすべきものである。これらの研究は、このような失敗に至るメカニズムを意思決定過程の分析から明らかにしようとしている。旧国鉄債務は国の財政にとって重要な問題であり、整備新幹線の建設は、国や自治体の財政と深く関わっている問題である。したがってこれらの研究は、財政に関わる問題を、意思決定過程の視点から体系的に扱った社会学研究である。

整備新幹線建設と旧国鉄債務処理の問題について簡単に説明しておこう。整備新幹線は、2017 年の現在においても日本各地で建設が進められている、北海道・東北、北陸、九州 (鹿児島ルート、長崎ルート) 新幹線の総称である。これらの路線は、1973 (昭和 48) 年 11 月に建設のために必要な「整備計画」まで策定されながら、その後、石油ショックの影響などで着工が大幅に遅れたものである *1。1989 (平成 1) 年 7 月に北陸新幹線の高崎－長野間で着工されて以降、一部区間で建設がはじめられ、1997 (平成 9) 年 10 月 1 日の長野新幹線 (高崎－長野間) の開業以降、盛岡－八戸間や新八代－鹿児島中央間、八戸－新青森間、博多－新八代間、長野－金沢間、新青森－函館間が順次開業している。

　これらの新幹線については、地域経済の活性化につながるという期待から、とくに沿線地域で建設への要望が強い。その一方で、採算が取れるほどに利用客が見込めないために建設費が国や自治体の予算の負担になることや、JR 経営への負担を減らすために並行する在来線を JR から切り離し、自治体の負担で第三セクター化するか鉄路廃止の上でバス転換するかしなければならないことなどの問題が指摘されている *2。

　旧国鉄債務処理問題は、1987 (昭和 62 年) 年 4 月に旧国鉄が JR 各社へと改組された際に、国鉄清算事業団と国民負担によって処理されることとなった約 26 兆円の債務の処理方法をめぐる問題である。当初は旧国鉄が所持していた土地の売却益によって返済するとしていたが、折からの地価高騰への対処の一環として土地売却が延期されてしまい、返済の枠組みが大きく狂うことになる。その後、土地の売却が開始され、JR3 社の株式も売却されたが、その利益は 20 数兆円の債務から年々生み出される利子分にも届かず、債務が累増してい

くという状況が生み出される。1997年になり、当時の財政
構造改革会議によって、ようやく新たな処理策が策定される
に至るが、最終的には一般会計に溶かし込む形で処理されて
いる。1998⁽平成10⁾年4月時点での債務残額は27.7兆円である。
10年間、土地やJR株の売却益を返済に充ててきたにもかか
わらず、債務は増大してしまった。国鉄改革から10年を経て、
実質的な債務返済がなされないままに国民負担となったので
ある。

　整備新幹線建設や旧国鉄債務処理に関する一連の経緯は、
浮上してきた政策上の課題を適切に解決したと言いうるもの
ではない。むしろ、債務の増大や地域間格差の拡大などの問
題を発生させてしまっている。

3-2-2. 分析視点

　以上のような整備新幹線建設や旧国鉄債務処理という問題
は、両者とも、経営システムの作動に関わるものである。し
かしながら、公共圏やアリーナが適切に設置されず、十分に
機能しなかったことから、それぞれの課題が適切に解決され
なかった。この事例に対するアリーナや公共圏を用いた分析
は、すでに行われている (湯浅2005)。ここでは、財政社会学
に関わるものとして、整備新幹線における「負担の自己回帰
の切断」現象を取り上げる (船橋・角・湯浅・水澤2001)。

　「負担の自己回帰の切断」とは、ある主体の行為を起点に
発生した財政上の負担が、最終的に税などによる負担として
自分自身に戻ってこないことを意味する。新幹線の建設費は
巨額であり、地方自治体が単独で行えるものではない。たし
かに、整備新幹線の事例においては、建設費の自己負担分や
並行在来線の分離という負担は発生していた。しかし、これ
らの負担を引き受けたとしても、整備新幹線の建設事業は、

第3章　財政社会学の研究史　　51

相対的に軽微な自己負担で行える大規模な地域開発である。

整備新幹線の建設費は、相当部分が国民負担である。この負担は、広く国民全体に拡散する形となるので、沿線の地域社会にとっては直接的に大きな痛みとは感じられない。その一方で、建設による経済効果が建設費全体からみればわずかなものであったとしても、一部の費用しか負担しない沿線地域にとっては大きなものとなりうる。

全体としての費用対効果が十分でなくとも、ある主体が、費用の一部のみを負担して効果の大半を得られる一方、費用の全体は広く拡散してしまい、その巨大さがみえにくくなる。沿線自治体からみれば、整備新幹線の建設は、費用の全体を背負わずに効果を追求できるという、負担の自己回帰の欠如という条件が整っている。

このような負担の自己回帰の欠如が、費用対効果が定かでない事業の実施を後押ししているが、この現象はエリート理論の一つである「財政錯覚」として捉えることができる。整備新幹線の建設費は、税金によって賄われているが、ほとんどの納税者はそのことを自覚していない。沿線地域の中には、国や県の財源が投入されていることを認知している人も少なくないと考えられるが、全国で広く薄く負担されているため、痛みを感じることが少ない。そうした条件のもとで、地域活性化という目的のもと、建設事業が推進される。その結果として、国や自治体の債務が累積していく。

3-2-3. 構造分析による地域社会構造の把握

次に、蓮見音彦と似田貝香門らのグループによる、広島県福山市 (第一次・第二次) と神戸市を対象とした地域社会学の視点からの研究をみていこう[*3]。

蓮見・似田貝らの研究は、福武直らによる農村社会学にお

ける村落研究の中で構築されてきた「構造分析」の系譜に連なるものである。福武らの研究は、国による農業政策が、村落への浸透過程においていかに「屈折」させられるのかを分析することで、村落社会の構造を析出しようとしたものである。さらに福武らは、この分析方法を開発が進められる工業地帯に適用しようとした。しかし、対象が都市のように大きなものとなると、村落のような小さい単位を対象としてきた構造分析の精度は落ちざるを得なかった。

その一方で、60年代から70年代にかけて大規模開発を中心とした地域政策が展開され、わが国の経済が成長していく中で、産業構造の高度化や市町村の合併、人口の流出入によって地域社会も大きく変化していた。このような状況のもとでの地域社会の構造とその変化を把握することは社会学者にとっても重要な課題であり、この課題の遂行のために従来の構造分析の限界を克服した新たな方法論の構築が必要とされた。その際、蓮見や似田貝が注目したのが地方自治体であった。「地方自治体とそれを通じる政策が地域社会にとってきわめて大きな意味をもっている」ことから、「地方自治体を地域社会の構造分析の中に位置づけ、その機構と機能を明らかに」することによって、地域社会の構造を捉えることが可能であると考えたのである（蓮見編1983:9）。

したがって蓮見・似田貝らの研究グループの関心の中心は、福山市や神戸市での地域社会の構造分析にある。かれらが実施した調査の成果をまとめた一連の出版物をみても、市役所内部の意思決定過程（予算編成過程や基本計画策定過程など）のほか、それぞれの市の地域社会としての歴史と特徴、経営・労働・生活の個別状況、地域内の自治会・町内会などの諸集団およびこれらの集団と行政組織との関係、さらには開発計画に対抗した住民運動など、幅広い領域が対象となっている。

第3章　財政社会学の研究史　53

これらの自治体に対する研究の中でも財政に関する分析は、その取り扱い方にいくらかの違いはみられるものの、基本的には中心的な位置を与えられている。その意図について、蓮見は、第一次福山調査を振り返りながら、「市財政を通じて、自治体の果たしている機能が、経年的にどのように変化してきたかを辿ることであり、また、地方自治体の活動が諸集団や各種の役職者等を媒介としながら、どのような階層に受益する結果となっているのかを分析することであった」と述べている（蓮見・似田貝・矢澤編 1990:12）。

この点を、蓮見らが実際に第一次福山調査で行った分析をふまえ、具体的にみてみよう。第一次福山調査は準備段階も含めれば、1976（昭和51）年から81（昭和56）年までの5年間にわたって実施された。福山市は広島県の東部に位置する都市である。60年代に日本鋼管（NKK）が進出し、さらには周辺の市町村との合併を繰り返す中で、1955（昭和30）年には76,484人であった人口が81年には348,333人へと増加、財政規模も歳入総額でみると1961（昭和36）年に1,571百万円であったものが81年には62,792百万円へと急増している。このような福山市が調査地として選定された理由について、蓮見らは「1960年代における高度成長の下での産業基盤蓄積政策の1つの典型的事例ということができよう」としている（蓮見 1983:3）。農村に対する分析の流れの上にたつ蓮見らは、高度成長期における都市の変化を目の当たりにし、農村を離れて都市を分析しようとした。福山市はそのような都市の典型例としての位置を与えられた。

この福山市の財政に関する蓮見らの分析の中での特徴は、財政を分類するための項目を独自に編集しなおした点にある。例えば歳出については、通常は目的別と性質別の2つの形式において、それぞれの分類項目に基づいて整理される。

これに対し蓮見・似田貝らは、目的別歳出に関しては「自治体機能」として 225 のカテゴリーを挙げ、財政資料の「目」項目の再分類を行っている。225 のカテゴリーはさらに 9 つの大分類と 33 の中分類にまとめられている。中分類の中の主要な項目としては、「本来的立法活動」「行政機構維持」「生産の共同条件の生産」「生活共同条件の基盤整備」「教育労働」などがあげられる (蓮見 1983:193-195)。性質別についても 40 項目に分類しなおしており、代表的なものとして「職員給与」「市単独事業 (4) 建設工事費」「国県補助事業 (4) 建設工事費」「補助費 (2) 事業補助」「公債費」などがある (蓮見 1983:199-200)。

　蓮見らはこのような独自の分類をふまえた分析を行い、いくつかの点を指摘しているが、地域社会の構造分析という点では、市の施策の「受益者別の歳出構成」が注目されよう。市の施策の受益者とは、学校建設のケースであれば、学校を利用する児童が該当する。建設を担当する建設事業者も受益するが、事業の目的には含まれていないので除外されている。この受益者という観点から分析した場合、年とともに、農業者や中小企業経営者などの特定職業層に対するものよりも、性別や年齢などの非職業的な階層、とくに「一般市民」を対象としたものが増えているという傾向がみられる。

　こうした受益は間接的なものもあるが、農業団体や労働団体、社会福祉団体などへの補助金等の交付という形による、より直接的なものもありうる。福山市財政における各種団体への補助金の総額は、市財政に占める割合でみると、1969 (昭和44) 年に 4％であったものが、72 (昭和47) 年に 10.6％、75 (昭和50) 年には 11.6％へと増大している。この点をふまえて蓮見らは、「市財政をみるかぎり、自治体と住民との間の、これらの団体や役職を通じてのパイプは強化されてきているといってよいであろう」と指摘している (蓮見 1993:212)。行政区

域が巨大化する中で市民生活において生じる諸課題に対処するために、市当局が市内の各種団体とのパイプを強化するという戦略をとったことが、受益階層による分析から明らかにされた。

このような受益階層に対する分析は神戸の調査でも踏襲されており、神戸市でも福山市と同様の傾向がみられることが指摘されている。この部分は、自治体の機構や機能の分析を通じた地域社会の構造分析による結果の中核をなしている。都市化した地域には、地域外からの住民が流入してくるが、かれらは自治会や町内会などに代表される地域社会内での紐帯を持たない人々である。また都市化は、従来あった紐帯を弱体化させるという機能も持つ。こうした紐帯は、自治体にとっては住民からのニーズを把握したり、生活上で生じている様々な問題を解決したりしていくために、非常に頼りになる存在である。その紐帯が弱まりつつある中で自治体は、多元的な紐帯の再構築を図ろうとした。

このような分析を行った蓮見らの試みは、やや思い切って要約すれば、財政を起点としたお金の流れを通じて、自治体内の諸団体や諸階層に属している人々がどのような形で編成・再編成されているのかを明らかにしようとしたものであると言えよう。本書の枠組みに従えば、行政システムである自治体と市民社会とのあいだの財政を介した相互行為を、かなり丁寧に分析することで、地域社会の変化を読み取ろうとしたものであると位置づけられる。

これに対し、神戸市での分析に関しては、以下のような反省点が述べられている。「しかし、今回の研究においては、神戸市が規模の大きな自治体であり、局単位の自律性が多分に高く、財政資料の整理においても、年次別の比較ができて、しかも重複や脱落なしに神戸市全体の歳入・歳出を把握する

ということからすると、われわれとしては極めて不本意ながら、福山市でかつて行った場合に比べてはるかに大づかみの項目によって分析を行わざるを得ないこととなった。ある面で福山市でわれわれが行った分析に比べて後退した部分があるのは、主としてこうした資料的な制約によるものである」（蓮見・似田貝・矢澤 1990:251）。

　項目を再編成するという作業そのものがまずもって膨大なものであるが、そのもとになる大量の資料に統一性が欠けるということは、作業量の多さと複雑さを倍増させる。蓮見・似田貝らの取り組み以降、かれらが行った財政分析を引き継ぐような研究は行われていないが、その原因の1つとして、このような点を挙げることができるだろう。

　この研究は、自治体の財政を地域社会の構造が投影されたものとして捉えている。財政社会学の祖であるゴルトシャイトは、「予算はすべての粉飾的なイデオロギーの衣を脱ぎ捨てた国家の骨格である」という言葉を残している。これをそのまま地方財政に当てはめれば、地方自治体の予算は地域社会の骨格を表現したものとなる。このような視点は、伝統的な財政社会学の視点と適合的である。

　また、受益者別の歳出構成への着目は、財政を媒介にした政治システムと市民社会システムとのやりとりを、より分析的に把握しようとしたものである。都市化の進展により弱体化していた地域社会の紐帯の再強化という、住民生活に身近なレベルで生じている課題の解決を図ろうとしているうごきを捉えており、財政社会学の可能性を示すものとなっている。

3-2-4. 財政再建過程の分析

　第二次の福山調査では、第一次調査や神戸での調査とは異なり、同市における財政再建のプロセスが分析されている。

福山市の財政は、70年代後半から80年代はじめにかけて、危機的な状況に陥る。福山市では、日本鋼管の操業開始後、60年代には同社が納める法人税や固定資産税により、市税が急速な伸びをみせる。しかし70年代に入ると、減価償却に伴い固定資産税による税収が減少し、さらには低経済成長期のもとで同社の操業が低下し、法人税収も落ち込むことになる（似田貝・蓮見1993:258）。

このような財政危機を背景に福山市は、80（昭和55）年に行財政推進要領を定め見直しを進めるが、十分な成果は挙がらなかった。そこで83（昭和58）年に牧本新市長のもとで「行財政健全化のための改善事項」が定められ、84（昭和59）年を財政再建元年とする自主再建がはじまった。この段階では、国が福山市の財政再建団体への移行も検討していたほどに、財政は悪化していた。この自主再建は、88（昭和63）年頃までに一応の成果を得た。これは部分的には再建の効果もあるが、他方で全体的な景気の改善による恩恵も受けていた。そして当面の財政危機が遠のくと、新たな開発が志向されるようになる。

福山市の行財政にとって、80年代の財政再建期間を全体として評価すると、一時的な緊急避難の時期であったということができる。82・83年の危機的なまでの財政硬直化が生じた時期とその後の財政再建の過程においては、それ以前の時期とは多少とも異なった支出構成が見出されるが、再建計画が終了する88年度には、たぶんに以前の構成に近い形に復帰しているからである。

このような財政再建過程の中で、注意を要する点は2つある。1つは、第一次調査で見出された民間団体への補助金等の増加という傾向である。行政から民間団体へのお金の流れは、「（民間団体への）補助金項目は「財政再建」と同時に一気に

減少し、逆に委託料支払いは増加」したのである（似田貝・蓮見 1993:403）。70 年代に補助金等の交付を通じて住民の組織化を進めていた福山市当局は、80 年代に行われた財政再建の中で、この方針を転換する。自治会等の団体活動への補助機能を低下させ、行政が果たすべき公共機能の一部を、民間の諸団体（企業組織）に対し委託量を支払ってゆだねるという形での行政下請化＝プライヴァタイゼーション（あるいは「民間活力」の導入）を進めたのである。その結果、1975（昭和50）年度には全財政支出の 11.61％を占めていた諸団体への支出が、80 年代の全平均でみると 1.5％にまで減少した（似田貝・蓮見 1993:406）。この過程の中で、福山市における住民参加は後退する。とくに「市民生活関連団体」と呼ばれる組織（消費者団体、医療団体、福祉団体、教育・社教団体など）は、自治会や経済セクター部門関連の組織に比べて、より顕著に排除されるようになる。

　もう 1 つは、日本鋼管への依存という、財政硬直化をもたらした財政のメカニズムにかわる新しい財政の構造を作りだそうとする模索がみられなかったという点である。福山市当局に、日本鋼管一社に依存していることへの危機感がなかったわけではない。じっさい市は、箕島工業団地の造成などにより新たな工場誘致を図るが、市の経済構造を変えるには至らなかった。似田貝・蓮見らは、80 年代の福山市における工業振興関連経費の構成を分析し、とくに 84（昭和59）年度の企業立地助成費（14,612千円）が 80（昭和55）年度（214,254千円）と比較して大きく落ち込んでいることを指摘し、「この市の行政が新たな産業構造の構築にどれほどの意欲をもっているのかを推測させるに十分なものがあるというべきであろう」（似田貝・蓮見 1993:309）と述べている。もともと厳しい財政状況に直面しているということを勘案しても、日本鋼管への一社依存という明白な構造を転換させるに十分な熱意や機動力

を、福山市の財政から読み取ることはできないというのである。この点には、自治体の行財政構造がもつ、うごきの鈍さや保守性という要素を見て取ることができる。

　以上のような地域社会学の視点からの分析は、地域社会レベルにおける政治システムと市民社会システムの相互行為を中心的な対象としている。先にみた整備新幹線や旧国鉄債務処理をめぐる政府の失敗に関する研究は、国レベルの政治システムのみ（旧国鉄債務処理）か、行政セクターにおける国レベルと地域社会レベルの垂直的な関係における相互行為（整備新幹線建設）を分析したものであるから、分析の対象としている部分が異なっている。

　この研究から示唆される点はいくつかある。第1に、行政による地域内で生じている諸課題への対応が、財政を介した市民社会との相互行為の1つであることが提示される。各地方自治体の管轄する行政区域にある地域社会では、都市化や過疎化などに伴い、様々な課題が刻々と変化しながら発生する。こうした諸課題への自治体による対応は、基本的には予算措置を伴う。そのため、断続的に生じる新たな課題に対応するために、自治体の歳出構造も変化することが求められる。70年代の福山市においてみられた市内の民間団体への補助金の支出増加はその一例である。地域社会内での諸課題の発生や変化を歳出構造の変化を促す要因の1つと位置づけ、互いの対応関係をみることは、地方財政を対象とした財政社会学における基本的な分析視点の1つとなりうるものである。

　第2に、他方で、財政に固有の論理がはたらくことも示されている。財政が悪化し破綻の危機に瀕した福山市は、その状況への対応策の1つとして、事業の民間委託を押し進めた。財政危機の要因は地域社会の構造に由来しているが、民間へ

の委託という変化そのものは、地域社会の変動をふまえたものではなく、財政制度の側の事情によるものである。財政には赤字を回避することなど、様々な固有の論理がある。その固有の論理にしたがった作動を通じて、政治システムのサブシステムである財政システムは、市民社会に対して影響を与える。

　第3に、地域社会の構造分析の中心に財政を置くことの限界が認識されている。福山市の財政再建では、日本鋼管への依存から脱却するための産業構造の転換という課題については、それを促すだけの十分な支出構造の変換はなされなかった。蓮見らはこの点を強く問題視しているが、中筋 (2001) が指摘するように、自治体の組織機構や財政にはもともと静態的・自己保存的な側面がある。地域社会内で生じつつある問題を、早い段階で察知し、歳出、さらには歳入構造の変革などを伴いながら予算措置を講じることで対処するということは、今日の自治体財政に対してはあまり期待できることではない。

　合わせて、地域社会内では、自治体の構造や財政のレベルでは把握することが難しいようなうごきが活発に展開されていることもある。本書の枠組みからみても、経済システムの動向はどのようなものであるのか、経済システムと政治システム・市民社会システムとの関係はどのように展開しているのかという論点が提起される。また、中澤 (2007) が指摘しているように、地域住民による活動は、ときに行政のうごきを追い越していくことがある。市民社会システムは自律的なものであり、行政とのやりとりとは別に、自身で独自に展開しうる。補助金を介した関係に絞り込んで分析することは、自治体の静態的・自己保存的な面のみを強調することになり、地域社会内で生じている動態的・変革的な側面を十分に描き

出せなくなる可能性がある。

　ところで、神戸市や福山市は、都市部に相当するが、本書の視点においては、都市部と地方の相違についても留意しなければならない。既述したような、静態的・保守的な自治体を越えていく地域社会のうごきは、都市部においてより顕著である。これに対し地方では、基軸となる産業もなく、高齢化が進んでいるなどしている場合には、町や村の役場が地域内で最大の産業であるということが少なくない。この場合には、自治体を追い越すうごきが出てくるということはあまりなく、地域社会内で次々と生じてくる諸々の諸課題の解決が、ほとんどすべて自治体に委ねられることになる。

　諸課題の解決を委ねられた自治体と関連する諸主体は、最善の努力をすると思われるが、これを適切に解決することは容易でない。資源の限られた周辺部に位置する自治体は、都市部の自治体とは異なった問題状況に直面し、異なった方法で対処する。本書第Ⅱ部以降で取り上げる自治体はこうした周辺部に位置するものが多い。

　これまで、本書の分析枠組みと財政社会学に関わる先行研究をみてきた。国内でも関連した研究の蓄積はあるが、その後の体系的な展開は十分ではない。本書の枠組みは、これらの先行研究の関心のいくつかを引き継ぎつつ、3つのレベルと3つのセクター、戦略分析、経営システムと支配システムといった社会学的な知見をもとに構成されている。

　第Ⅱ部と第Ⅲ部では、この分析枠組みを適用しながら、石炭と原子力という2つのエネルギーに関わりの深い地域を、財政を軸に分析していく。

注

1 全国新幹線鉄道整備法により、新幹線の建設計画は、基本計画、整備
　計画、工事実施計画の順に策定されるものと定められている。
2 これまでに、信越線の横川−軽井沢間がバス転換された他、信越線の
　一部がしなの鉄道に、鹿児島本線の一部が肥薩おれんじ鉄道に、東北
　本線の一部がいわて銀河鉄道と青い森鉄道に、それぞれ引き継がれて
　いる。
3 この一連の調査は、蓮見編（1983）、蓮見・似田貝・矢沢編（1990）、
　似田貝・蓮見編（1993）としてまとめられている。

第Ⅱ部

旧産炭地自治体財政の
社会学分析

第 4 章

日本の地方財政制度の諸特徴

4-1. はじめに

第Ⅱ部では、夕張市をはじめとする旧産炭地域を中心に、旧財政再建法の時代に、法再建ないしは自主再建に取り組んだ自治体の財政の分析を行う。

戦前から戦後にかけて、日本の主要エネルギー源でありつづけた石炭は、ピーク時の炭鉱数が850を超えるなど、国内産業としても巨大セクターを形成していた。しかし、石油へのシフトと安い海外炭の輸入とに押され、企業の撤退と炭鉱の閉山が相次ぐ。国内の埋蔵量は依然として豊富であるものの、現在では試験的な採掘を除けば、実質的な採掘量は0である。炭鉱を抱えていた地域の多くは、雇用をはじめとして社会・経済の様々な側面を炭鉱に頼ってきた。その炭鉱が閉ざされた後の地域社会は、経済が一気に冷え込み、大きな試練に直面することになる。その状況下で地方財政は、どのような役割を果たしたのか。あるいは、どのような形でその機能の限界を示したのか。

厳しい条件のもとに置かれた地方財政を語る際に欠かせないのが、旧財政再建法および新しい財政健全化法による破たん法制である。これらはどのような制度であるのか。それは、財政危機に曝された自治体にとって、どのような意味を持つものであったのか。

夕張市の財政破綻が2006年に発覚したことを契機に、政府は地方自治体の破綻に備えた制度を半世紀ぶりに改正した。旧制度が制定された1950年代には破綻に追い込まれることの多かった自治体も、徐々に持ち直し、1980年代以降に財政再建団体入りした自治体は、夕張市を除けば、旧赤池町、旧金田町、旧方城町 (以上は合併して現在の福智町)、香春町しかない。これらはいずれも福岡県田川郡に所在する旧産炭地

である。夕張市を含めた北海道の空知、田川郡を含めた福岡の筑豊はいずれも有力な産炭地であった。今日、財政破綻の危機に喘ぐ自治体は多いが、最終的に財政再建団体入りした自治体が、いずれも旧産炭地であったことは偶然ではない。

炭鉱のなくなった旧産炭地が大きな困難に直面することは、自明であった。危機に直面した自治体からのはたらきかけもあり、政府は、旧産炭地振興法などにより、地域の衰退を防ごうとした。それにもかかわらず、旧産炭地自治体の財政破綻は生じた。これらの破綻は避けることができなかったのか。政府・自治体の取り組みはどのようなものであり、どのような効果を上げ、何が足りなかったのか。第Ⅱ部の以下の部分では、第Ⅰ部で示した分析視点にもとづきながら、これらの問いに答えていく。

まず本章の以下の部分では、日本の地方財政制度の特徴や2000年以降における地方財政をめぐる諸状況、および旧財政再建法・新財政健全化法の概要についてみていく。第5章以降では、旧産炭地にかぎらず、旧財政再建法の時代に法によらずに財政再建に取り組んだ自治体の事例や、財政的に破綻状態に近いところまで追い込まれた事例をみていく。その後、旧法の財政再建団体を経験した旧産炭地の事例、2017年度の時点で再建中の夕張市の事例について検討していく。

これらの事例を、第Ⅰ部で示した枠組みを通して分析すると、地方自治体財政は、国や市場、市民社会において生じる変動による「しわ寄せ」を最も受けやすいものであることが指摘できる。夕張市などにおける財政破たんは、こうした地方財政制度の構造のもとに発生したものであり、炭鉱の閉鎖という個別要因と、対策不足など自治体の責任にのみ帰すことはできない。

4-2. 日本の地方財政制度の諸特徴

4-2-1. 歴史的経緯と諸特徴

　財政社会学は、財政に関わる諸制度や文化が国や地域によって異なることをふまえ、その多様な姿や由来を明らかにしようとする。国や地域によって異なるのは中央政府の財政に関わるものだけではない。地方財政制度の姿と、国と地方の関係も、同じように異なっている。

　日本の地方自治体は、1949年のシャウプ勧告に基づいた改革によって独立の財源を持つようになった。シャウプ勧告に含まれていたものがすべて実現したわけではないが、戦前期の地方付加税（国や上部団体の租税を標準とし、その一定割合を地方の独立財源とするもの）から、独立した税源に基づく自治体の課税自主権が法制度上の原則として確立された（阿部・新藤 1997:60-61）。その際、中央と地方だけでなく、都道府県と市町村のあいだでも税源が分離された。以来、市町村では固定資産税が、道府県では法人事業税が基幹的な税として位置づけられている。自治体はまた、条例を定めることで、住民や法人に独自の課税をすることもできる。じっさい、原子力関連施設の立地自治体は、核燃料税などの形での独自課税を行っている。

　独立した税源を持ち、条例による課税を行えることは、自治体の自治権の確立にとっては不可欠である。しかし自治体財政の現状をみるかぎり、十分な自立性を行使しえているとは言いがたい。

　わが国の地方財政制度の特徴として繰り返し指摘されているのは、国税と地方税における、歳入と歳出のバランスである。まず歳入であるが、国税と地方税を合わせた全体の税収のうち、前者が約6割、後者が約4割を占める状況が続いている。したがって歳入は国税中心である。これにたいし歳出

は、地方自治体による分の方が多い。このことは、中央政府から地方自治体への財源の移転が行われていることを意味している。じっさい、自治体の歳入の内訳をみてみると、住民税や固定資産税などの独自財源による税収は、自治体ごとに差があるものの、概して多くはない。大半の自治体が国から移転されてくる財源に頼っている。

中央から地方への財源の移転は、地方交付税交付金や、各種の補助金によって担われている。こうした財源移転に対しては、補助金の用途を中央が定め、それにあわせて自治体側が動くというような傾向がみられることから、中央政府の自治体への間接的な介入になっているという見方も強い。戦後、独立した税源と課税自主権を持ち、最終消費支出も多くを占める自治体ではあるが、財源や、政策の方向性の面で、実態としては中央政府への依存度が高くなっている。

こうした構造的な条件のもとに置かれた自治体、とくに市町村の財政は、景気の変動による影響を受けつつも、基本的には厳しいものであり続けてきた。旧制度である地方財政再建促進特別措置法制定の前年にあたる 1954 年頃には、赤字再建団体は 553 あった。赤字団体が解消に向かったのは、旧自治省が交付税による措置を始めた 1970 年代に入ってからである（高木 2011:241）。

1987 年にはリゾート法と呼ばれる総合保養地域整備法が制定される。同法のもと、地域振興のためとして、多くの自治体が第三セクターを設置し、リゾート開発を中心とした観光事業に乗り出すが、大半が失敗に終わってしまう。投入された事業費を収益によって取り戻すことはできず、損失補償などの形で自治体の会計から返済することになる。その結果、青森県大鰐町など、財政状況を大きく悪化させる自治体も現れるようになった。

自治体財政が厳しい状況に置かれ続けるなか、国の財政も悪化の一途を辿る。国の累積債務が累増を続けたのである。国は「増税なき財政再建」などのスローガンのもとに財政の立て直しを図るが、十分な効果はなかなか得られなかった。

　2000年代に入ると、自治体財政も巻き込んだ形での改革が行われるようになる。2002年（平成14年）6月、当時の小泉純一郎首相のもとで閣議決定された「経済財政運営と構造改革に関する基本方針2002」において、「国庫補助負担金、地方交付税、税源移譲を含む税源配分のあり方」が検討されることとなった。その際、これらを「三位一体で検討」すると記されたため、以降、地方財政をめぐる諸改革は三位一体改革と呼ばれるようになる。

　この改革において国は、国から地方へ配分されるお金を縮減する一方、地方自治体への税源移譲を行い、自治体自らが責任を持つ体制を確立することで、この局面を打破しようとした。そして実際、この改革の一環として、2005年から2007年にかけて、国から地方への補助金の4.7兆円の縮減、地方交付税の改革として5.1兆円の抑制、国税から地方税への3兆円の税源移譲が実施された。税源の移譲については、所得税から個人住民税への移譲という形で実施されている。

　国と地方の財政がひっ迫しており早急な対策が必要であること、その対策として地方分権の推進を図ることに対する異論は少ない。しかしこれまでに実施されてきた三位一体改革の内実には問題点も多い。例えば補助金の削減では、義務教育や国民健康保険、児童手当、児童扶養手当（母子家庭への手当）などの国庫負担金が対象となっている。削減分は自治体が責任を持つことになるが、移譲された財源が十分なものでない一方で、ナショナル・ミニマムに関わるものが多く、自治体には実質的な裁量権がない。削ることのできないナショナ

72

ル・ミニマムの維持が自治体を苦しめることになる。三位一体の改革は、地方交付税交付金の削減と合わせて、危機に瀕した自治体にとっては追い打ちをかけるのに等しい性質のものであると言える。

平成の大合併は、1999 年 4 月から 2010 年 3 月にかけて実施された。1999 年 4 月時点で 670 市、1994 町、568 村で合計 3232 あった市町村自治体数は、2010 年 3 月末時点で 780 市、757 町、185 村の合計 1728 と、半分近くにまで減少している。この合併は、総務省の主導のもとに進められた。自治体規模とそれに伴う財政規模の拡大によって、財政運営の効率化を図ることが主たる狙いであるが、問題点の指摘も多い。

例えば福島県の矢祭町は、2001 年に「合併しない宣言」を出したことで知られる。矢祭町は福島県の最南端部に位置するが、合併したばあい、新しい自治体の役場などは他の地域に設置されることが予想されるため、同町のような行政区域上の周辺に位置する自治体は、衰退していく可能性が高い。矢祭町は、「合併しない宣言」をした当時の根元町長を中心に、工場の誘致や行財政改革を積極的に行い、大きな成果を収めている。

ただし、矢祭町のような成功例はこれまでのところ例外的である。また、福島県の最南端に位置する同町は、東北の中では最も首都圏に近く、工場の誘致がしやすいという利点も有している。これに対し北海道の旧産炭地には、合併したくてもできないところもある。

政府は、各種の景気対策を自治体を介して実施しようとする。自主財源に乏しい中で苦境に喘いでいる自治体の多くは、そのうごきに乗ろうとする。しかしこのことは、自治体の状況を改善するどころか、かえって状況を悪化させてしまいかねないことを、リゾート法の失敗は示している。その一方で、

政府が自らの財政を建て直そうとして実施する制度改革は、総じて自治体財政への厳しい措置を伴うものとなっている。現在の自治体財政は、現状の維持すら困難とならざるをえない状況に取り囲まれている。

4-2-2. 地方財政再建促進特別措置法（旧制度）の概要

　次に、地方財政の破たん法制について検討しよう。まず、旧法である「地方財政再建促進特別措置法」のもとでの制度である財政再建（準用）団体についてみていく。同法は、1955（昭和30）年に公布されている。戦後の混乱期の中で深刻な赤字状態に陥っていた市町村を救済し、自治体財政の合理化を推進するために制定されたものであり、前年度の1954（昭和29）年度に赤字状態にあった18府県、570市町村を財政再建団体として指定している（林編、2003:71）。加えて、1955年度以降に赤字となった自治体に対しても、財政再建準用団体として、同法の一部が適用されるようになった[*1]。

　この旧制度のもとでは、赤字を出した自治体は、自動的・強制的に財政再建団体になるわけではない。同法において自治体が赤字状態に陥るとは、標準財政規模に対する実質収支の赤字額の割合によって算出される赤字比率が、都道府県では5％、市町村では20％を超えた場合を指す。この基準を超えた自治体は起債が制限され、事実上、地方債の発行ができなくなる。この起債の制限は、財政再建団体となったときに解除される。

　赤字状態に陥った自治体に課せられている制約は起債の制限のみであり、財政再建団体にならなければならないと規定されているわけではない。自主再建か、法の下で財政再建団体となるのかを選ぶことができる。財政再建団体入りする際も、自治体は議会の議決をふまえて大臣宛に申請するという

形をとっている。したがって理論上は、地方債を発行せずに財政運営を続けていく道も開かれており、後述する泉崎村のように、再建団体入りを避けた自治体もある。他方、破たん状態に陥った市町村が自力で再建することは困難を極める。都道府県当局や国から各種の支援を受けなければならないが、その相談あるいは交渉の中で、再建団体入りを求められることもある。形式上、最終的な意思決定は自治体が行うこととされているが、実質的には他に選択肢のない状況で、やむなく再建団体となることも少なくない。

　夕張市のケースをみても、起債制限が直接的に財政再建団体入りの引き金になったわけではない。後述するように夕張市の債務は、「ジャンプ方式」と呼ばれる、出納整理期間と一時借入金を使った方法で膨れあがっていった。金井・光本(2011)が述べているように、問題は起債制限ではなく、一時借入金の貸し手がいなくなることにあった。市債と異なり一時借入金は、国などによる交付金措置が予定されていない。このことは、国などによる債務保証がないことを意味する。夕張市の財政破綻が公のものとなってしまえば、これまで貸し手となっていた民間金融機関などは一斉に手を引いてしまい、国などによる債務保証がない形では貸そうとしない。そうなれば、夕張市の資金はショートせざるをえない。この事態を回避するためには、国や北海道が市に資金を融通するか、国や道が債務保証をするしかない。いずれにしても夕張市が独力で局面を打開することはできず、国や道の協力をえなければならない。国や道は、夕張市は財政再建団体となるべきという考え方を持っていた。夕張市は、国や道の協力を得るために、その意向に従わざるをえなかった(金井・光本2011)。

　財政再建団体となるか否かの判断と同様、再建団体入り後についても、形式的には自治体の自治権は維持されている。

しかし実質的にはその財政運営は、総務省の管理下に入ることになる。市町村であれば県と協議しながら財政再建計画を策定し、総務省からの承認を得なければならない。そして一度承認を受けた計画を変更する際には、やはり総務省からの承認を得なければならない。財政再建団体となった自治体は、財政運営に関する自律性を国に明け渡す格好となる。財政再建団体という「破産」制度に対する批判的意見は少なくないが、その多くが、この自律性の喪失を問題視している。

4-2-3. 地方公共団体の財政健全化に関する法律（新制度）の概要

　2010（平成22）年4月1日、新たな再建法制である「地方公共団体の財政の健全化に関する法律」（以下、「健全化法」）が施行された。この健全化法は、旧法である「再建法」と比べ、財政健全化判断比率として4つの指標を導入し、それぞれの指標について「早期健全化基準」と「再生基準」という2段階の基準を設けていることを主たる特徴としている。また、4つの指標のうちの1つにおいて従来は切り離されていた公営企業の会計を連結させて数値を公表すること、累積した債務について再生振替特例債を発行して処理することができるようになった点などでも大きく変化している。以前のものと比べて、対象となる範囲を広げ、悪化しているのであれば早期に発見しようという制度になっている。

　健全化判断比率の4つの指標は、以下のとおりである。①実質赤字比率。これまでの再建法の実質収支基準と同様で、一般会計等を対象とした実質赤字の標準財政規模に対する比率である。市町村で早期健全化基準11.25〜15％以上、再生基準20％以上。②連結実質赤字比率。新たに導入された指標であり、普通会計に加え公営事業会計の全会計の実質赤

字の、標準財政規模に対する比率である。市町村で早期健全
化基準 16.25％〜 20％以上、再生基準 30％以上。③実質公
債費比率：一般会計等が負担する元利償還金および準元利償
還金の標準財政規模に対する比率である。市町村で早期健全
化基準 25％以上、再生基準 35％以上。④将来負担比率：一
般会計等が将来負担すべき実質的な負債の標準財政規模に対
する比率である。早期健全化基準のみの設定で 350％以上で
ある。

　この健全化法の特徴の 1 つに、従来公表されていた自治体
の財務データが一般会計中心であったものを、特別会計の収
支も連結して公表するようになったことがある。企業会計や
第三セクターの中には、巨額の赤字を抱えているところも少
なくない。本章でみていく事例についても、巨額の債務は、
第三セクターにおいて発生している。こうした赤字や累積債
務は、最終的にはいずれ自治体の一般会計に圧し掛かってく
るものであるが、従来は一般会計と切り離されて処理されて
いたため、とくに住民からみて、実態がわかりにくかった。
これを連結することで、赤字の累積債務の実状をわかりやす
く把握できるようにした。企業会計や第三セクターの会計
の実態が見えにくくなっているという批判は以前からなされ
ていた。今回の変化はこの指摘をふまえたものであり、財政
に関する情報そのものは透明化したと言えよう。

　しかし、企業会計や第三セクターの赤字がそのまま一般会
計と連動してしまうことによって、一般会計の悪化がそのま
ま病院会計などに影響するようになるという課題も指摘でき
る。他のところで生じた赤字が、以前であれば第三セクター
という形式である程度まで独立していた事業の会計が、制度
の変更によってより直接的に一般会計に反映される可能性が
生じる。

第 4 章　日本の地方財政制度の諸特徴　　77

財政再生法は早期発見による自治体財政の立て直しを意図しているが、なぜ自治体財政が困窮していくのかという点についての問題解明は行っていない。今日の状況を克服するためには、自治体財政が困窮する原因を突き止め、地域の衰退を食い止めて、安定的な財政運営を行うことができる条件を整えることが重要である。

　財政健全化法の一部は、2008年4月に施行された。それに合わせて、各自治体の財政状況の事前チェックが開始され、同年9月に速報値として公表されている。

　その時点で指標の1つないしそれ以上が、早期健全化ないし財政再生基準を越えてしまった自治体は51団体となった。都道府県、政令市で該当したところはなく、町村で実質公債費比率が健全化基準を超えてしまったところが24団体と多かった。都道府県ごとにみると、北海道で多く、次いで青森県や島根県内の自治体で該当したところが多かった。この結果を受け名前の挙がってしまった自治体は、実際に早期健全化団体ないし再生団体とならぬよう、財政健全化への取り組みを強化した。

　その結果、実際に早期健全化団体ないし再生団体となった自治体は、2008年度決算で22団体となった。これらの団体も早期健全化計画ないし財政再生計画を策定し完了することでリストから外れていく。平成25年度決算をもって青森県大鰐町が早期健全化団体の基準を下回ったことにより、以降は、北海道夕張市のみが財政再生団体として再建に取り組む状況が続いている（表4-1参照）。

　早期健全化基準ないし再生基準を超えてしまった自治体は地方の過疎地域に多かったが、例外は大阪府泉佐野市である。同市は、関西国際空港を抱えその効果を得られるはずであっ

た。しかし、空港の開業に合わせて都市基盤整備等の各種の開発事業を行ったものの、「景気の低迷やりんくうタウンの成熟の遅れにより」（泉佐野市資料）、税収が伸びず、建設に要した地方債の償還が重くのしかかってしまった。大型の空港の開業という一見すると千載一遇の大チャンスが、結果としては地域を危機的状況に陥らせてしまったのである。

　以下の章では、夕張市のほか、この表に含まれている自治体としては、青森県大鰐町や福島県双葉町を取り上げる。また、早期健全化団体等にならずに、独自の手法で財政の再建に取り組んだ自治体も取り上げる。人口減少など、財政がひっ迫する要因は共通している部分も多いが、他方で、それぞれの自治体における個別の事情もある。財政が悪化していくメカニズムとはどのようなものなのか。再建に成功するところとそうでないところの分岐点はどのようなところにあるのか。以下では、これらの点を中心にみていくことにする。

注

1　本書では財政再建団体という表現を用いるが、とくに断りのないかぎり、正確には財政再建準用団体である。

財政再生団体及び財政健全化団体の推移（平成26年度決算）

	平成20年度決算	平成21年度決算	平成22年度決算	平成23年度決算	平成24年度決算	平成25年度決算	平成26年度決算
財政再生団体	北海道 夕張市						
財政健全化団体	北海道 大鰐町 青森県 大阪府 泉佐野市 北海道 洞爺湖町 奈良県 御所市 沖縄県 座間味村 沖縄県 伊是名村 北海道 江差町 由仁町 中頓別町 双葉町 福島県 奈良県 上北山村 鳥取県 日野町 沖縄県 伊平屋村 北海道 歌志内市 赤平市 浜頓別町 利尻町 山形県 新庄市 群馬県 嬬恋村 長野県 王滝村 兵庫県 香美町 高知県 安芸市						
団体数合計	22団体（1団体）	14団体（1団体）	7団体（1団体）	3団体（1団体）	3団体（1団体）	2団体（1団体）	1団体（1団体）

※団体数合計の（　）内の数値は、うち財政再生団体数。

表 4-1　財政再生団体および財政健全化団体の推移（平成 26 年度決算）
（総務省資料「地方公共団体の財政の健全化に関する法律について」）

第5章

財政の破綻と再建の諸事例

5-1. はじめに

　本章では、福島県内に所在する 3 つの町村 (矢祭町、三春町、泉崎村) と青森県大鰐町を事例とした検討を行う (図 5-1、図 5-2 を参照)。本研究では、石炭や原子力といったエネルギーに関わりの深い自治体を対象としているが、その他にも、本章で取り上げるものを含め、エネルギーとは直接の関係のない自治体に対する調査をいくつか行っている。これらの自治体は、本書の研究と関連した内容で、全国あるいは地域社会レベルで多くの注目を集めたもののうち、本研究で取り上げる地域との比較対象において有意であると考えられる事例である。

　以下で取り上げる事例のうち、福島県内のものは、いずれも、財政難に直面しながらも、旧制度のもとでの財政再建団体入りを避け、自主再建に取り組んだものである。矢祭町は、「合併しない宣言」をした自治体として著名である。当時の総務省の方針のもとでは、合併しないということは、独自の努力で行財政改革を推し進めなければならないということを意味する。決して条件に恵まれているとは言えない町が、どのようにしてこの局面を乗り切ったのか。三春町も、合併しないという選択をし、行財政改革を進めた自治体である。泉崎村は、財政が破綻に近い状態にまで陥りながら、財政再建団体入りせずに再建を果たしつつあるという特徴をもっている。大鰐町は、リゾート開発のブームに乗って大規模な事業を行ったものの、計画が破綻し巨額の債務を抱えこんでしまった事例であり、現在も債務を返済している。一時、財政健全化法のもとでの早期健全化団体となったが、今では完了している。

　いずれの事例についても、高い注目を集めたゆえに選ばれたものであるから、特徴的ではあっても、体系的な基準によっ

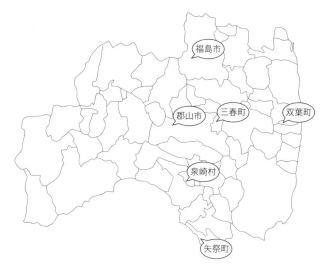

図 5-1　福島県の地図

て選ばれたものではない。それでもこれらの事例は、それぞれの特徴と同時に、多くの自治体が抱える共通点を持っている。これらの事例をみていくことにより、現在の自治体が置かれた状況と、日本の地方財政構造の特徴を把握することが可能となる。

5-2. 泉崎村の事例

5-2-1. 財政破綻に至る経緯と原因

　泉崎村は東北地方の玄関口とされる白河市に隣接している、人口7000人弱の村である。この村で2000（平成12）年に、財政破綻の危機が表面化する。1999（平成11）年度末の数値として、68億円を超える財政赤字の存在が明るみに出た。標

準財政規模の3倍に相当する赤字を抱えた同村は、「財政破綻の村」として、周辺自治体はもとより、全国的な注目を集めることとなり、村民に大きな衝撃を与えた。

　泉崎村がこれだけの財政赤字を抱えるに至った主要因は、工業団地と住宅団地の造成の失敗にある。村内には、大小合わせて5つの工業団地（池ノ入山、原山、第一、第二、中核）と住宅団地である2つのニュータウン（泉崎、天王台）が存在している。これらの工業団地とニュータウンのうち、財政破綻の原因となったのは、最後発である中核工業団地と天王台ニュータウンの販売不振である。

　泉崎村は、1965（昭和40）年に工業適地、1974（昭和49）年に農村工業導入促進地域の指定を受け、積極的に工業団地の造成・分譲を行い、合わせて、人口増加策の1つとしてニュータウンの造成を進めてきた。中核工業団地や天王台ニュータウン以前には、工業用地も住宅地も順調に販売されてきた。中核工業団地や天王台ニュータウンの造成は、こうした先行事業の成功を受けて実施されたものである。しかし、この2つの事業は、先行する諸事業と同じように成功させることができなかった。その理由について、村の資料は以下のように説明する。

　しかしながら、工業団地にあってはバブル経済の崩壊のほか阪神淡路の震災が追い討ちをかけ、進出予定の企業が相次いで撤退を表明、これらから造成工事代金に係る多額の債務が発生した。また、宅地造成事業においてもこうした企業誘致の状況と相俟って分譲が進まず、工業団地造成事業と同様工事代金に係る多額の債務の発生をみている（泉崎村「自主的財政再建計画書（第1回変更）」より）。

泉崎村の工業団地の造成方法は、あらかじめ企業から進出の確約を受け、さらには販売代金の一部を受け取ってから工事に着手するというものであった。したがって、用地の造成はしたものの企業が進出しないという事態は、基本的には発生しない。しかし中核工業団地に関しては、造成中に阪神淡路大震災が発生し、その影響を受けた企業が進出を撤回するという事態が発生する。この状況にバブル経済の崩壊が重なり、新たな進出企業も見つからなかった。これにより、造成のための資金計画に大きな狂いが生じ、巨額の債務を抱えることとなった。第3部で取り上げる青森県むつ小川原開発の事例に比べれば手堅い方法であるが、それでも失敗してしまっている。巨額の費用を投じ、一定の期間をかけて行う工業団地の造成は、リスクの伴う難しい事業なのである。

5-2-2. 地域の社会構造における特質

　泉崎村の事業がうまくいかず、財政破綻の危機に瀕するに至った直接的な原因は、バブル経済の崩壊と阪神大震災の影響にある。しかしこうした状況に追い込まれたより根本的な要因として、この村における社会構造の特質、すなわち強度の開発志向に由来する利権構造の存在を指摘する必要がある。阪神大震災による企業の進出撤回が痛手であったとしても、震災が発生したのは 1995 (平成7) 年 1 月であり、破綻が発覚した時期と 5 年以上の開きがある。なぜ、この時期に破綻が表面化したのか。

　破綻危機の直接的なきっかけは破綻表面化直前の 2000 (平成12) 年 2 月に、福島県庁よりもたらされた一通の通知である。この通知は「公営企業にかかる赤字解消等のための具体的対処方針について」と題されたものであり、村に対して、特別会計の赤字解消計画を策定することと、特別会計におけるた

第 5 章　財政の破綻と再建の諸事例　　85

び重なる繰上げ充用、一時借入金の運用が制度の趣旨に反して不適正なので早急に是正方針を作り回答することを要求するものであった (白石、2007)。

この当時の泉崎村は、既述した工業団地や住宅用地に加え、墓地公園やサイクリングターミナル事業などの各特別会計において、工事代金が未払いであり、繰上げ充用が繰り返されるという状態にあった。これに対し、村は一時借入金によって対応しており、複数年にわたり、市中の金融機関からの借り換えを行い、利子だけを支払うということを続けていたのである。1999 (平成11) 年度の時点で、一時借入金の元金総額47億5600万円、年間の利子の支払いは7500万円強、赤字総額68億円、借入金総額は約163億円という額にまで膨らんでいた (白石、2007)。22億円程度という村の標準財政規模を考えれば、尋常ならざる規模である。

工業団地、住宅団地、墓地公園、サイクリングターミナルという特別会計のラインナップと過去の工業団地や住宅団地の造成の歴史をみれば、泉崎村が長期的に、大規模な開発路線を歩んできたことがわかる。同村における財政破綻の危機は、阪神大震災などのアクシデントが引き金となったものの、より根本には、こうした開発路線の破綻が潜んでいたとみるべきである。

福島県庁からの通知が出される直前の2000 (平成12) 年1月、7期にわたり村長を務め、この開発路線を主導してきた人物が、「健康上の問題」を理由に4ヶ月の任期を残して辞任している。この人物は在職当時、福島県南地域の大物村長と言われ、福島県選出の有力国会議員とのつながりも強かったとされる。県当局も容易に意見を言えないほどの人物であったと言われている[*1]。この村長の交代は、破

綻危機を表面化させた県当局による通知のタイミングに影響を与えたのではないかと判断される。

　泉崎村の財政破綻の危機に関しては、このような「大物村長」による強度の開発志向が影響している。そしてその影響は、本来であれば、行政のあり方を正す役割を負う議会に対しても及んでいる。

　破綻危機が表面化したのは、福島県当局による通知がきっかけであるが、それ以前から、村の財政が大きな問題を抱えていることは、村議会でも指摘されていた。しかしながら、この問題に対する村議会の機能は、事実上、形骸化していたと言える。村の関係者の話では、件の人物が村長を務めていた頃は、いわゆる「村長派」の議員が大半を占め、審議らしい審議をしないまま、短期間で議会が終了することも珍しくなかった。議会の最中に、質問が無視されることもあったという*2。また、1991 (平成3) 年に、70億円もの予算について専決処分した際についても、議会はそれに強く異議を唱えることをしてこなかった。工業団地の造成など大規模な開発路線を続けることは、地域社会における村長の存在感を増大させる一方、議会による行政への監視機能を低下させる。このことが財政規律の弛緩を呼び、財政破綻へと結びついていったのである。

5-2-3. 再建手段の選択

　巨額の赤字を抱えた村の財政を、いかにして再建するか。福島県当局は泉崎村に対して財政再建団体入りを進めたとされる*3。しかし村は、この制度を選択しなかった。

　村関係者は、この理由について、財政再建団体入りすれ

ば「財政破綻の村」としてのレッテルが貼られることになり、破綻の原因となった工業団地や住宅団地の売れ残っている土地の販売の促進に支障をきたすためであると指摘している[4]。泉崎村は、破綻危機の原因となった売れ残りの土地の販売による債務返済の道を選んだ。

泉崎村は、こうした方法での再建に関連し、福島県から38億5000万円の融資を受けている。この融資により、「不適切な財務処理となっていた一時借入金の解消を図ること」が可能となった[5]。ただし、このような融資の制度は福島県に従来からあったものではない。従来の市町村振興基金制度を改正して実施しており、泉崎村のために特例的に対応したものである。こうした支援を受けながら、村は、「自主的財政再建計画」を策定し、借り受けた資金を、工業団地や住宅用地の販売で得た収入によって、2000（平成12）年から10年後の2010（平成22）年までに返済することを計画した。

この自主計画による取り組みは一定の成果を挙げ、売れ残っていた工業団地や住宅用地もそれなりの販売実績を上げて推移した[6]。2000年から2004年までの5年間で、土地の販売のほか経費削減等の取り組みにより約35億6700万円の赤字額を解消している。しかしながら依然として残額が多いため、2005（平成17）年から5年間の計画として自主的再生再建計画書（第2期）を策定した。この計画により、2010（平成22）年度末には約58億7600万円、負債の86%を解消することに成功したが、それでも残債があったため、村では返済を続け、最終的に2013（平成25年）10月に完済している。

当初の計画からじつに14年を要したものの、再建団体・再生団体にならずに返済を終え、再建を達成している。その背景には、村民と村関係者などによる様々な努力の積み重ねがある。筆者のインタビューに応じてくれた村の関係者の1

人は、当初の土地販売の促進に関し、村民が自分の知り合いに働きかけることを通じて、企業誘致や住宅地の購入者開拓に成功したと語っている。また、村長や議員、職員などの村の関係者も、住宅地販売のために東京・銀座に出向いてチラシを配り、来村者を手打ちそばや田舎料理でもてなすなどしている。さらに、別の村の関係者の話によれば、当初は批判的な姿勢で取材に来ていたマスコミが、村での努力をみて姿勢を変え、好意的な形で報道し、その影響で住宅地の販売が進んだこともあったという。もともと泉崎村は、先行する開発計画の成功もあり、財政的な基盤は強い方である[7]。この財政基盤に、こうした関係者の取り組みが加わることで、同村の財政再建が進んだのである。

このような再建の経過は、財政再建団体によるものとは大きな相違点を示している。財政再建団体入りすることは、当該自治体の財政運営が総務省の管理下に入ることを意味する。当初の再建計画は基本的に自治体の側で作成するものの、一度、計画が定まってしまえば、自治体サイドの裁量は極めて限定的なものとなってしまう。このような方法による再建は、その過程で、自治体職員の創造的な力量を奪っていく危険性を持つ。補助金制度をはじめとする財政制度やその他の行政制度、さらには行政サービスに対する住民のニーズは刻々と変化している。決められた計画を実行していくだけの財政運営は、こうした状況の変化に関する知識を吸収し、創造的な行財政運営を進めていこうとする職員や関係者の意欲を削ぐ。そして、このような状態が何年間かにわたって続いた結果として、当該自治体の行財政の運営能力が低下していく。

泉崎村による自主再建という選択は、「いかにして売れ残っている土地を売るのか」という課題に対し、行政当局や住民

が知恵を絞って対応することを可能にした。このような対応が蓄積されることは、単に土地を販売して債務を返済するということのみならず、今後の行財政の運営にとっても貴重な経験になると思われる。この点が、自主再建と財政再建団体とのあいだの大きな相違点である。

5-2-4. 地域社会における財政破綻の構造的要因

　泉崎村の事例からは、以下の点を読み取ることができる。第一に、財政破たんの原因としての地域開発の失敗である。本書第Ⅲ部でも取り上げる六ケ所村を含めたむつ小川原開発は、当初は核燃料サイクル事業ではなく、コンビナートの開発を中心としたものであった。青森県は開発計画が決定されると、公社を設置し、職員を送り込んで土地の買収を進める。この段階では具体的な企業誘致の目処はついていなかったが、時は高度経済成長期であり、首都圏などからの企業の進出が見込まれていた。ところが計画の途中で石油ショックが生じ、開発計画は一気に頓挫する。青森県と政府が設置したむつ小川原開発株式会社は、買い手のない膨大な土地と、返す財源のない巨額な債務を抱えてしまう。そこに進出してきたのが核燃料サイクル事業だった。

　泉崎村では、進出企業の確約を取り付けたうえで工業団地を造成したとしている。この点は、むつ小川原のケースと比べれば手堅い。先行する計画も成果を挙げていた。それでも、計画は失敗してしまった。自治体が開発計画を作り、開発公社を設置して土地を買収し、工業団地を造成して企業の進出を促すという手法は、日本ではよく見られる。しかしこの手法は、企業進出の見込みのないいわゆる塩漬けの土地を多く生み出し、自治体の財政を苦しめている。泉崎村のケースは金額の大きさなどの点で突出はしていたが、巨額の赤字を生

み出す原因は、他の多くの自治体でも共通してみられる現象である。

第二に、大規模な開発計画を積極的に推進してしまう地域の社会構造である。この構造は、後述する夕張市の事例と共通している。大物で発言力の強い首長が、大規模な開発計画を主導する。あるいは、大規模な開発計画を主導し、成功させた首長が発言力を強めていく。本来であれば監視機能を果たすべき議会も、その首長の影響下にあり、事業の成否の可能性を厳密に検討するなどの対応を行えない。他方、地域社会の中には、そうした大物首長への期待が潜在的には存在している。夕張市ほどではないにしても、高齢化などによる地域の衰退の危機は、多くの周辺地域の住民が感じている。従来型の行政運営では、こうした事態を打開することは容易でない。大物首長による大規模な開発計画は、かりに危うさを抱えるものであっても、衰退の危機に喘ぐ地域の人々にとっては希望をもたらすものであり、歓迎すべきものである。そこには、成否の可能性を冷静に検討するというよりは、多少の危うさを感じつつも、「大丈夫」という言葉を信じたくなる意識が見出される。

町村部を中心に、特定の人物が長く首長を務めているというケースは珍しくない。民主主義という点からみれば、特定のリーダーに対する依存度が高くなることは好ましくない面もあろうが、人口の限られた地域では、行財政に精通し、リーダーシップを発揮できる人材は多くないという事情もあるだろう。そうした地域では、発言力の強い大物が生まれやすい。この人物が、開発志向が強いのか、あるいは倹約を中心とした政策をとるのかによって、その後の事態は変わってくる。しかし、日常的に衰退が実感できる地域では、人々のあいだにも、倹約よりは開発を好む傾向が出てくる。リスクの高い

開発計画に歯止めが掛からなくなる土台は、泉崎村や夕張市以外にも、広く存在しているとみるべきである。

第三に、泉崎村の再建策の特徴である。泉崎村は、当時の法のもとで財政再建団体入りはせず、自主再建の道を選んだ。それが可能になったのは、福島県からの支援と、債務を生んだ計画である住宅が、売却可能性を残していたからである。売却がほとんどできないような状況であれば、自主再建は困難となる。同村の売却に向けた宣伝策はユニークなものもあり、注目を集め、一定の成果を収めることができた。泉崎村は東北地方の中でも南部に位置しており、東北地方の北端である青森県に比べて首都圏に近いという有利さもある。泉崎村の再建策は、こうした条件が重なることで可能になったものである。

5-3. 矢祭町の事例

5-3-1. 「合併しない宣言」の背景

本章における2つ目の事例は、矢祭町である。同町は福島県の最南端に位置しており、人口は7000人弱、経済圏としては、郡山市か茨城県水戸市との関わりが深い。この町は、2001（平成13）年の「市町村合併をしない矢祭町宣言」によって全国的な知名度を得た（表5－1参照）。国の主導のもと、全国的に大規模な市町村合併が進む中での「合併しない宣言」は、総務省をはじめとする関係者に大きな衝撃を与えた。

本章での同町の取り組みへの関心は、次の2点に集約される。第1に、なぜ矢祭町は、「合併しない宣言」をしたのか。第2に、合併を選択しなかった同町の行財政改革の取り組みはどのようなものであるのか。

矢祭町が「合併しない宣言」をした理由からみていこう。

この宣言は、表5-1に示したとおりであるが、その第4項目に、合併を選択しないという決断に至った最も重要な理由が示されている。それは「矢祭町における「昭和の大合併騒動」は、血の雨が降り、お互いが離反し、40年が過ぎた今日でも、その瘤（しこり）は解決しておらず、二度とその轍を踏んではならない」というものである。

矢祭町の前身である矢祭村は、「昭和の大合併」の中で、1955（昭和30）年3月に誕生した。この時に合併したのは豊里村の全村と高城村の南部である。その後、1957（昭和32）年1月にすでに隣接する塙町と合併していた石井村の一部が矢祭村に編入され、現在の行政区域を形成している。最初の合併から2年と経過しないうちに、すでに他の町と合併していた村の一部が編入されるという状況から推測されるように、この合併をめぐっては地域内で大きな紆余曲折があった。

当初の段階で福島県当局が示していたのは、豊里村、高城村、石井村の3村による合併であり、地元でもこの枠組みに沿った協議が行われていた。しかし、役場の位置の問題などで話し合いがつかず、協議は紛糾する。そこに、すでに別の村と合併していた塙町から、区域を接していた高城村と石井村に合併の申し入れが行われた。この申し入れを受けて、まず、高城村の内部が決裂する。塙町派と矢祭町派とに村内が分かれ、結局、北半分が塙町と合併し、南半分が豊里村と合併して矢祭村となった。さらに、高城村の北半分が塙町と合併したことにより、塙町に三方を囲まれる形となった石井村が塙町との合併を決定する。こうして、当初の枠組みのうち、じっさいに矢祭村となったのは豊里村と高城村の南半分だけで、石井村と高城村の北半分が塙町と合併した。

しかし、この合併により「一件落着」となったわけではなかった。塙町と合併した石井村の中で、矢祭村との合併を希

第5章　財政の破綻と再建の諸事例　　93

望する運動が起こり始めたのである。塙町との合併は、一部の有力者だけで決めたものであり、住民の意思を反映したものではないとされたのである。「合併しない宣言」に記されている「血の雨が降り、お互いが離反」するような状況が発生したのは、この時とされる。

　当時の塙町当局は、旧石井村での運動の要求に応じず、福島県当局の勧告や住民投票の要請も断っている。結局、当時の自治庁があいだに入り、塙町と矢祭村の将来的な合併を勧告し、旧石井村の一部を残して大半が矢祭村に編入されることになった。その後も、将来的な合併の約束はこの地域の論争の火種となって残ったが、結局、実現されないまま今日に至っている（矢祭町史編さん委員会 1984・1985、竹内 2005）。

　このような騒動が生じたのは、半世紀も前のことである。しかし町の関係者は、当時のしこりは今でも残りつづけていると指摘する。町が道路の拡張工事のために地権者に相談したところ、この当時のことを持ち出されてなかなか協力が得られなかったということもあれば、選挙の際に誰を支持するのかも、この騒動の時の人間関係が影響して決められるという。当時 20 代だった人々が 70 歳を超えて健在であり、この時のことをよく記憶している。筆者のインタビューに応じてくれた矢祭町の根本町長（2007 年 2 月時点）は、「ロミオとジュリエットのようなもの。世代が代わって子ども同士が仲良くならなければ解決しない」と語った。

　このような歴史的背景をもつ地域にとって、国の主導による「平成の大合併」は、容易に受け入れられるものではない。矢祭町による「合併しない宣言」は、国や県による合併の流れから距離を置くためになされた。

表 5-1　市町村合併をしない矢祭町宣言（出典：矢祭町 web サイト）

国は「市町村合併特例法」を盾に、平成 17 年 3 月 31 日までに現在ある全国 3,239 市町村を 1,000 から 800 に、更には 300 にする「平成の大合併」を進めようとしております。

　国の目的は、小規模自治体をなくし、国家財政で大きな比重を占める交付金・補助金を削減し、国の財政再建に役立てようとする意図が明確であります。

　市町村は戦後半世紀を経て、地域に根ざした基礎的な地方自治体として成熟し、自らの進路の決定は自己責任のもと意思決定をする能力を十分に持っております。

　地方自治の本旨に基づき、矢祭町議会は国が押し付ける市町村合併には賛意できず、先人から享けた郷土「矢祭町」を 21 世紀に生きる子孫にそっくり引き継ぐことが、今、この時、ここに生きる私達の使命であり、将来に禍根を残す選択はすべきでないと判断いたします。

　よって、矢祭町はいかなる市町村とも合併しないことを宣言します。

記

1. 矢祭町は今日まで「合併」を前提とした町づくりはしてきておらず、独立独歩「自立できる町づくり」を推進する。

2. 矢祭町は規模の拡大は望まず、大領土主義は決して町民の幸福にはつながらず、現状をもって維持し、木目細やかな行政を推進する。

3. 矢祭町は地理的にも辺境にあり、合併のもたらすマイナス点である地域間格差をもろに受け、過疎化が更に進むことは間違いなく、そのような事態は避けねばならない。

4. 矢祭町における「昭和の大合併」騒動は、血の雨が降り、お互いが離反し、40 年過ぎた今日でも、その瘡は解決しておらず、二度とその轍を踏んではならない。

5. 矢祭町は地域ではぐくんできた独自の歴史・文化・伝統を守り、21 世紀に残れる町づくりを推進する。

6. 矢祭町は常に爪に火をともす思いで行財政の効率化に努力してきたが、更に自主財源の確保は勿論のこと、地方交付税についても、憲法で保障された地方自治の発展のための財源保障制度であり、その堅持に努める。

　以上宣言する。

平成 13 年 10 月 31 日
福島県東白川郡矢祭町議会

5-3-2. 行財政改革の内容

　国は、合併を受け入れた自治体に対して特例債の発行を認めるなどの方法で合併の促進を図ろうとしている。このような政策の背景には、財政状況の厳しい自治体を合併によって大規模化し、財政の効率化によって問題の解決を進めようとする意図がある。この財政状況の改善という課題は、「平成の大合併」を受け入れない自治体にも課せられる。合併しないからといって、今までどおりの町でいいということにはならない。むしろ、国の方針から外れた方向を選択したがゆえに、より厳しい条件で行財政改革に取り組むことを余儀なくされることになる。

　では、矢祭町の行財政改革はどのようにして進められたのであろうか。同町の改革の特徴は、大幅な歳出の削減を進めながら、子育てを中心とした住民サービスに関して高水準のサービスを維持していることにある。このような改革のあり方は、同じような問題に悩む多くの自治体にとっては、極めて理想的なものであると言える。

　この改革の中心にあるのが人件費の削減である。職員は、改革の当初は正職員と嘱託職員を合わせて 142 人いたが、2007 年の時点では 78 人であった。これに伴い、10 億円あった人件費が 6 億円にまで削減された[*8]。同町の 2007 年時点の財政規模が 32 ～ 33 億円であるから、人件費の削減によって 1 割以上の歳出をカットしたことになる。財政力指数も、「合併しない宣言」をした当時に 0.19 だったものが、2007 年度は 0.4 にまで改善し、将来的には 0.75 にまでもっていくという。加えて、町の「貯金」に相当する財政調整基金も、5 億円から 13 億円に増えている[*9]。

　平均的なケースでは、財政改革を推進すれば住民サービスの低下が起こる。しかし矢祭町では、高水準の住民サービス

が維持されている。同町が力を入れている子育て面での支援では、妊婦検診の無料化、幼保一元化、全国平均 (36000 円) の半額以下 (16000 円) の保育料、延長料金なしでの長時間の保育 (6:30 〜 19:45) など、多様なサービスが実施されている (いずれも 2007 年度のもの)。こうしたサービスが可能となっているのは、同町が、人件費の削減によってできた財源をこれらのサービスに積極的に活用しているからである。

根本町長は、「人件費を減らしても行政サービスの低下にはつながらない」ことを強調する。この点は、同町の行財政改革にとって重要なポイントであると判断されるが、その鍵を握っているのは町役場の職員であろう。人件費の削減によって職員の人数が少なくなりながらの高水準の行政サービスを維持するということは、それだけ、個々の職員の働き方の水準が高くなることが要求される。

じっさい、筆者が矢祭町役場を訪れた際も、それぞれの職員が非常にテキパキと働いているという印象を受けた。このような役場職員の働き方の改善をもたらした要因は 2 つあると考えられる。1 つは、根本町長のリーダーシップである。町長は、「明治維新の最大の負の遺産は官僚制である」という司馬遼太郎の言葉を引き、これまでの職員の仕事のやり方は 1 人でできることを 3 人半でやってきたと指摘する。役場職員の働き方に関して極めて厳しい見方をしており、この見方から、役場内部の改革を推し進めてきた。

もう 1 つの理由は、「合併しない宣言」をしたことにある。合併しなければ厳しい行財政改革を強いられることは、職員も十分に承知している。「宣言」をすることで、矢祭町は自ら退路を断ってしまった。前に進むためには行財政改革を徹底して推進しなければならない。この危機意識があったからこそ、大幅な人件費の削減を中心とした行財政改革にも対応

できたものと考えられる。「合併しない宣言」によって危機
意識を強めたのは、根本町長も同様である。根本町長は、6
期にわたって在職しており、「宣言」をする以前から町長を
務めていた。しかし、職員の意識改革を常に進めてきたわけ
ではないという。「宣言」をすることで町長もまた、肚を決
めざるをえなくなったのである。

　矢祭町は、まれにみる高い水準で行財政改革に成功してき
た自治体である。この成功については、地域の歴史性に由来
する形で「合併しない宣言」をしたことが職員の危機意識を
強め、そこに町長のリーダーシップが加わることで、今日の
水準に到達したと分析することができる。

5-4. 三春町の事例

5-4-1. 三春町における合併と行財政改革

　3つ目の事例は、三春町である。三春町は、福島県の中央
部、郡山市に隣接する人口2万人弱の町である。歴史的には
東北地方第2の都市とされる郡山市よりも古く、戦国時代の
初めに田村氏がこの地に城を築いて以来、500年にわたる城
下町として歴史を有している。

　本章の関心からみたばあいの三春町の特徴は2つある。1
つは合併を選択していないことであり、もう1つは行財政改
革に熱心なことである。

　合併をめぐる経緯からみていこう。同町では、2002（平成
14）年くらいから合併についての議論が行われるようになっ
たが、「当面は合併しない」という結論に至る。その背景に
あるのは、矢祭町と同様に、昭和30年代に行われた「昭和
の大合併」の影響である。当時、三春町は1町7村での合併
をしたが、反対意見も強く、分町も経験している。この当時

に30代だった人たちが70〜80代になっており、合併はデリケートな問題であった。

町の中での議論は、アンケートや住民投票ではなく、「まちづくり協議会」を介して、地区ごとの説明会を頻繁に行うことですすめられた。「まちづくり協議会」は、1980 (昭和55) 年ころに設けられたもので、自治会とは別に設置されている。広報誌の配布や座談会の実施、環境・福祉・生活の問題などについての調査や事業を行うときに活動している。事務局長に対しては手当が出るが、他の町民の参加はボランティアである。一見すると自治会や町内会に類似した組織であるが、自治会とは役割分担をして共存している。三春町では、自治会は行政組織に近いもので、役割は限定的である。

町の関係者によれば、合併に関しては、自治会よりもまちづくり協議会の方が、声がかけやすかったという[*10]。説明会において、町は、お金の話や広域行政のことなど、メリットとデメリットの双方の情報を示すという姿勢をとっていた。こうした対応は合併に対する上述したような住民感情を斟酌したものである。町民からの意見では、町内にある7つの地区のうち、6つの地区で、財政面などでやっていけるのであれば合併しない方がよいという意見が大半を占めたが、1つの地区では郡山市と合併した方がよいのではないかという意見が多かった。この地区は郡山市に近く、「昭和の大合併」の後の昭和40〜50年代に民間業者による宅地開発が進んだところである。いわゆる新住民が多く、地元との地縁が弱い地域であるので、郡山に目が向いたと考えられる。

三春町での行財政改革への取り組みは、合併協議に先行して行われている。1998 (平成10) 年には第1次の行財政改革大綱を決定し、2007 (平成19) 年2月の時点では、2004 (平成16) 年度から2006 (平成18) 年度までの第2次大綱を進めており、

第3次大綱の策定も進めている。同町では、町長の下に行政支配人と呼ばれる人を置いて、執行権や決裁権を大幅に委ね、町長自身は主として政策決定を行うという試みを行ったこともある。この取り組みは、当時の状況ではなかなか周囲の理解が得られず3年で元に戻した。しかしその後、自治法の改正により、かなりの権限を委任された副町長を置くことができるようになったことを考えれば、非常に先駆的なケースであったと言える。三春町は、6期務めたという前町長の時代を中心に、合併とは直接関係しない形での行財政改革の積み重ねを有している。

三春町は、2005 (平成17) 年3月に三春町町民自治基本条例を制定、10月より施行している。この条例の前文の後半では、以下のようなことが述べられている。

　私たち三春町民は、自分たちが住み、暮らす地域のことは「住民自らが考え、自らが決め、そして自らが責任を持って実行する」という地方自治の本旨に応え、先人たちが自由民権のさきがけとしてこの地に根づかせた、主権在民の精神と不屈の行動力に学び、町民と議会と町が共通の理念の下に、地域社会における自らの責務を主体的に果たし、協働することにより、こころ豊かなまちづくりを目指すことをここに宣言するとともに、真に町民のための、町民による自治の実現を図るため、この条例を宣言します。

(「三春町町民自治基本条例」前文より)

　この前文は、住民が主体となってまちづくりに取り組んでいくことを宣言したものであり、合併の問題について直接には言及していない。しかし役場の関係者は、合併をしないのであればやらなければならないことをはっきりさせる目的が

あったと話している[*11]。

5-4-2. 三春町の事例の特徴

　三春町のケースでは、合併をしないことと行財政改革の推進とが、矢祭町のケースほどには直接的に連動していない。ただし、合併をしないという選択には、財政面などで、自立してやっていけるという裏づけが必要である。多くの自治体が合併を選択したのは、そうした裏づけに乏しいからである。

　合併を選択しなかった三春町にも、不安材料はある。周囲の町村が次々と合併し、同町を取り囲む自治体はすべて「市」になってしまった。市に囲まれた小さな町が、どのようにして生き残っていけるのか。加えて同町が抱える債務も小さなものではない。かつては132億円あったという債務は、2007年2月の段階で115億円程度にまで減少している。債務を返済していくためのフレームはあるものの、交付税が減額される傾向が強まる中で、このフレームがどこまで機能しうるのか。

　それでも三春町が合併しないという選択をなしえたのは、それまでの行財政改革の積み重ねがあったことが影響していると考えられる。例えば、60億円程度で推移している同町の予算は、2万人の人口で割れば、1人あたり30万円となる。この数値は、30万人の人口を抱える郡山市の25〜26万円には及ばないものの、5市町が合併して誕生した、隣接する田村市の38〜40万円に比べれば良好である。三春町では、このような数値を生んだ行財政改革の積み重ねが「自立」に対する裏づけをもたらし、それによって、合併をしないという選択が可能となったのではないかと判断される。

5-5. 3つの事例を通じて

　以上が福島県内の3つの事例の分析である。これらの事例から読み取れることをまとめておこう。

　第1に、首長の志向性である。今回取り上げた3町村では、2007年2月の時点での現職（矢祭町）もしくは前職（泉崎村、三春町）の首長が、いずれも6～7期という長期にわたり、その任を務めている。このような首長による長期の在職は、町村レベルでは決して珍しいことではない。ただしその結果として、泉崎村が財政破綻の危機に瀕したのに対し、矢祭町と三春町が行財政改革を進めているという対照的な状況が生じていることに注目する必要がある。そして、このような状況に至った原因として、当の首長の志向性の差が指摘できる。

　既述したように、泉崎村の前村長は、中央政界の有力政治家とのつながりを維持しながら、積極的に地域内の開発を進めてきた。したがって、この村長は強度の「開発志向性」を有していたと言える。これに対し、矢祭町の現職もしくは三春町の前職の首長（ともに2007年2月時点）は、積極的に行財政面での改革を推進してきた。この点で、この2人の町長は「改革志向性」を有していたとすることができる。このような志向性の差が、次に挙げる利権構造の有無と結びつくことで、対照的な帰結を招いた。

　第2に、首長の開発志向性に由来する利権構造の有無が指摘できる。工業団地や住宅団地を造成することはどの自治体も行っている。これらの方法により地域の振興を図ることは、自治体と地域の住民にとって必要なことであり、行財政改革に積極的な矢祭町でも企業の誘致を進めている。

　泉崎村において財政破綻の危機に瀕するに至った原因は、村長の開発志向性が非常に強く、そのうごきに対する歯止め

がかからなかったことにある。その中心をなすのが村議会の対応である。議会は本来、行政のうごきをチェックし、不適切なものがあれば是正する役割を負っている。しかし同村では、長らく、議会がこの役割を果たしてはこなかった。これは、前村長の開発志向性に由来する利権構造が、村内に浸透してしまったためであると考えられる。積極的な開発は、多額の資金を必要とする。多額の資金の存在は、そこから利益を得ようとする利権の構造を生み出しやすい。この構造が多くの人々を巻き込み、確立されていくのに伴い、これを批判的に捉え、抑止・修正していくための機能をもった議会が弱体化し、首長を軸とした利権構造の一部を構成するようになる。その結果、財政に関する規律が乱れ、財政破綻へと至る道が開かれてしまう。

　第3に、その地域の持つ固有の歴史が間接的な形で影響を与えている。本章の事例では、この歴史は「昭和の大合併」の際に生じた地域内での紛争の経験という形を取っている。矢祭町や三春町でみられたように、「昭和の大合併」の際の経験が「平成の大合併」を拒否させ、結果として行財政改革に積極的に取り組まなければならないという状況を生んでいる。

　この2つの町のうち、とくに矢祭町では、紛争の経験が改革に進んでいくためのきっかけの1つになっている。しかし地域における紛争経験が、自治体にとって、常に、このようなきっかけの1つになるわけではないだろう。半世紀にわたる「しこり」が、自治体にとって何らかの足かせになる可能性もありうる。

　既述のように矢祭町では、この歴史が町長の志向性と結びつくことで非常に高い水準での改革が行われている。歴史そのものは、現在の人々にとっては所与の条件であり、容易に

第5章　財政の破綻と再建の諸事例　　103

手を加えられるものではない。自治体の力量は、この条件を前向きな改革のためのきっかけにすることができるかどうかという点において問われる。

　したがって、以上のような分析からは、首長の志向性、利権構造の有無、地域の歴史という3つの要因が、地域の社会システムの構成要素として、自治体の財政状況と深く関係していると指摘することができる。

5-6. 大鰐町の事例

5-6-1. リゾート開発破綻の経緯

　次に、青森県大鰐町の事例を取り上げる。1987年に制定された総合保養地域整備法 (以下、リゾート法) は、全国に巨大なリゾート開発ブームを引き起こした。夕張市の破綻の直接的な引き金となった観光開発も、このブームに乗ったものである。しかし、夕張市のケースにかぎらず、各地のリゾート開発計画はそのほとんどが失敗と評価せざるをえない結果となった。大鰐町は、その中でも、巨額の負債を抱えた事例として注目を集めた。多くの自治体がリゾート法のブームに乗り、失敗した背景には、日本の地方財政制度の特質が深く関わっている。本書では、この事例を通して、リゾート法の影響と、それを増大させた地方財政のメカニズムをみていく *12。

　大鰐町は、青森県の津軽地方、弘前市のやや南に位置する、人口1万人強の自治体である。開湯800年の歴史を誇る大鰐温泉とスキー場が所在し、もともとリゾート地として著名な町であった。スキー場では国際大会や国体など大規模な大会も頻繁に開かれている。しかし、リゾート法が制定された当時は、かつてほどの観光客は訪れず、町の経済は停滞ある

いは衰退の傾向にあった。他のリゾート開発に乗り出した自治体と同様、大鰐町でもこの計画による町の活性化が期待されていた。

　同町のリゾート開発を進めたのは、1986年に当選した油川和世町長（当時）である。ただし、油川の回顧によれば、先代の町長のときから地元選出の国会議員とのあいだで大規模なリゾート開発の計画が検討されていたという。油川自身は、農村滞在型の開発を構想していたが、結局はこの既存の流れに乗らざるをえなかったとしている（伯野 2009）。リゾート法の制定を見越して、すでに計画がうごき始めていたことが伺える。じっさい、リゾート開発をめぐる同町のうごきは非常に早く、規模も大きかった。以後、破綻が表面化するまでは「リゾート開発の優等生」と言われることになる。

　リゾート法が制定されると、その月のうちに町は第三セクター「大鰐地域総合開発」を設立する。リゾート開発を担う組織であるが、町が単独で立ち上げたものではなく、東京の民間業者2社との共同であった。資本金は2000万円で、51％を町が出資していた。この出資比率は、町が主導権を握ろうとする意思表示とも読めるが、実際には、開発計画は民間業者の主導のもと、次々と施設が追加され、膨れあがっていく。当初から計画されていた第二スキー場とホテルの建設のほか、1987年12月に承認された最終案では第三スキー場、スキーコミュニティセンター、スパガーデンが盛り込まれていた。総額は200億円にも上る。さらに後に、名馬の楽園、温泉博物館、観光農園も追加される。この当時の計画では、毎年少なくとも3％の増収を見込むなど、極めて楽観的な収支見通しが前提となっていた。

　そして1988年7月、リゾート開発の最初の施設としてサーフプールがオープンする。青森県初の造波プールであった。

同じ月、東北屈指と評された青森ロイヤルゴルフクラブもオープンする。89年12月には25億円の建設費をかけたスパガーデン湯～とぴあが完成し、90年3月には高級和風旅館「錦水」がオープンしている。

　大規模なリゾート施設が続々と開設された当初は、観光客も多く来場し、活況を呈していた。しかし、その好調ぶりは長くは続かなかった。スキー場の利用客でみれば、90年度の38万人を頂点に、その後は減少ぶりが目立つようになる (伯野 2009: 117-118)。また、第三セクターに関して言えば、1989年の段階からすでに年間一億円を越える赤字を出していた。

　リゾート計画の破綻が表面化してきたのは96年である。この年の1月、第三セクターの出資者であり、実質的な経営者であった東京の民間業者が、巨額の債務を抱えた破綻状態にあることが報じられた。同社が、当時、巨額の不良債務を抱えて社会問題となった住宅金融専門会社 (住専) から、担保不足の125億円を含めた243億円もの融資を受けていたことが明らかになったのである。この民間業者は、すでに債務超過に陥っており、返済能力がないのは確実であった。大鰐町でも状況は厳しかった。第三セクターの累積赤字は25億円を越えていた。返済の目処が立たないにもかかわらず、町は新たに3億7400万円を貸し付けざるをえなかった。そうしなければ、リゾート施設を運営できない状況であった。町の未来をかけた開発計画は、完全に行き詰まってしまった。

　リゾート開発が進む中で、町は、業者に言われるままに、第三セクターが金融機関からの巨額の借り入れを行うことを認めてきた。この借り入れの際に契約条件に組み込まれていたのが損失補償である。これは、第三セクターが破綻したばあいには町が返済を肩代わりするというものであるが、町を苦しめたのが、その中の「破綻したばあいには3ヶ月以内に

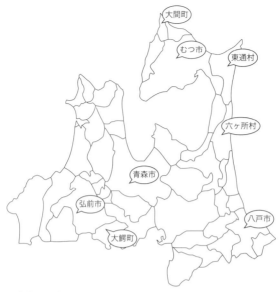

図 5-2　青森県の地図

支払わなければならない」という項目であった。全額を肩代わりするだけでなく、即座に支払わなければならなかったのである。

この時点で、町が損失補償をしていた借り入れは 90 億円近くに上っている。標準財政規模で 30 億円ほどの大鰐町にとっては、返済だけでも重荷であるから、即座の返済などできるはずもない。町は債権の放棄などを金融機関に依頼するが、受け入れられなかった。国もまた、何の手当も講じなかった。

リゾート開発の失敗だけでなく、このような即時の返済も含めた損失補償契約もまた、大鰐町固有のものではなく、全国の自治体で広く行われているものであった。したがって、同様の事態に苦しんだ自治体も数多い。

大鰐町では1997年12月に、この問題に対する解決枠組みが出来上がる。町と第三セクター、三金融機関で五者協定が結ばれたのである。その中身は、第三セクターと公社の債務の合計は約102億7000万円、そのうち町の損失補償分を90億9500万円とし、この分を、町が年間3億円ずつ、30年間財政支出をして返済するというものであった（東奥060611）。

年間予算規模が50億円ほどの町が、年に3億円を30年に渡って返済するという、容易ならざる計画であったが、他に選択肢はなかった。返済するのは町であるが、債務を生んだ第三セクターは存続している。第三セクターを清算してしまえば、「3ヶ月以内に返済」という条項が生きてくるからである。

町はその後、2008年度決算において、財政健全化法で定められた指標の1つである健全化判断比率のうちの「将来負担比率」が、早期健全化基準の350％を上回る400％超となったことから、2010年3月に財政健全化団体となった。スキー場をはじめとするリゾート関連施設の債務が重荷となったためであり、厳しい財政状況にある自治体の多い青森県内でも最悪の水準であった。その後、歳出の削減などに取り組むことによって、2014年度決算で将来負担比率も含めた全ての健全化判断比率が基準未満となったことから、当初計画よりも7年前倒しする形で健全化を完了している。ただし、あくまでも早期健全化団体から抜け出したということであり、厳しい財政状況が続いていることに変わりはない。

5-6-2. 大鰐町の事例からみえるもの

このような大鰐町の事例を本書の分析枠組みで捉えると、以下のような点が指摘できる。同町を苦しめたリゾート開発

の流れは、そもそもは国が作ったものである。リゾート法の制定は、貿易不均衡の是正を理由にアメリカから求められていた内需拡大を実現するためのものであった。労働時間を短縮させると同時に余暇の時間を増やし、それによってリゾート関連施設への需要を増やそうというのである。さらに当時の国には、NTT株の売却によってえた巨額の資金があった。この資金の活用先として、政府系金融機関を通じて自治体に融資する方法が取られた。アメリカからの要請による内需拡大にせよ、資金の活用にせよ、政府にとっては経営課題の1つである。リゾート開発は、政府にとっての経営課題を解決するための手段であった。

　他方、地域の衰退に悩む自治体にとっては、地域の活性化は重要な経営課題である。とはいえ、自分たちの手持ちの「資源」が多くないことを考えれば、地域活性化をうたう国の政策には乗らざるをえない。

　リゾート開発は、ビジネスの機会が広がる経済システムにとっては当然のことであるが、国にとっても、自治体にとっても、それぞれの経営課題を解決する可能性のあるものだった。

　しかし、経営課題の解決に向けた取り組みは、常にうまくいくとはかぎらない。首尾良く事が運ばなかったばあいには、何らかの損失や責任が生じることになる。とくに、投資や借り入れを伴うものであれば、金銭的な損失が発生することになり、それを誰が負担するのかという問題が発生する。

　こうしたリスクは、リゾート開発に手を染めた自治体関係者の念頭に、まったくなかったわけではないだろう。ただし、計画への着手にあたり、大鰐町長だった油川は、国の関係者から「まったくリスクはない」という趣旨のことを言われたとしている (伯野 2009)。

第5章　財政の破綻と再建の諸事例　　109

実際の事業計画の中で、リスクを背負わされていたのは自治体であった。直接的な借り入れの主体は第三セクターであるが、町が損失補償をすることが前提となっている。事業に参画していた民間業者は破綻したが、残った債務はそっくりと自治体が引き受けざるをえなくなっている。国の資金をもとに融資した政府系金融機関も、返済期間等については譲歩しているが、債権の放棄などには応じていない。リスクは全面的に自治体に負わされていた。

　リゾート法の背景は様々であろうが、アメリカとの貿易摩擦を起点と考えれば、国際社会レベルに端を発したものである。それが、国レベルの政治システムと経済システムを経由して、地域社会システムに打撃を与えることになった。国や政府系金融機関は、この開発計画失敗の責任を何一つ負ってはいない。ほぼ全面的に、最も弱い立場である自治体のみが引き受けたこの打撃は、「しわ寄せ」と言いうるものである。

　たしかに、事業に乗り出したのは自治体の側であり、各種の契約書に署名しているのも自治体の首長などである。しかし、かれらが、後から振り返ってみて無謀としか言いようのない開発計画に乗り出した背景には、国の政策と地域社会の構造的な苦境がある。これらの点をふまえるならば、自治体の破綻の責任を自治体のみに帰することは、適当だとは思われない。

5-7. まとめ

　以上のような事例の分析から読み取れることを、本書の分析枠組みにもとづいて指摘しておこう。

　第1に、国も地方自治体も、それぞれの構造的条件の中で、それぞれに戦略をもって行為している。とくに国につい

ては、その経営課題の設定は国際社会レベルの動向による影響を受ける。その設定された課題を解決するための方法として、地方自治体への働きかけが行われる。内需拡大策としてのリゾート開発を自治体に担わせたことは、その典型例である。地域社会からみれば、国際社会レベルの動向は中央政府という「フィルター」を通して影響してくるものであるが、その具体的な形は、政府の戦略によって大きく左右される。財政は、国際社会から国、地域社会を結ぶ有力な回路である。

　第2に、地方自治体の置かれている立場は構造的に弱く、開発事業の失敗に伴うリスクや負担をしわ寄せと言いうる形で引き受けさせられてしまう。手持ちの資源は多くなく、しわ寄せを避けるために独自路線という戦略を取ろうとすることは容易ではない。政府からの圧力がかかることもある。地方自治体の苦境は、人口減少やグローバル経済だけでなく、政府と自治体間の関係という構造的な要因によって深刻化している。不利な条件の下での選択肢は限られており、かれらの展開するゲームは、失敗に導かれていくかのような「負の選択ゲーム」と呼びうるものになってしまう。

　第3に、こうした厳しい条件のもとにあっても、自治体による独自の取り組みは成果を挙げうる。それを可能にするのは、過度の開発志向、依存志向を持たず、首長による適切なリーダーシップが発揮され、住民の積極的な協力が得られることである。これらの要件が成立しうるには、地域社会における公共圏が機能していることが必要であるが、この機能を促す要因の1つとして、過去の経緯の積み重ねが、住民のあいだの凝集性を高め、自律性を維持しようとする方向に作用していることが挙げられる。とくに経済面での条件には恵まれていない小さな自治体であるが、限られた規模であるゆえに、行政と住民、住民同士のコミュニケーションを密にし、

凝集力を高めることが可能である。過去の経緯の上に、こうした凝集力が生かされることが、公共圏を強化し、難局に立ち向かうことを可能にする。

注

1　2007年2月、泉崎村関係者A氏へのヒアリングによる。

2　2007年2月、泉崎村関係者A氏へのヒアリングによる。

3　2007年2月、泉崎村関係者B氏へのヒアリングによる。

4　2007年2月、泉崎村関係者A氏およびB氏へのヒアリングによる。

5　泉崎村「自主的財政再建計画書（第1回変更)」より

6　中核工業団地の分譲率については、2007年2月の時点で、同年11月までの買い取りが予定されているものを含めると、面積で92.2％となっている。また、天王台住宅団地については、平成17年度末の時点で、197区画中、107区画が販売され、残りは90区画になっている。

7　2007年2月、福島県関係者へのヒアリングによる。

8　2012（平成24）年度で、職員数50名、人件費は約5億円である（矢祭町webサイト)

9　2012（平成24）年度は財政力指数0.29、財政調整基金は約26億円である（矢祭町webサイトより）

10　2007年2月、三春町役場関係者へのヒアリングによる。

11　2007年2月、三春町役場関係者へのヒアリングによる。

12　本節の内容は伯野（2009）および東奥日報紙の報道記事、大鰐町webサイトのデータによる。

第6章

石炭産業と産炭地対策の歴史

6-1. 国内における石炭の歴史の概要

　本章では、日本国内の石炭産業と旧産炭地対策の歴史をみていく。日本国内における石炭の歴史は古く、「燃える石の発見」にまつわる記述は江戸時代の文書にも残されている。採掘が本格化したのは幕末期である。開国によりイギリスなどの商船がやってくるようになったが、その航行のための燃料は石炭であった。日本からの帰りの燃料としての石炭への需要が生じたのである。明治時代になり、国内の産業化が進むと石炭に対する需要も急激に伸び、北海道や九州を始め、全国各地に炭鉱が広がっていく。生産量は 1883 (明治 16) 年に 100 万 t、1902 (明治 35) 年に 1000 万 t を記録し、炭鉱で働く労働者の数も明治末期には 15 万人を数えるようになる。その後、第一次世界大戦後の世界恐慌の中で生産量は一時落ち込むが、昭和時代に入り重化学工業が発展をみせると、石炭の産出量も増大していく。とくに日中戦争以降は需要が急増し、慢性的に不足する状態となる。日本の産炭史上、最大の生産量は、太平洋戦争が勃発した 1941 (昭和 16) 年の 5647万 t であった (石炭エネルギーセンターウェブサイト) [*1]。

　第二次世界大戦後、政府は落ち込んだ生産水準の回復のため、1946 (昭和 21) 年より、石炭・鉄鋼などに優先的に資材を割り当てる「傾斜生産方式」を採用する。これにより石炭の生産水準は回復し、1961 (昭和 36) 年には戦後としては最高の5040 万 t の出炭量を記録する。しかし、その翌年の 1962 (昭和 37) 年に原油の輸入が自由化されると、エネルギーの主役の座を石油に奪われる。以降、石炭の生産は縮小を続け、石炭企業の合理化と、その影響を受けた労働者や地域社会への対策が課題となっていく。

　衰退を始めた石炭に対する政府の基本指針である石炭政

策は、1963 (昭和38) 年に第 1 次が策定された後、第 8 次まで改訂される。第 1 次の基本方針は、「石炭鉱業の崩壊のもたらす社会・経済への影響を防止、エネルギー革命の進行に対応して生産構造を再編」するとされ、生産目標も「5500 万 t を確保」とされていたが、1987 (昭和62) 年の第 8 次では、基本方針は「海外炭との競争条件改善は見込めず、国内炭の役割は変化、段階的縮小やむなし、集中閉山回避、経済・雇用への影響を緩和」とされた。生産目標は「最終的には 1000 万 t 程度が適当」とされた。1992 (平成4) 年に策定されたポスト 8 次策では、「90 年代を構造調整の最終段階と位置づけ、国民経済的な役割と負担の均衡点まで国内炭生産の段階的縮小を図る」とされ、生産規模は明示されなかった。

これに関連した主な法律は、臨時石炭鉱害復旧法 (1952 年制定、2002 年廃止)、石炭鉱業構造調整臨時措置法 (石炭鉱業合理化臨時措置法、1955 年制定、2002 年廃止)、炭鉱労働者等の雇用の安定等に関する臨時措置法 (炭鉱離職者臨時措置法、1959 年制定、2002 年廃止)、産炭地域振興臨時措置法 (1961 年制定、2001 年失効)、石炭鉱害賠償等臨時措置法 (1963 年制定、2002 年廃止) である。2002 年 (正確には 2001 年度末の 3 月) に廃止されているものが多いように、政府としての石炭産業ならびに旧産炭地への対策は、ここで一区切りがついたものとされている。

石炭産業は、日本の花形産業の 1 つであり、産炭地は、経済や文化の中心地でもあった。そうした時代は、確かにあった。しかし、長く続くことはなく、国際情勢と、それに連動した政府の方針の変化のもとで、産炭地は衰退していく。本書で取り上げる旧産炭地は、このような歴史を背負った地域である。

6-2. 鉱害対策

　以上みてきたように、一時期は日本の経済を支える巨大産業でもあった石炭産業は、衰退の一途を辿り、今日に至っている。それに合わせ、産炭地として石炭を全国に供給してきた地域も、炭鉱の閉鎖が相次ぐ中で疲弊していく。産炭地の人々や政府は、このような状況に危機感を募らせ、様々な打開策を講じる。以下ではその対策の概要をみていこう。

　産炭地に対する事業として、初期から実施されてきたのが鉱害復旧である。小田 (1983) によれば、国家財政による産炭地対策が本格化するのは 1950 (昭和25) 年の特別鉱害復旧臨時措置法からである。鉱害は、地下にある石炭を採掘することで、地表部で地盤沈下が発生し、田畑や家屋が被害を受けるものである。鉱害復旧では、沈下した地盤を元に戻すための工事が行われる。戦時中の強制出炭によって生じたものが特別鉱害、その他が一般鉱害と定義されている。

　特別鉱害を対象とした同法では、鉱害の復旧に必要となる費用を国、地方公共団体、鉱業権者で負担するものとしていた。負担の割合は地表にある施設の性格によって異なり、公共施設については国が 70 ～ 80%、地方公共団体が 10% 程度、残りと非公共家屋については全額が鉱業権者の負担とされている。鉱業者の負担は年間出炭量に一定の金額を乗じて算出される。この法は 1967 (昭和32) 年に失効したが、8 年間の支出総額は約 105 億円であり、うち国庫補助が約 55 億円となっている。

　一般鉱害を対象とするものとしては、1952 (昭和27) 年に臨時石炭鉱害復旧法が制定されている。同法では、国の補助金、県の補助金 (農地、農業用施設のみ)、鉱業権者の納付金、受益者負担金等で資金を調達するとしている。鉱業権者の納付金は

賠償金に相当するもので、同法に基づき設置された鉱害復旧事業団が鉱害復旧実施計画にもとづいて徴収し、工事の施行者に支払う。この法は当初、10年間の時限立法として制定されたが、その後、さらに10年間延長されている。当初の10年間の事業費総額は約96億円で、うち国庫補助は約48億円である。鉱害対策については、もう少し詳しい検討を、福岡県田川郡を取り上げる第7章で行う。

　これらの鉱害対策は、鉱害を復旧させ、停滞している地域の状況を打開することを目的とした事業である。十分なものかどうかは別として、鉱害を引き起こした鉱業権者の責任も盛り込んでいる。ただしこのような本来の主旨とは別に、朝鮮戦争以降の石炭不況によって激増していた炭鉱失業者の対策事業としての意味を持っていたとする指摘もある（小田1983:181）。鉱害復旧の工事によって、炭鉱失業者の雇用を創出したのである。国による石炭対策は鉱害対策から始まったわけであるが、この対策は後々まで炭鉱失業者への対策事業という性格を持ち続け、産炭地域対策が本格化してから以降も、主要な施策の1つとして続けられることになる。

6-3. 特別会計による対策

　石炭鉱業と産炭地をめぐる状況が悪化するにつれ、政府は、鉱害対策に限られない様々な対策を打ち出すようになる。1955（昭和30）年に石炭鉱業の合理化を促すものとして石炭鉱業合理化臨時措置法、1959（昭和34）年に炭鉱離職者への対策として炭鉱離職者臨時措置法、1961（昭和36）年に産炭地域対策として産炭地域振興臨時措置法が制定されている。こうした対策の中で、合理化対策、地域振興対策、離職者対策、鉱害対策という石炭鉱業対策のための4本柱が形成される。

これらの費用は当初は一般会計から支出されていたが、1967 (昭和42) 年度より、特別会計へと移行される。原重油関税収入の一定割合 (関税率12%のうち10%相当分) を特定財源とする「石炭特別会計」が設けられたのである。小田 (1983:184-187) によれば、これは「石炭対策のための財源と支出に制限の枠をはめるということを明確にした」ものである。

　この特別会計は、1972 (昭和47) 年度に石油対策が追加され、「石炭および石油対策特別会計」に改められる。特別会計の内部も「石炭勘定」と「石油勘定」に分けられるが、以降、石炭勘定と石油勘定の比率は、石炭特別会計時では83.3対16.7だったものが、「石炭および石油対策特別会計」となった72年度で81.5対18.5、75年度では69.7対30.3、79年度では42.9対57.1となり、石炭対策費が急減していくことになる。この時期は、石炭企業の合理化がほぼ終了していく時期であり、それに合わせて石油対策に重点が置かれていった。

　この特別会計は、1980 (昭和55) 年度には「石炭並びに石油及び石油代替エネルギー対策特別会計」と再度改称され、内部の区分も「石炭勘定」と「石油及び石油代替エネルギー会計」に変更されている。収入原資は従前のとおりであったが、両勘定の比率は81年度で石炭27.7に対し石油・代替72.3となり、さらに石炭の割合が減っている。政府による石炭対策は、産炭地域振興臨時措置法が失効した2001年度末をもって終了する。石炭勘定も、2002年度から2006年度まで借入金の償還を行うための暫定勘定として存続したのち廃止されている *2。

　改訂が繰り返される特別会計の中での比率を低下させつつも、石炭対策は、合理化対策、地域振興対策、離職者対策、鉱害対策という先述した4つの柱を中心に行われてきた。留意すべきことは、これら4つの中でも、炭鉱企業に対す

る支援である合理化対策が中心となっていたことである。平今らによれば、1967 年から 1994 (平成6) 年にかけて、石炭特別会計以降の特別会計の中で支出された政府の石炭対策関係費は、総額で 3 兆 2005 億円に達する *3。この支出の内訳をみてみると、石炭産業構造調整対策費が 1 兆 3244 億円で41.3％を占め、次いで鉱害対策費が 1 兆 985 億円、炭鉱労働者雇用対策費が 4252 億円、産炭地域振興対策費が 2083 億円となっている *4。最も多い石炭産業構造調整対策費は、当初は石炭産業合理化安定対策費と呼ばれたものであり、炭鉱企業に対して生産体制改善や炭鉱整理促進のための補助金として支給された。これは企業に対する補助金であり、自治体や地域社会に対するものではない。

　自治体や地域社会に対するものとしては、まず、鉱害対策費が該当する。ただし、この鉱害対策は筑豊地域などでは盛んに実施されたが、北海道や長崎県の高島・端島ではほとんど実施されていない。筑豊では以前からある程度の数の人々が住んでいたところで石炭の採掘が開始されたため、居住地域に対する鉱害が発生しやすい。これに対し北海道では、夕張市が典型であるように、ほとんど人が住んでいなかった地域に石炭の採掘を目的として企業が進出し、街ができあがった。炭鉱の地表部はほとんど人が住んでおらず、鉱害が発生しにくい。鉱害が発生しないことは被害が発生しないという意味では望ましいことである。しかし鉱害対策は、復旧工事の実施による炭鉱失業者のための雇用の創出という側面を強くもっていた。炭鉱での職を失った人が、当面の対処として鉱害復旧工事の作業員としての職を得られる。公共工事による雇用の創出に対しては強い批判があるが、炭鉱の閉山による地域経済への打撃を緩和するという点で、鉱害対策による雇用の創出は重要な役割を担っていた。その鉱害対策がほと

んどなされず、雇用の創出もないということは、北海道や高島・端島においては、それだけ閉山の打撃を直接的に被っていたことを意味する。

　合理化や閉山で職を失った離職者への対策として1959年に制定された炭鉱離職者臨時措置法は、当初は5年間の時限立法であった。55年の石炭鉱業合理化臨時措置法により炭鉱の合理化が進んだ結果、大量の失業者が生まれた状況に対処することを意図して制定されたものである。同法は、炭鉱離職者の特別職業訓練、広域就職活動、炭鉱離職者緊急就労事業（緊就）を実施し、炭鉱離職者の就職の援護を目的とする炭鉱離職者援護会を設立するとしている。前者に関しては炭鉱離職者求職手帳を発給し、後者の炭鉱離職者援護会についても59年12月に設立されはしたが、61年7月に業務を雇用促進事業団に受け渡し、解散している。同法により離職者に対する就業訓練の実施なども進められたが、政府による離職者対策の中心は鉱害復旧事業や公共事業の実施、さらには企業誘致の推進によって雇用を生むことであった。

6-4. 自治体財政への支援と企業誘致

　自治体への支援を軸とした地域振興対策は、1961年に制定された産炭地域振興臨時措置法による交付金を軸に実施された。同法は、産炭地として疲弊している全国171市町村を2条地域、そのうちとくに疲弊の著しい90市町村を6条地域として指定している。これらの地域に対して財政面での直接的な支援と企業誘致による地域振興が行われた。そのうち、自治体財政への直接的な支援については、交付金の金額が非常に小さいことから、その効果は限られていたとされる（小田1984）。例えば夕張市が受け取った産炭地域振興臨時交付金

の内訳をみると、1969 年から 81 年までの累計が 12 億 6202 万円となっているが*5、このうち 1980 年度の約 1.5 億円はこの年度の夕張市の歳入総額の 1.1％ほどでしかない。同年の三笠市は 6000 万円を交付されているが同市の歳入総額の 0.6％という水準にとどまっている。なおこの交付金の交付実績は、累計で 1981 年までに全国で 174 億円、北海道で 66 億円となっている。産炭地が置かれていた厳しい財政事情を考えると、十分な効果が得られる額ではないだろう。

また、この交付金のもとに各種の公共事業が実施されていくわけであるが、交付金による負担は一部であり、事業実施のために少なくない自治体負担が必要となることは、他の補助事業と同じである。たとえば夕張市における 1974 ～ 80 年度の産炭地域特定事業の 34.3％は公債発行によってなされており、地元負担 25.6 億円の約 88％は公債に依存するという厳しい財政運営を余儀なくされている。これらの事業を実施すればするほど、自治体財政にかかる負担は大きくなっていく（小田 1984）。

他方の企業誘致についても結局は自治体財政への負担を強める構図になっている。第一に、誘致そのものが自治体財政に大きな負担をかける。企業の誘致は用地の整備と低廉な価格での提供、法人税等の税の減免などによる企業支援によって展開される。用地の整備や提供は自治体財政の負担でなされることが多いし、税の減免についても、国と比べて自治体財政による負担の方が大きい。そのため、自治体からみると誘致の効果が得られにくくなっている。石狩地域を事例に、新増設企業への優遇措置に関する国や自治体の負担をみると、1962 ～ 80 年の累計で、税免除額は国 390 万円、道 1 億 1290 万円、市町村 2 億 4230 万円となっている。ちなみに釧路地域は国 1570 万円、道 2 億 3200 万円、市町村 1 億 4420

万円であり、企業に対する奨励金の支給額は、市町村のみで1億1690万円に上る（小田1983:121）。道による負担も少なくないが、市町村の負担と比較すると、国の負担の少なさが理解される。

　第二に、こうした条件のもとで行われた企業誘致は、全体としては非常に厳しい結果に終わっている。1997年までの実績でみると、企業誘致2,369社、創出雇用数141,000人（うち炭鉱関係者6万人）となっている（西原1998）。1960年の時点で23万1300人いた炭鉱労働者は、85年には1万4300人まで減少している。したがって全体としても十分な数の雇用が創出されたかどうかは疑問であるが、地域によっては、この雇用創出効果が著しく限定的であるところも見受けられる。

　例えば長崎県高島町では閉山にあたり、三菱鉱業セメントおよび三菱石炭工業と閉山協定を締結し、その中で、三菱側が10億円を供与するのと同時に企業誘致に向けた努力をすることを盛り込んでいる。しかし実際には、三菱グループからの企業進出はなされなかった。高島町で閉山をきっかけに誘致されたのは6社である。このうち1社が三菱出資のものであり、3社が三菱を含む第三セクター方式での新規事業である。残りの2社は縫製業と水産加工業の民間業者である。当初は100人あるいは70人という規模で採用を予定している企業もあったが、実際の進出が閉山から2年後であったため、働き盛りの炭鉱労働者はすでに転出していたあとであった。さらに女性の雇用が中心で炭鉱に比べて低賃金であったため応募者が少なく、各々30人程度の雇用にとどまっている[6]。実質的な効果は乏しかったと言えよう。

　石狩地方に目を転じると、こちらでは地域間での格差が大きい。三笠市では、立地した事業者の数こそ少なかったものの、雇用吸収力のある企業の進出があったことにより、従業

員数が伸びている (小田 1983:127) *7。これに対し歌志内市では、団地は造成したものの、当初は立地企業がなく、効果が得られない状態が続いていた。

夕張市の場合でも工業団地は少なくない。夕張、第 2 夕張、清水沢、福住、清水沢第 2、夕張緑陽と 6 つの団地を抱えており、用地も完売している。ただし、清水沢団地 (分譲面積約 11ha で、1977 年 11 月分譲開始、2007 年 3 月に完売) と緑陽団地 (分譲面積約 8ha、分譲開始は 1997 年 3 月、2012 年 12 月完売) の 2 つの団地は、夕張市の財政破綻が表面化したのち、販売価格を 10 分の 1 に下げるなどして、完売にこぎ着けたものである (日経 121127)。

夕張市では、財政破綻後も含めて企業は進出してきているが、この間も市の人口は減少を続けており、期待したような効果は得られていない。従業員が市内に定住せず、近隣の栗山町などから通勤している。

夕張市は札幌市から車で 1 時間強の距離であり、通えない程度ではない。東京などの大都市部では、地価や物価の高さを嫌い、周辺地域に住み、都市に通うという形が多い。しかし夕張市では、札幌から夕張に通うことはあっても、その逆はないという *8。例えば夕張市には大規模なスーパーマーケットがない。隣接する栗山町のスーパーマーケットは同市を商圏とし、高齢者向けに買い物客用のバスを運行している。夕張市民は、このバスを利用したり、自家用車をつかい、栗山町まで 20 ～ 30 分かけて買い物に出かける。

子育て世代を想定すれば、自動車利用とは言え、買い物に片道 20 分は遠い。スーパーマーケットなどのライフラインの整った地域に住み、職場まで通うことを選ぶであろう。これに、財政再生に伴う学校の統廃合による通学のしにくさなどが加われば、家族で市内に住むという選択肢は魅力を持たなくなる。夕張市は、通勤先とはなっても、生活の場所とし

て選ばれていない*9。

　以上のように、財政的な支援および企業誘致の両面で、旧産炭地に対する国の支援策は十分な効果を発揮しなかった。のみならず支援の中身は、自治体の財政悪化を促進する側面すら持っていた。このことは、自治体財政にとっては極めて重い制約条件になったと考えられる。

6-5. 旧産炭地自治体の財政に関する先行研究

　次に、個別の旧産炭地の財政状況と地域社会に関する先行研究についてみていこう。こうした研究はいくつかあるが、本書では、長崎県の高島・端島炭鉱を対象としたもの、福岡県の筑豊地方を対象としたもの、および北海道の石狩地方を対象としたものを中心に検討していく。

　まず、長崎県の高島と端島の事例からみていこう。いずれも長崎県の沖合にある離島であり、当時の高島町（現在は長崎市の一部）に属していた（図6-1参照）。最盛期には双方とも国内有数の産炭地であった。いずれも小さな島であり、以前はごくわずかな人々しか住んでいなかったが、石炭の採掘が行われるようになったことで人口が急増し、炭鉱の島として急速に成長していった。1955（昭和30）年に高島と端島が合併した際の人口は、合わせて16900人であった。それが5年後の1960（昭和35）年には20900人になり、1965（昭和40）年の時点でも19800人を維持していた。面積わずか0.063k㎡の端島だけでも最盛期の1960年には5260人あまりの人が住んでおり、人口密度は約83500人/k㎡と、当時としては世界一の水準にまで達していた。限られた面積で多くの人口を吸収するため、高層の建物が林立した結果、端島は「軍艦島」と呼ばれる外観を形成した*10。

図 6-1　長崎県高島町の地図

　このような高島や端島では、炭鉱企業に対する依存が極めて高くなる。そしてその炭鉱がなくなることは、島にとっては存亡の危機に関わるものとなる。事実、閉山によって端島は無人島となり、高島の人口も激減、1987 (昭和62) 年には5923人となった。この衰退の様子を、宮入 (1989-1990) と西原 (1998) が、それぞれ自治体の財政および地域社会の状況と結び付けながら分析している。

　その中でも宮入は、戦前は炭鉱が主体となって地域独占を完成させてきたのに対して、戦後は高島町当局との「協力体制」のもとに、むしろ町財政への依存を深めながら地域資源や社会資本の利用独占を保持し、自治体と地域への支配を強めてきたことを指摘している。このような戦後の地域支配の特徴は、閉山後の自治体財政と地域社会にも大きな影響を与

えることになる。

　高島町の財政状況を詳しくみていこう。表6-1 は、高島町の財政指標の変化である。高島町では、1974 年に端島、1986 年に高島の炭鉱がそれぞれ閉山している。1961 年度の同町の財政状況をみると、地方税収入が歳入全体の 60% 近くあり、財政力指数も 1 を超えている。この数値だけみれば、自治体としては恵まれていたと言える。

　しかし、1964 年に端島でガス爆発事故が起こり、事態が急変する。炭鉱の一部が放棄されることになり、数百名の人員削減が行われた。この炭鉱の縮小や閉山により、炭鉱企業からの税収が減少するとともに、雇用機会の減少による人口流出が生じてしまう。人口の減少は住民税等の税収の減少によって自治体財政の自主財源比率を減少させる。67 年度から 73 年度のあいだに、同町の財政は劇的に悪化している。地方税の構成比は 50% を超えていたものが 20% 程度にまで低下し、その後はさらに減少していく。財政力指数も一気に低下した。他方で、61 年度にはほとんど地方交付税交付金を受け取っていなかったものが、79 年度には歳入の半分以上をこれに依存するようになった。

　併せて注目すべきなのが、61 年度における普通建設事業費の比率の高さである。60 年に人口のピークを迎えた同町では、学校や上水道、ごみ処理などに関わる諸施設のニーズが増大した。建設事業費の多さはこのニーズに対応しようとした結果であるが、先述したように、60 年代の半ばを過ぎると炭鉱の縮小などによる人口と税収の減少が顕著になる。多額の事業費を投入して建設した施設が不要になる一方、建設費となった公債の支払いが残り、そのうえ歳入が減少してしまう。それゆえ同町は 64 年度から 67 年度にかけて、財政再建準用団体となった。その後の地方債および公債費の比

率の低下傾向は、この時の「再建」が影響しているものと考えられる。

表6-1　高島町における主な財政指標の推移（宮入1989-1990から一部抜粋）

	61年度	67	73	79	85	87
地方税　百万円	123	205	211	281	436	249
％	59.5	54.2	21.7	19.8	19.1	7.6
地方交付税％	0.5	13.2	42.8	52.0	36.7	32.8
地方債％	10.4	13.1	5.7	1.9	5.7	1.1
人件費％	19.8	25.3	25.0	28.3	21.2	14.7
普通建設事業費％	43.0	37.2	31.6	24.6	29.4	14.7
財政力指数	1.13	0.84	0.33	0.21	0.31	0.26
公債費比率％	8.9	8.8	10.1	5.1	4.4	5.7

	60年度	65	70	75	80	85
人口	20,938	19,825	17,415	8,232	6,596	5,923
労働力人口	7,549	7,041	6,968	3,203	2,922	2,760

＊地方税のみ実数値。％は各年度の歳入・歳出総額に占める割合。地方税、地方交付税、国・県支出金、地方債が歳入に関する項目で、人件費と普通建設、公債費比率が歳出に関する項目である（筆者による補足）。

　次に、同じ形でのデータを揃えることができなかったが、北海道の空知・石狩地域（赤平、歌志内、芦別、美唄、三笠、岩見沢、夕張の7市）の財政の特徴についてもみておこう。7市は、この地域の中でも、産炭地域振興臨時措置法においてとくに衰退が著しいとされた6条地域に該当している。

　歳入面では、財政力指数が、1960年度には赤平0.74、歌志内0.72、芦別0.63、美唄0.66、三笠0.72、岩見沢0.63、夕張0.75であったのに対し、1980年度には、赤平0.31、歌志内0.21、芦別0.32、美唄0.30、三笠0.25、岩見沢0.50、夕張0.30と、岩見沢を除いて大きな落ち込みをみせている。炭鉱企業からもたらされる税収には、固定資産税と法人税、鉱産税がある。これらの石炭関係の税収が地方税に占める割合は、道内に所在する6条地域の合計で、1960年度では約

57％を占めていたが、80年度になると、絶対額では増加（17億5300万円→21億8200万円）しているにもかかわらず、11.3％に減少している。石狩地域の各市でも、赤平73.4％→17.7％、歌志内86.1％→48.8％、芦別54.5％→22.2％、美唄56.1％→0.7％、三笠70.4％→24.6％、岩見沢5.9％→なし、夕張81.1％→49.4％となっており、石狩7市全体では、62.5％、12億9000万円であったものが17.1％、20億1600万円となっている。高島町でも、地方税収入そのものは増加傾向にあるが、財政力指数は急激に低下していた。2つの産炭地において、炭鉱の閉山が自主財源の急減という形で自治体財政の自律性に対して大きな影響を与えていることがみてとれる。

　歳出面についていえば、全体では扶助費率の高さ、普通建設事業費率の低さ、失業対策事業費率・公債費率の高さが特徴として挙げられる（表6-2参照）。扶助費率の高さは生活保護費の高さによるものである。高島町のケースと比べると普通建設事業費率の水準が低いが、これは扶助費や失業対策事業費の高さを反映しているためと思われる。公債費は、60年代では全道平均、70年代では石狩地域内の2条地域の数値よりも高く、全体としてやや高めで推移している。ちなみに80年になるとすべての地域で公債費の比率が上昇しているが、これは60年代後半から70年代にかけて発行された公債の返還時期と関連している。

　総じて、歳入面では閉山と炭鉱企業の撤退により税収が収入全体の伸びと比して減少し、それによって財政力指数が激減している。歳出面では企業関連の建設を熱心に行った高島町で普通建設事業費が高くなる一方、石狩地域では扶助費や失業対策事業費が高くなるという地域差が見られる。こうした地域差は、以下でみるような、それぞれの地理的・歴史的要因などの相違に由来するものであると考えられる。

表6-2　石狩地域における歳出決算の推移（小田1984:117-118より一部抜粋）

石狩地域		歳出総額 （千万円）	扶助費 （%）	普通建設 事業費（%）	失業対策 事業費（%）	公債費 （%）
6条	60	553	--	24.6	5.1	6.9
	65	1,083	13.8	18.0	5.5	5.4
	70	2,162	12.8	28.8	3.2	4.5
	75	5,799	14.1	28.8	1.8	4.2
	80	9,640	13.8	32.8	1.3	6.7
2条	60	162	--	26.3	2.3	7.5
	65	364	6.1	28.6	1.6	5.3
	70	928	6.3	33.1	0.8	4.0
	75	2,747	10.6	32.0	0.4	4.4
	80	5,575	10.0	36.1	0.2	7.0
全道計	60	5,083	14.8	27.3	3.3	6.1
	65	12,234	11.4	30.6	2.1	4.8
	70	27,236	9.5	37.2	1.2	4.9
	75	77,764	8.7	31.8	0.7	4.9
	80	152,974	8.3	35.6	0.4	7.2

　以上のような産炭地の自治体財政や地域社会の状況について、小田（1983-1984）は以下のように指摘する。すなわち、同じ北海道の旧産炭地であっても、いくつかの条件によって閉山後の状況が異なってくる。炭鉱が小規模で早期にかつ短期間で閉山が完了した地域は、その後の振興のための方向性を確立しやすくなる。逆に大規模炭鉱で閉山の開始時期が遅くなり、閉山の完了に至るまでにも長時間を要した地域は、新たな方向性を見定めるのに困難を伴う。前者に属するのが岩見沢市、美唄市、三笠市、芦別市、赤平市であり、後者に該当するのが夕張市と歌志内市である。

　前者に属する市であっても全体的な財政水準は低いのだが、その中でも岩見沢市は例外に位置づけられる。同市は札幌圏に隣接しているため、その恩恵を受けることができた。他方、後者に属する2市のうち、夕張市は周知の通り財政再

建団体（現在は財政再生団体）となっている。また、歌志内市については、財政破綻には至っていないものの財政事情は全国最悪水準であり、「全国で最も住みにくい町」と言われるまでの状況に陥っている*11。夕張に比べると閉山の時期は早かったが、他市に比べて地理的な条件が悪いため、企業誘致に失敗してしまっている。

　また、福岡県の田川郡を含めた筑豊地域を対象とした研究としては、平亭・大橋・内海（1998）が挙げられる。筑豊地域に属している旧金田町や旧方城町、旧赤池町、香春町は、夕張市と同様に財政再建団体入りしている。平亭らの研究では、筑豊地域のうち、とくに嘉飯山地区（嘉穂町、飯塚市、山田市）を中心とした自治体を対象に財政に関する分析を行っている*12。ただし、自治体財政の特徴に関する考察が中心となっており、宮入や小田によるもののように、地域社会の状況と結びつけた分析は行われていない。しかしこの筑豊の状況と比較することで、高島・端島や夕張が置かれた条件がいかに厳しいものであったのかを理解することができる。

6-6. 北海道と九州のおける地理的・歴史的要因の相違

　北海道と九州の産炭地の財政に関する先行研究をみてきた。ともに大きな産炭地を抱えていたが、北海道と九州という形で比較をすると、端島を含めた高島町の事例は例外的であるが、北海道の自治体の方が厳しい状況に置かれている。その理由として、以下のような地理的・歴史的要因が挙げられる。これらの要因からみると、夕張市は旧産炭地の中でもとくに厳しい条件に置かれていたことが分かる。

　第一に、炭鉱開発以前の経済的蓄積の差が挙げられる。夕張市や高島町は、もともとほとんど人が住んでいない地域で

図 6-2 福岡県の地図

あったが、有望な炭鉱として見込まれたため、炭鉱企業が進出し、最大で数万から十数万人の人口を抱える都市にまで成長した。これに対し筑豊地域、その中でも飯塚市は江戸時代より宿場町として栄えた歴史を持っている。もともと人が住んでいたところで炭鉱が見つかったのである。

　この歴史的要因は、閉山後の地域振興にあたり、2つの面で重要な意味をもつものとして作用した。1つが、既述したような鉱害対策である。国から旧産炭地の自治体に投入された資金は、鉱害対策に関連するものが最も多い。筑豊ではこの鉱害が多数発生したため、それに応じて多額の鉱害対策費が投入された。これに対し夕張などの北海道の旧産炭地には鉱害対策費はほとんど投入されていない。鉱害対策費の支払いの実務を担った鉱害対策事業団が、九州、中国、東海、常

図 6-3　北海道空知地方の地図（北海道空知総合振興局ウェブサイトより作成）

磐に支所を持っていたのに対し、北海道には設置されていなかった。筑豊では、炭鉱の地表に農地や家屋が多くあり、農家などに対する補償が重要な課題となったが、夕張にはそうした農地はなかった。北海道の産炭地が九州と比べても山がちな地形であったことに加え、もともと人口が極めて希薄であったことが影響している。

　もう1つは、地場の炭鉱企業の有無である。筑豊では、三井、三菱、住友という三大中央資本に加え、麻生、貝島、明治という地場の三大企業が存在していた。中央資本の場合、高島の三菱がそうであるように、炭鉱が閉山されれば、その地域からは完全に撤退していくことになる。これに対し地場の企業は、そこに残り、事業体として他の方法での存続を目指すことになる。実際、麻生グループの本拠である飯塚市の回復

は筑豊の旧産炭地の中でも相対的に早かったとされる。麻生グループは炭鉱の閉山後も飯塚に残り続け、現在でも病院や専門学校を運営している。このような地場の企業の存在は、江戸時代以来の宿場町という飯塚市の歴史の上に成り立っている。

　地理的な要因については、福岡市や札幌市との距離が重要である。田川地域は福岡市や北九州市までの通勤が可能な範囲にある。中でも、飯塚市は、福岡市へ通勤がしやすい。この点も、飯塚市の回復に有利な条件であった。また、北海道の旧産炭地の中でも岩見沢市は、札幌都市圏に隣接するという例外的に恵まれた条件を備えていた。このため、岩見沢市は、他の産炭地よりも閉山によるダメージが相対的に少なかったとされている。反対に、札幌から遠く、地理的条件に恵まれなかった歌志内市は誘致企業ゼロという結果に終わった。

　これらの地理的・歴史的要因は、その後の地域振興の展開にも少なからぬ影響を与えていく。閉山による衰退に直面している人々の活動にとって大きな制約条件ではあるが、同時に操作不可能な条件でもある。産炭地の状況は、国際社会レベルの市場セクターの動向やそれに対する政府の対応方針、さらには産炭地自治体対策などによって左右される。上述した地理的・歴史的要因があれば、これらの大局的な動向による負の方向での影響を、最小限度に押しとどめることができる。しかし、それがなければ、負の方向の影響は、むしろ拡大してしまう。地理的・歴史的要因は、いわば緩衝材としての機能を果たす。夕張市には、そうした緩衝材がなかった。

第6章　石炭産業と産炭地対策の歴史　　133

6-7. 産炭地財政崩壊の流れ

これらの先行研究をふまえて、産炭地財政崩壊の流れをフローチャートの形でまとめたものが図6-4である。この図の要点を確認しよう。

炭鉱の閉山とそれに伴う企業の撤退により、まず、直接的な収入である鉱産税・法人税・固定資産税がなくなる。この収入減少による影響は大きいが、企業の撤退は、様々な形で連鎖・増幅しながら、自治体財政に負担をかけている。

企業の撤退による閉山は、炭鉱での雇用を消失させる。鉱害対策事業での雇用などを別とすれば、炭鉱で働いていた人々がそのまま地域で職を得ることは極めて困難である。そのため地域外への人口流出が生じるが、これにより、住民税やたばこ税、軽自動車税など、住民によって納められていた税収が急減する。人口の流出は過疎化を招くが、それによって商圏が縮小するため、今度は地域内の商業者が減少する。商業者の減少はかれらが納める税を減少させるのと同時に、地域の利便性の低下と活気の喪失を生み、さらなる人口の流出と過疎化を引き起こしていく。流出の中心は若年層であるため、過疎化は高齢化を引き起こす。

一方、高齢などの理由で転出できずそのまま残る人々もいるが、こうした人々は、十分な職を得られないことから生活が苦しくなり、貧困層を形成することになる。これらの人々が納める税は減少し、さらに生活保護世帯が増加することから、自治体の財政が圧迫されることになる。また、若年層が流出し、高齢層が残ることで地域の高齢化率が一気に上昇する。この高齢化に対処するため、老人ホームの建設などが必要となる。高島町の場合、従来の老人ホームが炭鉱住宅いわゆる炭住の近くにあり、過疎化が進んだことで取り残される

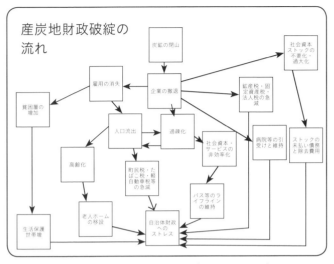

図 6-4 産炭地財政破綻の流れ（フローチャート）
宮入（1989-1990）と小田（1983-1984）をもとに筆者が作成

形になっていたことから、辛うじて商業施設などが残っている他の地域への移設を行わざるを得なかった。さらに高齢者は自動車の運転ができないことがあるため、生活の足であるバスが重要な意味を持つが、バスの経営も赤字となるため、路線維持のために自治体財政からの補てんが必要となる。

したがって、閉山による人口流出や高齢化率の向上などの人口動態の変化は、自治体財政からみると、税による歳入を減少させるだけなく、残された人々の生活を様々な形で支えるための歳出が要求されることになる。自治体財政にとっては歳出・歳入の両面においてストレスとなる。

閉山による自治体財政の影響はそれだけではない。自治体が炭鉱会社もしくは炭鉱労働者のために整備した施設などの社会資本ストックの不要化・過大化によるストレスが生じ

る。自治体が炭鉱企業のために整備した施設で、後に過大化したものとして、端島における水道設備が挙げられる。高島町では、1957年に対岸から端島まで海底6.5kmにわたる送水管の敷設と上下水道を整備する事業を開始した。総事業費は3億1千万円で、当時の町財政の3年分に上るという極めて大規模な事業であった。この事業は、むろん、炭鉱労働者の生活にも恩恵をもたらすものであったが、同時に、炭鉱での操業にも資するものであった。しかしこのような水道設備も、閉山によって炭鉱企業が撤退することにより、過重なものとなったのである。

　自治体による各種の社会資本の整備は、炭鉱の操業に関連するものだけでなく、企業の従業員である炭鉱労働者のための生活基盤の整備という形もとられている。その1つが炭鉱住宅（炭住）や学校の建設である。炭住は炭鉱の入り口近くに作られているため炭鉱労働者にとっての利便性は高かったが、それ以外の人々にとっては住みにくい施設である。そのため、人口減少という状況のもとでこの施設に入居しようという人はおらず、不要化した施設となる。人の住まない廃墟となった住居は、そのまま残しておくと地域社会の景観を損なうなどの問題が生じるための、撤去しなければならない。炭鉱会社が労働者のために整備した施設であるばあいには、本来であれば会社が撤去費用を負担すべきであるが、自主的に負担することはなく、自治体が強制的に費用を支出させる制度もない。また、国からの補助金の対象にもならないため、撤去する場合には自治体財政の全面的な負担となる。

　学校についても事情は共通する部分が多く、人口増加に伴う子どもの増加に対応するために、高島町では収容規模800人の小学校や400人の中学校が建設された。しかし、これらの学校設備も当然、人口減少によって無用の長物と化す。

急激な地域経済の変動と人口の減少は、社会資本の膨大な遊休化とデッド・ストック化を生みだす。さらに言えば、炭鉱会社も親会社も、これらの費用については負担も補償もしない。社会資本の整備に伴う自治体財政の負担は企業収益化されているのであり、そのデッド・ストック化による負担もまた、自治体財政のみが背負う。

　例えば 1980 年から 87 年までの 8 年間における高島町からの鉱業所関連の支出をみると、町の純負担額は 20 億 4300 万円となる。これは町の一般財源総額の 20.8％に相当する。支出の内容は、企業に対する直接的な助成（石炭鉱業助成）が 1 億 6667 万円、炭鉱のための産業基盤整備が 4 億 3194 万円、生活基盤整備（主として炭鉱労働者のためのもの）が 11 億 1087 万円、閉山対策事業が 3 億 3397 万円となっている。これに対し同じ期間の企業からの収入（税収 3 億 4700 万円と寄付金 10 億円）は 13 億 4700 万円であり、約 7 億円の支出超過となっている（宮入 1980-1990）。

　炭鉱企業は操業時にも閉山時にも自治体に多くの財政負担を強いた。その影響は、社会資本のデット・ストック化という形で、企業の撤退後も自治体の財政を苦しめ続けることになる。

　さらにこのような社会資本関連の負担は、デット・ストック化のみにとどまらない。住民生活に不可欠となるライフラインの維持という形でも生じてくる。その代表格が病院である。高島町では明治 10 年代に炭鉱企業によって高島病院が開設されている。1950 年代には医師 15 名を擁する総合病院となった。当時の町内の他の病院は伝染病の隔離病棟のみで、事実上唯一の病院であったと言える。しかし炭鉱の不振と経営の合理化により、1980 年に全額を町の一般財源から負担する形で、規模を縮小しつつ新病院として建設し直すことに

なった。さらに82年4月からは、町が経営を引き継いでいる。

われわれの生活にとって病院はなくてはならないライフラインである。とくに旧産炭地のような地域では炭鉱企業によるもの以外に総合病院がないというケースは多い。経営の悪化を理由に炭鉱企業が病院を手離そうとしても、自治体側としてはそのまま廃止するわけにはいかないため、その経営を引き継ぐことになる。しかし当の企業の撤退によって人口が激減している状況下で病院の経営がうまくいくはずはなく、その赤字が自治体財政へ転嫁されてしまう。このこともまた、自治体財政にとっての大きなストレスとなる。炭鉱の閉山は、住民の生活全般に関わる様々な経路で自治体財政にストレスをかけていく。

6-8. 本章のまとめ

以上のような破綻のメカニズムは、本書の分析枠組みからは、以下のように把握することができる。

第一に、旧産炭地の衰退だけでなく、近年の自治体の財政破綻の背景には、国際社会レベルの動向があり、それと連動した政府の政策、日本における中央政府と地方自治体の関係性の特徴がある。

第二に、これらの変動や構造による影響は、各産炭地に同じように現れるわけではない。地理的・歴史的要因が緩衝材として機能し、衰退を食い止めることのできる地域もあれば、こうした緩衝材がないために、著しく衰退してしまう地域もある。夕張市は後者のケースとなる。

第三に、こうした衰退や破綻という負担は、「しわ寄せ」のような形で、地方財政に収斂してくる。経済的基盤の弱い地域には、有力な企業はなく、自治体財政しか頼るところが

ない。加えて、税金を財源としている自治体は「絶対につぶれない」とされるために、かえってその負担が重くなる。自治体の財政破綻は企業の倒産にたとえられるが、企業が倒産した場合、貸し手の金融機関には回収できない債権が発生し、かれらにとっての損失となる。しかし自治体の場合は、財政再建団体あるいは再生団体となっても、債務の金額は変わらない。金融機関は、返済期間などに対しては一定程度の対応をしても、債権の総額の譲歩はしない。こうした自治体の特性ゆえに、金融機関にとってのリスクは低く、結果として貸し出しの際の審査は甘くなりがちである。絶対に潰れないゆえに、さまざまなリスクの逃避先として自治体財政が選ばれ、そのリスクが実際に顕在化した場合には、その重荷を引き受けさせられるのは自治体である。

　旧産炭地をはじめとして、これまでにみてきた自治体財政の問題は、経営システムの文脈に位置づけられる。各主体は、それぞれに課題を解決すべく、それぞれの勢力と戦略に基づいて行為している。この文脈での問題解決が上手くいっていればよいが、失敗によって負担が生じた場合には、必ずしも各主体が平等にそれを負うことにはならない。それぞれの経営システムの特性を通じて、特定の主体に収斂していくこともありうる。

　とくに日本の地方財政制度は、国際社会レベル・国民国家レベル・地域社会レベルにおいて生じた様々な負担が、最終的に「しわ寄せ」として地方財政に収斂していくような傾向を帯びている。自治体は、様々な制約条件のもとで、最善を尽くしながらも最終的には「負け」に等しい状況に追い込まれていくゲームの展開に関わらざるをえない。

第6章　石炭産業と産炭地対策の歴史　　139

注

1 資源エネルギー庁「我が国石炭政策の歴史と現状」では、1940（昭和15）年の5631万tが最高出炭量となっている。

2 この特別会計は、1993年に「石炭及び石油及びエネルギー需給構造高度化対策特別会計」と変更され、その内部構造も「石油及び石油代替エネルギー勘定」が「石油及びエネルギー需給構造高度化勘定」に変更されている。2006年には、石炭勘定の廃止と合わせ、「石油及びエネルギー需給構造高度化対策特別会計」と名称を変えている。さらに電源開発促進対策特別会計と合併することで、2007年以降はエネルギー対策特別会計となっている。

3 石炭対策の終了する2001年度末までの累計は約5兆円である。

4 他に事務処理費722億円、国債整理基金特別会計繰入719億円がある。

5 1969年が1578万円、70年1825万円、71年2000万円、72年2259万円、73年1億5616万円、74年9741万円、75年1億3731万円、76年1億4049万円、77年5494万円、78年1億3935万円、79年1億5443万円、80年1億4688万円、81年1億5845万円である。

6 高島町では、さらに1986年には通産省の産炭地域活性化支援事業計画として『高島町海洋開発ビジョン』が策定されている。この中には100億円をかけた『高島地区マリノベーション拠点漁港漁村総合整備計画』も盛り込まれていたが、地中海ミノコス島をモデルとした町並みづくりやカジノ、関税や輸入規制が撤廃されたフリーゾーン構想など、当時でも実現不可能と思われる構想が中心となっていた。

7 1960年を100とすると、70年207、80年209。夕張市は同じ形で、100、116、76。全道平均で100、135、124。

8 2017年度夕張市関係者へのインタビューより。

9 そのため、市内のコンビニエンスストアなどでは、主婦層が担うことが多いパートの従業員が集まりにくい状況が生じている（2017年度夕張市関係者へのインタビューより）

10 軍艦島は2015年に、「明治日本の産業革命遺産」として、他の22の施設とともに世界遺産として登録されている。

11 『週刊東洋経済』2006年7月1日号

12 じっさいにはこの3市町に加え、桂川町、稲築町、碓井町、筑穂町、穂波町、庄内町、頴田町を対象にした財政の分析も行っている。

第7章

福岡県田川郡の財政再建団体の取り組み

7-1. 田川郡について

　本章では、福岡県の田川郡に所在する自治体の事例をみていく。夕張市の財政破綻によって注目を集めた財政再建団体制度であるが、同市が破綻した 2006 年 4 月までの時点で最後に財政再建団体を経験したのが、福岡県赤池町である。赤池町の再建期間は 91 年度から 02 年度までであるが、この時期には全国で唯一の再建団体であったため、財政難に喘ぐ多くの自治体関係者などが視察に訪れることとなった。

　赤池町がある田川郡とその周辺の地域では、他にも、金田町（81〜87 年度）・方城町（82〜91 年度）・香春町（85〜91 年度）が近接した時期に再建団体を経験している（このうちの香春町を除く 3 町が、2006（平成 18）年に合併して福智町となっている）。80 年度以降に再建団体入りした自治体は全国でもこの 4 町しかない（図 6-2 参照）。また、75 年度以降に再建団体入りした自治体は全国で 12 あるが、うち 3 市町が福岡県内の自治体である。福岡県と田川郡は、近年において財政再建団体入りした自治体の数という点で、大きな特徴がみられる。

　田川郡の 4 町が、金田町を皮切りに相次いで再建団体入りした重要な背景として、この地域が旧産炭地域であることが挙げられる。この地域は、福岡県の中部から北東部にまたがる筑豊炭田に属しており、日本を代表する産炭地の 1 つであった。しかし、これらの自治体でも、エネルギーが石炭から石油へとシフトしたことによる炭鉱の閉山により、過疎化と経済的疲弊が進行していった。

　田川郡は、赤池・金田・方城の 3 町に糸田町を加えた 4 町によって構成されていた。糸田町は 2006 年 4 月の時点では財政再建団体となっていないが、このことは糸田町の財政が相対的に良好で危機を回避できているということを意味する

142

ものではない。筆者の「なぜ、赤池町が最後に再建団体入りしたのか」という問いに対して、関係者の 1 人は、糸田町にかぎらず周辺の自治体の財政事情も非常にひっ迫しており今後も再建団体となる自治体が出てくる可能性は高い、赤池が最後ということではないという趣旨の回答をしている *1。合併後の福智町の財政状況も、困難な課題を抱えている。この地域における財政危機は、現在でも解消したわけではない。

7-2. 財政破綻の原因と鉱害復旧

旧産炭地の自治体の財政が崩壊していくメカニズムは、前章までに示したとおりである。田川郡における財政破綻も基本的にはこのメカニズムに従っているが、この地域における破綻の特性として、鉱害復旧事業による債務負担が挙げられる。

エネルギーの転換は国策であり、国策によって地域が危機に瀕するのであれば、国が援助策を講じるべきである。このような理由のもと、昭和 30 年代以降、この地域には鉱害対策を中心に多量の助成金が流入するようになる。地元の自治体も、これらの資金を活用しながら各種の事業を積極的に進めていく *2。

鉱害復旧事業は、償還金制度による復旧 (昭和 22 年度)、石炭プール資金による復旧 (昭和 23 〜 24 年度)、特別鉱害復旧臨時措置法による復旧 (昭和 25 〜 32 年度) を経て、昭和 27 年度以降は臨時石炭鉱害復旧法によって実施されている。それぞれの復旧費の実績は、償還金制度によるものが 4077 万 4 千円、石炭プール資金によるものが 9 億 6935 万円、特別鉱害復旧臨時措置法によるものが 90 億 437 万円、臨時石炭鉱害復旧法によるものが 1 兆 1475 億 4482 万 2 千円 (平成 12 年度分まで)

となっており、累計では1兆1600億円近い数字に上っている。

　鉱害は民間企業による産業活動によって発生したものである。汚染者負担の原則からすれば事業者が全額を負担すべきである。実際に事業者による資金負担もあるが、現実には国などの予算が多く投入されている。とくに、事業者の規模が小さいなどの理由で十分な資金が確保できなければ、国などが復旧費用を負担する「無資力復旧」となる。この無資力復旧が鉱害復旧事業全体に占める割合は、1962（昭和37）年度までは20％を超えなかったものの、それ以後、ハイペースでの上昇を続け、1966（昭和41）年度に60％に達している。その後、いったん微減したのち再上昇し、昭和50年代から1992（平成4）年までは80％前後で推移している。92年度以降の数年間は減少を続け、1997（平成9）年度に60％程度まで減少しているが、1998（平成10）年度約70％、99年度約80％、2000年度約70％と増減を繰り返している。

　このような復旧事業費には、地方自治体の少なくない負担分も含まれている。鉱害復旧事業の対象は農地等、家屋等、公共施設の3種に分類されている。このうち、県費による負担は3種すべてにおよび、市町村による負担は公共施設に限定されている。1952（昭和27）年度から2000年度までのそれぞれの累計負担額と割合をみてみると、県費による負担は3種すべての総計で2223億172万7千円となり、全体の19.4％を占めている。市町村によるものは公共施設のみで1093億6541万9千円、18.4％となっている。地方公共団体による負担のうち95％が地方債によって賄われており、地方負担分の6割強が交付税で補填されることになってはいる。しかしながらこの数値からは、自治体が少なくない額を負担し、借金をしながら事業を続けてきたことがうかがえるのである。

加えて、金田町のように、過疎対策や同和対策の特別措置法の打ち切りを受け、単独で事業を継続したケースもみられる。このような形で行政の予算が多く投入されていることは、市町村の財政事情だけでなく、この地域の産業構造にも大きな影響をおよぼした。

　鉱害復旧事業および回収事業などの事業は、ともに地域内で建設関連の雇用を生む。炭坑が閉鎖されることによって生じた失業者の多くは、他の地域へ流出していくか、この建設関連の雇用へと吸収されていった。その結果、田川地域での就業者総数に占める建設業従事者の比率は 2000 年度の時点で 17.1％となっており、福岡県内の平均値である 10.1％を大きく上回ることとなった（福岡県、2002）。また、この地域内の建設業者の数は約 120 と、他地域と比べても多くなっている。半世紀におよぶ事業の継続により、公共事業が主要産業となるような地域の経済構造が生み出された[3]。

　このような経済構造は、2016（平成28）年の時点でも大きく変化していない。この地域の中心地でもある田川市出身の山本作兵衛が書き残した炭鉱の絵が、世界記憶遺産に認定されるといったことはあったものの、観光業も含め、代わりに地域を支えるような産業は展開しえていない。

　他方で、行政による建設事業の発注は低迷したままである。数多くいる建設業者の中には、廃業するところも出ている。また、特別養護老人ホームの運営に乗り出しているところも多い。そのため、全国的には不足気味とされている特養であるが、この地域では余り気味であるという。

7-3. 再建計画の概要

　4 町の財政再建についてみていこう。4 町のすべてが、財

政再建終了後に、財政再建計画の内容も含めた形で、再建に至った経緯や再建中の経過をまとめた「財政再建のあゆみ」を作成している。以下、この「財政再建のあゆみ」をふまえながら、各町の財政再建の模様をみていく。

初めに留意すべき点は、金田・香春・方城・赤池の4町による再建計画あるいは「財政再建のあゆみ」は、非常に似通ったものとなっており、基本的な内容は同一であると言って差し支えない (表7-1参照)。

表7-1：4町の「財政再建のあゆみ」目次概要 [*4]

	目次概要
金田	1. 金田町の概況と財政再建前の財政状況
	2. 赤字原因について
	3. 財政再建準用団体申出の主な理由
	4. 財政再建準用団体申出及び再建承認までの経過
	5. 財政再建計画の策定
	6. 財政再建と具体的事項
	7. 今後の運営方針
	8. 財政再建に関わった自治省、福岡県関係者
方城	1. 方城町の概要
	2. 赤字原因について
	3. 財政再建承認までの経緯
	4. 財政再建計画書
	5. 財政再建のための具体的措置
	6. 他会計の状況
	7. 今後の財政運営の方針
香春	1. 財政の破綻
	1-1. 香春町の概況
	2. 財政再建へ
	2-1. 財政再建の申し出
	3. 財政再建の実施
	3-2. 財政再建と具体的措置
	4. 今後の財政運営

赤池	1. 赤池町の概況
	2. 赤字の原因
	3. 財政再建承認までの経緯
	4. 財政再建計画書
	5. 財政再建計画の概要
	6. 財政再建のための具体的措置
	7. 他会計の状況
	8. 今後の財政運営の課題と方針
	9. 赤池町立病院財政再建計画の実施状況

(各町「財政再建のあゆみ」をもとに筆者が作成)

いずれの「財政再建のあゆみ」も、基本的な構成として、当該自治体の概況と財政危機に至った原因を指摘し、財政再建計画の概要を述べ、再建終了後の運営方針を示している。また、計画書の構成だけでなく、その細部も共通部分が非常に多い。共通している細部の中で重要と思われる点は、以下のように整理できる。

(1) 財政が破綻するに至った経緯と赤字の原因

赤池町の「あゆみ」は、この点について「国の高度成長に歩調を合わせて、当町も活性化と福祉の向上を図るべく諸事業を積極的に推進してきた。これに伴い行政各面の諸経費は、産炭地域の特殊な行政需要とあいまって増大の一途をたどり、財政は極度に悪化し、平成3年度に財政再建団体の指定を受ける結果となった」としている。この文言は、方城町では再建団体の指定年度が異なるのみであり、香春町のものも同趣旨である。金田町でも基本的な趣旨は同じであるが、過疎対策と同和対策の2つの特別措置法の期限が迫り残事業を推進するための投資的経費が増加したこと、加えて町税が伸び悩み地方債に多く依存してきたことなどが述べてお

り、やや詳しい内容になっている。

　この記述から明らかなように、4町とも行政需要に応える
ために積極的に事業を推進した。その結果、再建申請直前の
数年間の歳出決算額は標準財政規模の3〜5倍に上ることと
なった。そしてその財源のほとんどを起債に依存していたた
めに、公債費が年々累増をつづけ、起債制限比率を超えるこ
ととなった。

　なお、何人かの関係者は、4町が財政再建団体となる道を
選んだ直接的な理由として、起債が出来ない＝事業の継続が
出来ない点が大きいと指摘している。旧法のもとでは、自治
体には自主再建を選ぶ道も残されていた。にもかかわらず再
建準用団体になることを選んだのは、地方債の発行ができな
いゆえに現在進行中の事業の継続ができなくなることが自治
体に重くのしかかってくるからである。

(2) 財政再建のための具体的措置

　各町が財政再建団体入りした時点での赤字解消計画額と当
初計画段階での再建年数、および実際の再建年数は表7-2の
ようになっている。

表7-2：各町の赤字解消計画額と当初計画および実際の再建年数

金田	赤字解消計画額 10 億 9057 万円　当初計画 10 年　実際は 7 年
方城	赤字解消計画額 15 億 9364 万円　当初計画 12 年　実際は 10 年
香春	赤字解消計画額 18 億 8185 万円　当初計画 9 年　実際は 7 年
赤池	赤字解消計画額 31 億 7300 万円　当初計画 12 年　実際は 10 年

(各町「財政再建のあゆみ」をもとに筆者が作成)

　再建のための具体的措置は、4町すべてで歳入と歳出の両
面において行われている。この点に関して、赤池町の再建計
画書の内容をみていこう。

歳入面では、①地方税、②地方譲与税、③ゴルフ場利用税交付金、④自動車取得税交付金、⑤利子割交付金、⑥地方交付税交付金、⑦交通安全対策特別交付金、⑧国・県支出金、⑨財産収入、⑩分担金・負担金、⑪使用料、⑫手数料、⑬繰入金、⑭諸収入、⑮地方債と、歳入の全側面において措置がなされている。

　これらの措置のうち、②〜⑤および⑦という、国などから交付される資金については、再建初年度である 1991 (平成3) 年度に計上したものと同じ額を次年度以降も計上していく形になっている。交付金のうち、例外となっているのは⑥地方交付税交付金であり、普通交付税交付金については「平成3年度再算定をベースに (中略) 特例措置分を除き計上、投資については各年度 2%増とし、公債費については交付税公債台帳からの積み上げとする」、特別交付税交付金については「平成 3 年度及び平成 4 年度は基準年度 (2年度決定額) の 90%に一時借入金の利子補給分や病院会計への繰出し分 (不良債権解消額や利子補給) を計上する」とされている。②〜⑦の交付金等については、普通交付税交付金が漸増であり、他の項目は据え置きかそれに近いものとなっているとまとめることができる。

　住民にとって直接の負担となる歳入項目についてみていくと、①地方税については、法人税割を除いて超過課税は行わず徴収率の向上に努める、滞納者については滞納原因を究明し法令に基づき厳正な処分を行う、計画計上は平成 3 年度見込額をベースに税目ごとに 3%増とする、としている。⑪使用料については、公民館等施設使用料が平成 4 年度、9 年度、14 年度に各々 25%改正し積み上げ、町営住宅使用料も平成 4 年度、6 年度、8 年度、10 年度の改定を経て、平成 3 年度における法定限度額に対する使用料の率である 59.9%を、75.1%まで引き上げるとされている。また汚水処理施設使用

量も平成4年度に110円から140円に引き上げられ、平成9年度には180円、平成14年度に220円に改定されている。加えて⑫手数料も、証明手数料を平成4年度に20%引き上げとなっている。直接的な住民の負担は、地方税の引き上げが行われないものの、各種の使用料や手数料の大幅な改定を通して増大している。

歳出面での措置は、大別すると①人件費、②物件費、③維持補修費、④扶助費、⑤補助費等、⑥投資的経費、⑦公債費、⑧出資金・貸付金、⑨繰出金、⑩積立金となっている。歳入と同様、全体にわたる取り組みがなされている。

主な点をみていこう。まず①人件費については、組織の縮小（13課1室→10課1室）*5や新規採用の抑制、昇給の延伸などが実施されており、全般的な引き締めが行われている*6。この点は②物件費や③維持補修費についても同様である。物件費のうちの主なものでは、老人ホーム臨時職員などの賃金約58%、旅費約47%、交際費約31%、原材料費約58%が削減となっており、維持補修費も約45%の削減となっている（いずれも平成3年度から4年度にかけての削減率で、以降は据え置き）。④扶助費は、補助事業費である社会福祉費や老人福祉費などが平成3年度の決算額のまま据え置かれているのに対し、県単独事業費である重度心身障害者医療費や母子医療費が平成4年度以降各年度10%増として計上されている。⑤補助費でも、平成3年度から4年度にかけて削減が行われ、以降は据え置かれるものが多くなっている。県が負担するものを除くと、福祉関連予算を例外として、削減の方針が貫かれている。

⑥投資的経費についてみると、再建団体入り前の平成2年度の総事業費が15億1800万円であったのに対し、当初計画では、平成9年度に7億9700万円、平成12年度に7億7700万円と半減している。とくに単独事業については、平

成2年度の3億7300万円が平成8年度で5000万円、平成12年度で3000万円と10分の1に減らされている。一般会計への負荷の大きい単独事業を減らすことにより、収支の改善を図ろうとしていることがうかがえる。

7-4. 町民生活への影響と再建の経過

上記のような計画に基づく財政再建は町民生活に対してどのような影響を与えたのか。そして実際の再建の経過はどのようなものであったのか。

2005年9月に筆者が行ったインタビュー調査を踏まえるかぎりでは、再建団体入りが明らかになった段階での住民からの反応は、「ついに来たか」「やっぱり」という感情が強かったと言うことができる。行政や商工会の関係者の話では、①町の財政状態が極度に悪いことは多くの町民にとって周知の事実であったこと、②近隣の自治体がすでに再建団体入りしており、自分たちの町もいずれはそうなるのでないかと予想されていたことなどが共通して指摘されている [7]。行政当局による説明が必ずしも十分ではなかったという指摘もあれば、もう10年早く (再建団体に) 入っていれば債務は半分で済んだという声もあったと話す関係者もいた。町民にとって再建団体入りは唐突な出来事ではなく、総じて言えば冷静に事態を受け止めていたとみることができる。

町民生活への影響に関しては、極端なまでに厳しいものではなかったとまとめることができる。各種施設の使用料や手数料が増加した分の影響はあったものの、地方税が据え置かれていたことから、町民の負担感は限定的なものであったと判断されるからである。町営住宅の使用料についても、所得に応じて賃料が決まっていくはずのものが、毎年きちんと

チェックして所得の変化に対応していたわけではないなど、本来満たすべき基準を満たして来なかったことを是正したという面があることが指摘されている *8。

他方で、公共事業の減少は建設業に少なからぬ影響を与えた。既述のように、田川地域では雇用面での建設業への依存度が高い。建設業における雇用の多さは、自治体が発注する公共事業によって支えられていたが、その公共事業が減少したため、業界内での影響は顕著であった。しかし、大幅に減少したのは町の単独事業であり国などからの補助のある事業は継続していたこと、業種別にみれば建設業に限定された影響であったことから、全体としては大きな影響ではないという見方がなされている。

再建中の経緯に関して特記すべきことは、4町のいずれもが当初の計画よりも早く再建を完了していることである。こうした計画は、できるだけ余裕をもって対処できるよう、期間を長めにとる傾向にある。その結果として少し早く完了することになりうるが、同時に、バブル景気という形での好景気とそれによる地方税や交付税交付金による歳入の増加も影響している。

赤池町の当初の再建計画と再建実績を比較しても、この点は明確である (表7-3)。

当初計画での「歳入計」の見込みと実際の歳入額とを比較してみても、1994年度以降は10億円以上、上回っている。これは、1993年度以降、計画では0円とされていた繰入金が生じていることが影響しているが、この点を除いても、地方税・地方交付税ともに当初計画を超えており、超過分の合計は3～5億円近くになっていることが全体の収支を大きく好転させていることがうかがえる。この状況を受け、赤池町は、1996年度以降、当初計画に上乗せした形での赤字の解

表 7-3：赤池町の歳入計画と実際の歳入額の経緯（単位：千円）

年度	計画段階			実際の数値		
	歳入計	地方税	地方交付税	歳入計	地方税	地方交付税
91	5,678,229	374,064	2,527,386	5,614,305	374,064	2,527,386
92	5,320,589	386,802	2,509,281	5,659,134	404,364	2,618,973
93	4,530,321	398,404	2,016,907	5,371,395	435,650	2,422,265
94	4,383,363	410,356	2,032,662	5,643,008	426,280	2,367,720
95	4,303,236	422,666	2,054,318	5,631,204	454,151	2,423,768
96	4,309,006	435,346	2,081,470	5,651,073	486,823	2,475,581
97	4,307,194	448,406	2,088,069	5,898,890	519,533	2,489,804
98	4,305,642	461,858	2,093,737	5,327,631	495,525	2,468,572
99	4,319,408	475,714	2,103,137	5,373,323	532,808	2,508,436
00	4,276,967	489,983	2,120,159	5,221,267	524,152	2,487,411
01	4,240,350	504,683	2,087,888			
02	4,259,866	519,822	2,091,613			

（赤池町「財政再建のあゆみ」をもとに筆者が作成）

消をはじめ、予定よりも2年早い2000年度に財政再建を完了した。

　町民生活への影響と再建中の経緯を以上のように総括するのであれば、自治体の倒産あるいは破綻とされる再建団体入りも、言葉から連想されるほどに悲劇的な状況を生むわけではないと捉えることができる。歳入面では、地方税は据え置かれ、福祉関連予算も増加こそしないものの、大幅な削減もなかった。歳出面でも削減の中心は、人件費や物件費など役場内部での費用と、影響が建設業に限定される投資的経費であった。小学校の校舎の補修ができない、夏場に暑い庁舎での勤務を強いられるなどの苦労はあるものの、町民1人1人の生活が立ち行かなくなるほどの危機的な状況が生じたわけではない。

　ただしこのことは、好景気と地方税や交付金の増加という

条件に支えられたものであること、この条件は今後再建団体入りする自治体には当てはまらないであろうことに留意しなければならない。2006年にインタビューした際にも、4町の関係者は多くが今後の再建団体入りについて非常に厳しい見方をした。4町のばあい、再建計画書の策定は、基本的には使用料・手数料を増やし、人件費と投資的経費を減らすことにより、収支を合わせることが可能であった。しかし、歳入が減少していくような状況であれば、そもそも再建計画書が書けないのではないかという指摘もあった[9]。このような状況のもとでは、地方税や福祉関連予算など、住民生活に直接に影響を与える部分についてふみこむことを回避することは不可能に近い。新たに再建団体入りする自治体にとっては、極めて過酷な事態が待ち構えていると考えられる。

7-5. 福智町の状況と合併の効果

福智町は、赤池、金田、方城という財政再建団体を経験した自治体が合併して誕生している。全国的にも希有なケースであるが、その福智町の財政状況はどのようなものであろうか。

福智町の財政は、差し迫った状況にはないものの、公債費の負担が重くなっている。合併直後の2006（平成18）年度には約260億円の町債残高があった。同町の財政規模からみても重い額である[10]。2002年の赤池町を最後に旧3町は財政再建団体を脱している。にもかかわらず、債務が累積した背景には、再建計画終了後の行政需要の増大というリバウンド効果があったとされる（福智町ウェブサイト）。

この町債の返済のための公債費は、2006年から2011年までのあいだでは、公債費負担比率で21%から32%、実質公

債費比率では 11％から 14.5％となっている。公債費負担比率は、一般的な目安とされる 15％や 20％を大きく超えている。実質公債費比率についても、起債に制限がかかる 18％に近い数値になっている。2017 年度の時点でも約 200 億円の債務がある。国からの交付税によって返済される分も含まれている一方で、合併に関わる交付税の算定外措置が 2020 (平成32) 年には終わる。合併時の特例債の返済もある。予断を許さない状況が続いていると言えるだろう。

合併による財政再建の効果は、容易に得られるものではない。合併によって、職員の減少による人件費の削減など行政運営の効率化が図られることが期待されるわけであるが、課題も多い。公債費の原因は、各種の建設事業である。合併前には 3 町でそれぞれに、体育館など各種の施設を有していた。老朽化しているものも多く、廃止を進めて集約を進めれば、建設事業費のスリム化につながるだろう。しかし各地域には、旧町としての意識も強い。1 つだけ残して他のところは廃止という方針を掲げても、住民との合意がえにくいことも多い。

財政再建団体と合併という 2 つの経験は、いずれも財政の改革効果が期待されるものである。しかし福智町の状況をみているかぎり、これらの経験が劇的な効果を生むわけではない。

7-6. 財政再建による社会システムへの影響

以上のような田川郡の自治体の経験は、本書の枠組みではどのように分析できるであろうか。

旧産炭地の事例は、経営システムの作動の失敗としての性格を持っている。ただし、この失敗の原因は、自治体のみに帰せるものではない。自治体をはじめとする地域社会レベル

の各システムには、国レベルや国際社会システムの経営課題の解決において発生した負担が収斂している。田川郡の自治体は、次章で取り上げる夕張市の事例などと比較すると、相対的にではあるが「緩衝材」となるような地理的・歴史的条件が整っていた。それでも、財政再建団体入りを回避できなかった。

ここでは、こうした状況の中で行われた取り組みとして、財政再建制度のもとでの取り組みが地域社会の構造に対していかなる影響を与えたのかに注目する。

田川郡の町々では、鉱害復旧事業などの公共事業の実施により財政負担が膨らみ、さらに建設業者の割合が高くなるという形で、地域社会レベルの経済システムにも影響が生じた。公共事業への依存度が高くなったのである。炭鉱の閉鎖という危機に直面した中での建設事業の実施は、当面の苦境を乗り越えるための方策という性格を有していたものと考えられる。当面の対処をする中で、より恒久的な方法を見つけ出そうという意図であったが、結果として、それが恒久化してしまう。

それでは、財政再建団体として、国の監視下で財政再建に取り組んだことは、このような地域の経済システムに変容を迫るものであったのだろうか。

財政再建団体を経験した4町の関係者は、いずれもが、「国の許可を得なければならない」といういわば「印籠」があったゆえに、行政当局に持ち込まれる予算要求を撥ね退けることができ、それによって財政再建が可能となったことを認めている。4町とも、財政再建団体入りする前の段階で、複数回にわたる自主再建を試みている。しかしこの自主再建は、ことごとく失敗している。これは、町内の各地域から寄せられる様々な形での予算要求を抑えることができなかったため

である。関係者の中には、「計画通りにいくのは、(役所内部の)人件費の削減くらい」「文句の出ないところはうまくいく」などと振り返る人たちもいた[*11]。自主再建のための再建計画と、再建団体としての再建計画の内容は、ほとんど変化していない。それにもかかわらず、自主再建が失敗し、再建団体としての再建が成功したことは、国の監視下で各所からの予算要求を抑えること、すわなち「しがらみ」を断つことが、財政再建にとってのキー・ポイントであることを意味している。再建団体になっているという状況が、行政側にとっては1つの資源となり、予算要求を抑えることができたのである。

ただし、こうした財政再建の経験は、各主体の戦略や資源を広く変化させたわけではない。行政すなわち役場の職員に関しては、意識の変化があるとする指摘が多い。従来であれば同じ役場の職員であっても、直接的に関係する部署でなければ財政に対する意識は低い。しかし人件費の削減や新規の職員採用の抑制など、財政再建の影響はあらゆる部署に及ぶものであるから、否が応でも全職員の意識が高まることになる。ある役場の関係者は、「それまでは予算の流用が多かったが、それがなくなった」と指摘している[*12]。ただし予算編成過程の改変など、より制度的な面での変革にまで着手されたわけではない。構造的な変革には至っておらず、関連する主体の戦略も変化が少ない。

予算編成過程の変革は、どの規模の自治体においても困難な課題であるが、それぞれの規模に固有の難しさがある。小さな自治体に顕著な点の1つは、職員の専門性の問題である。予算のやりくりにあたっては、各部局に対して、高い予算編成能力が要求される。その際、国からの助成金の取り方を筆頭に様々な専門知識が要求されるが、県庁レベルの規模の組織であればともかく、町村レベルの小さな役場ではそう

した職員を抱えることは困難であることが多い。また、小さな役場では、異動に伴い、財政担当者と事業担当者が入れ替わるということが起こりうる。国レベルであれば、財務省の担当者と経済産業省あるいは国土交通省の担当者が立場を入れ替えて対峙するということは、まずありえない。しかし町村の役場レベルではこうしたことが起こりうるために、財政担当の立場にある人でも、いずれ立場が入れ替わったときのことを考えて、どうしても手心を加えてしまうことがあるという *13。

　では、議会にはどのような影響を与えたのであろうか。予算獲得のための要求表出は、議員が中心になることが多い。その意味では、議員の意識の変化は、今後の財政のあり方を考える上でも重要であるが、その変化の現れ方も様々である。

　変化がみられたとする地域では、予算審議での議員の姿勢が厳しくなったと指摘されている *14。それまでは、自分に関わりのある予算が通ったかどうかにしか関心を払わなかったものが、他の項目にまで注意するようになり、予算の非常に細かい部分まで審議の中で追究するようになった。この町では、政治倫理条例が制定されているが、予算要求の度が過ぎるようであれば、議員同士で、政治倫理条例に抵触するという声が出ることもあるという。議員のあいだで、過度の予算要求に対する相互抑制が作用していると言えるだろう。

　一方、変化があまりみられない地域では、再建終了後に徐々に予算要求が厳しくなっている。国が景気対策として実施した事業の一部を市町村が負担しなければならないという事情もあり、徐々に財政が悪化している。また、ある町では、再建期間中に町長に就任し、「財政再建の旗手」とされた人物が、再建終了後の事業で談合に加担し逮捕されるという事件が起きている。このことからは、予算獲得を目指すという地域の

社会システムの性格が根強く継続していることがうかがえる。

　全体としてみたばあい、行政では制度レベルでの改変のうごきはなく、議会でも、変化があまりみられない地域の方が多い。これらのことをふまえれば、財政再建団体を経験したことは、地域社会の中での構造や、関連主体の意識、あるいは戦略の変容を促すものではなかった。地域社会レベルでの社会システムの性格はそのまま温存されている。

　これに対し、矢祭町など、独自の再生を試みた自治体の事例では、それぞれに、財政破綻からの再生や行財政改革に向けた創造性を感じることができる。首長や役場職員が危機意識を持ち、それが住民とのあいだで共有されることで、財政再建や行財政改革の推進という課題の解決に向けた取り組みが行われるようになる。破綻の原因となった利権構造も、こうした取り組みを積み重ねる中で、変革されていくのではないだろうか。

　地域社会の将来を考えても、このような創造的な取り組みの蓄積は大きな意味をもつ。自治体の財政再建にあたっては、地域社会の創造的な取り組みを最大限に引き出すような制度を整備することが重要な鍵となる。

注

1　2005 年 9 月 8 日、役場関係者へのインタビューより。

2　国による支援策としては、鉱害復旧事業の他に、石炭採掘の際に生じた残滓が積み上げられた、いわゆる「ボタ山」の撤去を行う回収事業なども挙げられる。

3　鉱害復旧事業がこれだけ長期にわたって行われてきたことに対して、関係者の 1 人は、石炭の採掘は 100 年以上に及んでいるのだから、そこから復旧するための作業にもそれなりの時間がかかると述べていた。

4　原則として「章」に相当する部分を抜粋。他との比較のため、香春町

のみ「節」に相当する部分の一部を抜粋した。

5 赤池町では、再建団体入りした平成3年に課長級の職員13名が退職している。

6 通常、俸給表における「級」が上がるためには昇格する必要があるが、一部の自治体では、在職年数の長い職員に関して、昇格を伴わずに「級」を上げる「ワタリ」と呼ばれる慣行が存在していた。香春町の再建計画書では、この慣行を是正することも明記されている。

7 4町のうちで最初に再建団体入りした金田町についても、当時、福岡県内では犀川町が再建期間中であった。

8 2005年9月6日、商工会関係者へのインタビューより。

9 2005年9月8日、関係者へのインタビューより。

10 合併直後の2006年度の一般会計が約200億円、それ以降も概ね150億から180億円で推移している。

11 2005年、関係者へのインタビューより。

12 2005年、関係者へのインタビューより。

13 2005年、関係者へのインタビューより。

14 2005年9月7日、役場関係者へのインタビューより。

第8章
夕張市における破綻と再生への取り組み

8-1. 北海道内の旧産炭地の状況と市町村合併

　本章では夕張市の事例を検討するが、そのまえに、同市を含めた周辺地域の近年の状況を確認しておこう。

　まず、平成の大合併と呼ばれる市町村合併が北海道内の旧産炭地に与えた影響を考えるために、歌志内市の例をみていこう。夕張市を含めた北海道中央部の炭鉱地帯は石狩炭田と呼ばれ、同市の北部に位置する芦別市や赤平市、歌志内市、砂川市、美唄市など、空知地方も含めて盛んに石炭の採掘が行われていた。これらの自治体でもすでに炭鉱は閉鎖され、夕張市と同様、人口の流出と地域社会の衰退が生じている。この中でも歌志内市は、夕張市と同レベルかそれ以上に衰退が著しい地域として、名前が挙げられることの多い自治体である。

　歌志内市は 2011 (平成 23) 年 7 月 31 日時点で人口 4370 人と、市としては最も規模の小さい自治体となっている。同市が炭鉱によって栄えていた時期である 1948 (昭和 23) 年には、46000 人を記録している。炭鉱の閉山により人口が 10 分の 1 にまで減少した。同市は、2007 (平成 19) 年に、『週刊ダイヤモンド』(2007 年 3 月 10 日号) 誌の企画による「全国市町村「倒産危険度」ランキング」において、全国 1821 市町村の中で 1 位とされた。すでに財政破綻が明るみに出ていた夕張市は 2 位であった。歌志内市は、財政再建団体入りこそしていないものの、実質的には夕張市よりも厳しい状態にあると評価されたのである。

　歌志内市が現在の市域を形成したのは 1922 (大正 11) 年である。かつては、現在の歌志内市・赤平市・芦別市・砂川市を合わせた範囲の自治体であったが、1897 (明治 30) 年に砂川市 (当時の奈江村)、1900 (明治 33) 年に芦別市 (芦別村)、1922 年

に赤平市（赤平村）が分立していくことにより現在の歌志内市
となった。

　図 6-3 からも理解されるように、この地域の市域は広狭の
差が大きいが、歌志内市の市域は狭い部類に入る。じつは分
立の過程において歌志内市は、炭鉱のみをとり、農地などは
切り捨てることを選択してきた。そのため、2010（平成22）年
時点での同市内の農家戸数は 1 軒のみである [*1]。山間部であ
り農業に適した土地が少ないとはいえ、第 1 次産業の少なさ
は顕著である。また、炭鉱閉山後の企業誘致も成果を挙げて
はいない。同市の産業構造は、統計上は第 3 次産業が中心と
なっているが、とくに目立った企業が所在しているわけでは
なく、第 1 次、第 2 次産業がともに極めて弱い状態にあるこ
とから、そうした結果が出ているだけである。近年の同市の
高齢化率は 35％強であり、年金受給者も多いことから、同
市の経済は年金によって支えられている部分が多いと判断さ
れる。

　炭鉱以外の産業が立地できる余地はほとんどなく、高齢化
の進展も著しい。このような状況の中で単独で地域を振興し
ていくことは、困難を極める課題である。したがって、歌志
内市でも、平成の大合併に合わせた形での合併が模索された。

　歌志内市の場合、2003（平成15）年から 2004（平成16）年に
かけて、赤平市、滝川市、砂川市、上砂川町、浦臼町とのあ
いだで協議を進め、法定協議会を設置した。しかし 2004 年
9 月 30 日に協議会は解散し、合併も破談となっている。そ
の後、2006（平成18）年に砂川市、奈井江町、上砂川町、浦臼
町と 2 市 3 町による「地域づくり懇談会」を発足させ、合併
に向けた財政シミュレーションを作成している。そのうえで
財政上の格差の解消を国や道へ要望している。しかし 2008（平
成20）年に、十分な財政支援が得られないことを理由に懇談

第 8 章　夕張市における破綻と再生への取り組み　　163

会を解散し合併を断念している。

　こうした合併断念の背景には、歌志内市をはじめとする自治体の財政状態の極度の悪さがある。隣接する自治体と比べ、財政状態が相対的に良いところは、悪いところとは合併をしたがらない。悪いところ同士であれば合併可能かもしれないが、それによって劇的に財政上の効率性が高まることを期待するのは難しく、財政状態は悪いままである。

　既述した福島県矢祭町の事例にもみられるように、合併の効果については、周辺部の衰退が進むなどの理由から否定的な指摘もあるが、歌志内市のような状況に置かれた自治体にとっては、現状を打開するための解決策の1つではある。しかし、その歌志内市が合併できていない。合併相手としては近隣の類似した状況にある自治体が想定されるが、財政状況が悪い自治体同士が組むのであれば、国や道からの支援が必要になる。しかしこうした支援が得られないために、合併できないのである。

　旧産炭地に対する振興策に加え、三位一体改革も、市町村合併も、最も厳しい条件下にある自治体にとっては、状況を改善するための手立てとなっていない。それどころか、これらの自治体をより苦境へと追い込む方向で作用している。

8-2. 夕張市の歴史

　夕張市の事例を取り上げるにあたり、まずは同市の歴史の概要を確認しておこう。産炭地としての同市の歴史は輝かしいものがあるが、本書の問題関心に合わせて、炭鉱が衰退した後の財政破綻に至る経緯を中心にみていく。

　夕張市の歴史は、1874 (明治7) 年に鉱山地質学者ライマンの探検隊が夕張川上流の炭鉱地質調査を行い、1888 (明治21)

年に道庁の技師の坂市太郎が志幌加別川の上流で石炭の大露頭を発見したことから始まったとされる。石炭の発見以前は人もほとんど住んでおらず、石炭が発見され、採掘を開始したことによって成立した文字通りの石炭の街である。

1891（明治24）年に炭鉱が開山すると炭鉱の街としての興隆が始まり、1943（昭和18）年に市制施行、多い時には大小24の炭鉱を抱え、1960（昭和35）年には人口が約11万6千人のピークを迎える。しかし夕張市の興隆は長くは続かず、1960年代の後半からは市内の炭鉱が次々と閉鎖されていくようになり、1990（平成2）年の三菱南大夕張炭鉱の閉鎖をもって、炭鉱の街として栄えた夕張市から炭鉱が姿を消すことになる。

夕張市の特徴は、こうした条件下で、中田鉄治という強烈な個性を持った市長が現れたことであろう。中田元市長は、秋田市で生まれたのち、すぐに家族とともに夕張市へと移り住む。1945（昭和20）年に市役所に入ると、企画室長だった1970（昭和45）年、石炭産業の将来性を憂慮して、市の長期計画に新産業の誘致を盛り込んでいる。当時はまだ、石炭産業は衰退の段階にはなく、新産業の誘致方針は市幹部や市議会の怒りを買ったが、中田は詳細なデータで周囲を説得していったとされている（北海道新聞取材班 2009:119）。そして71（昭和46）年から2期8年のあいだ市の助役を務めたのち、79（昭和54）年4月に市長選に立候補、無投票で初当選する。以来6期24年にわたり中田市政が続くことになる。90年の三菱南大夕張炭鉱の閉山と市内からの炭鉱の消滅は、かれの在任期間のほぼ中間点に位置するが、炭鉱数の減少による市の衰退は初当選の時点で顕著になっており、工業団地の整備による企業誘致も思うような成果を上げていなかった。

市長になると中田は、1980（昭和55）年夕張市石炭博物館、83（昭和58）年石炭の歴史村、85（昭和60）年めろん城、88（昭

和63）年ロボット大科学館などを矢継ぎ早に建設、高い知名度を誇ることになるファンタスティック映画祭を開催する。また、スキー場であるマウントレースイの整備を進め、シューパロというホテルも建設した。これらの事業の推進は、夕張市の人々にとっては雇用の場の創出などを可能にするものであり、地域の活性化を願う人々の要求に適合する側面をもっていた。

　しかし、これらの観光事業の失敗が、同市の巨額の債務の原因となる。失敗に終わった観光事業の中でも、夕張市の財政にとって最後の決定打になったとされているのがマウントレースイとシューパロの売却と再買収である。1980年代後半になると松下興産（当時。現在はMID都市開発。本社は大阪）が夕張での観光事業に積極的に乗り出した。夕張市の第三セクターが所有していたマウントレースイ・スキー場を1988年に20億円で買い取ると、100億円以上を投じて拡張し、合わせてホテルマウントレースイを建設した。ホテルの建設費だけでも50億円とされている。92年には夕張市の第三セクターからホテルシューパロを約40億円で買収した。松下グループに属する同社は多くの計画構想をぶち上げ、夕張市民の期待は高まった。当時はバブル経済にのったリゾート開発期であり、松下興産も夕張市は通年型の観光地になる可能性があるとして、積極的に開発していた。

　しかしバブルの崩壊により、同社は観光事業の縮小へと舵を切る。96（平成8）年、市はシューパロを約20億円で再買収する。買い取りの資金を金融機関から借りたのは第三セクターの夕張観光開発であるが、市が債務負担の形で引き受け、20年間の計画で返済するというものであった。さらに2002（平成14）年9月、同市はマウントレースイを約26億円で買収することを決める。すでに前年に松下グループが松下興産の持

つリゾート施設の売却方針を決めていたが、市民からはスキー場と隣接する同ホテルの存続を求める強い声が上がり、市の人口を上回る15000人分の署名が集められた。市議会もこの市民のうごきと連動して買い取りを容認している。雇用や地元商店街の売り上げなど、地域経済に直結する問題に対しては、財政出動による対応を支持している。

　市の決定はこれらの声に押されたものであったが、取得時の税金や将来の設備投資を考えればタダでも高いとされる施設を26億円で買ったことに対しては疑問が残る。じっさい、1998（平成10）年に道内の占冠村が総事業費800億円におよぶトマムリゾートを5億円で買収していることと比べれば、26億円という買収額は不自然なまでに高いと言えよう。結果として、これらの施設の買い取りは、同市の財政破綻への道のりの最後の分岐点であったとされている（北海道新聞取材班 2009）。

　さらにこの買収にあたっては、資金調達のための市債の発行申請に対し、財政負担が重すぎるという理由で、北海道が不許可を言い渡している。この道の対応に対して市は、土地開発公社にホテルを購入させ、金融機関から借りたお金を市が20年間の分割で返済するという方法をとった。この対応方法は道の幹部をして「ヤミ起債的行為」と言わしめたものである。このマウントレースイの購入により、夕張市の財政は一挙に悪化した。2001（平成13）年度まで約130億円であった実質赤字が、05（平成17）年度までのあいだに約260億円と倍増した。マウントレースイの買収決定の後、中田市長は引退を表明し、さらにその5ヶ月後にこの世を去っている（北海道新聞取材班、2009）。

　レースイなどの再買収には、疑問符のつく点が多い。しかし存続を最優先とする市民は、この点を追及することができ

第8章　夕張市における破綻と再生への取り組み　　167

なかった。追及すれば、施設の存続そのものが危うくなるからである。観光開発の問題は雇用などの面で生活に直結している。それゆえに、手法に不透明な部分があったとしても、そこに切り込んでいくことはできなかった。

夕張市の財政状況が極度に悪化していることは、関係者の中でも知られていた。ただし破綻の直接的な引き金となったのは地元紙である北海道新聞のスクープであった。同紙が、夕張市の財政状況について大々的に報じることで、巨額の債務を抱えていることが広く知られるようになり、夕張市は再建団体入りに向かうことになる。

8-3. 市民の反応

このような観光事業の展開と、その背後で生じていた財政悪化という事態に対し、夕張の人々はどのように反応したのであろうか。

夕張市のような炭鉱を中心として形成された社会には、独特の意識や構造がある。炭鉱で働き、炭住に住まう労働者とその家族の電気代を会社が負担するなど、生活上の多くの面で炭鉱会社に依存してきた。さらにその炭鉱会社は、事故などにより炭鉱や会社が危機に瀕すると、政治力によって国から支援を引き出すことを繰り返してきた。その中で、ある種の依存の意識が出来上がり、国による支援と会社がなくなったあとは、類似の役割を市の行政に期待するようになったと指摘する声もある [2]。

観光事業を積極的に展開し、市内に雇用を生み出そうとした中田市政は、こうした市民の意識と適合的であった。しかし、財政的なリスクを背負いながらの事業推進に対しては、市内でも批判的な意見が形成されるようになっていく。

中田市政に対する市民の評価をみるために、かれの6度に
わたる選挙戦の様子をみてみよう。3選目までは他に候補者
がなく無投票での当選であったが、4選目以降はいずれも対
立候補が現れる。91（平成3）年に実施された選挙で、4選を
目指した中田に戦いを挑んだのは自動車整備工場を経営して
いた藤田正春であった。藤田は大きな事業を市民に向けての
説明会も開かずに進めていく中田市政を批判した。結果は中
田の8365票に対し、藤田は5853票（投票率87.09％）であった。
敗れはしたものの、周囲を驚かせる善戦であった。95（平成7）
年、中田が5選を決めた際の相手は市議の樋浦善弘であった。
この時の結果は中田7782票、樋浦5076票（投票率86.92％）で
ある。99（平成11）年の6選目は、当初は不出馬のつもりであっ
た中田を、多くの市民が後押しをして翻意させて出馬にこぎ
つけている。対立候補は市議であった小林吉宏であり、結果
は中田6594票、小林5007票（投票率86.41％）となった。中田
の出馬を促す際には、市民が勝手連を作り、そのメンバーが
「市長が代われば2年以内に財政再建団体になる。中田さん
でなければ市民生活は守れない」と聴衆に訴えている（朝日新
聞2007年3月6日）。

　対立候補が現れた3度の選挙戦は、異なった候補者がいず
れも5000票あまりを獲得している。全体の有権者数が減少
し、中田元市長と対立候補はともに得票数を減らしているが、
中田が4選目から6選目にかけて1800票近く減らしている
一方、対立候補の減少幅は850票程度である。夕張市民の
中に、中田市政に批判的な勢力が5000人規模で存在してい
たと言えよう。

　他方、中田を6選目の出馬へと翻意させた際の市民の発言
は、かれが引退・死去した2003（平成15）年からわずか3年
後に訪れた財政破綻が、市民にとって決して青天の霹靂では

なかったことを物語っている。再建団体の制度や、再建団体入りする可能性について具体的に理解していたかどうかは定かではないが、市民のあいだでも市の財政が極めてひっ迫していることは認知されていたのである。

次に、一連の観光開発に対する夕張市内の雰囲気を示すものとして、ユウパリコザクラの会の取り組みを紹介しよう。ユウパリコザクラの会（以下、コザクラの会）は、夕張岳のリゾート開発に反対し、道立自然公園の指定を格上げすることを目的とした住民運動組織である。コザクラの会の活動は、「夕張市内初の住民運動」とも言われる。

「夕張岳ワールドリゾート構想」と名付けられた夕張岳の開発計画は、1986（昭和61）年に国土計画が構想を立ち上げたものであり、同市における開発構想の中でも最大規模のものであった。夕張岳は富良野芦別道立公園内の夕張市と南富良野町をまたぐ位置にあり、ここに大規模なスキー場やゴルフ場などを建設することが計画されたのである。

夕張岳は12種の固有植物と20種の基準植物が存在しているなど、植物学や動物学、地質鉱物学ではよく知られた山であった。さらには国指定天然記念物であるクマゲラの生息も確認されている。スキー場の建設がこうした貴重な自然に影響を与えることが懸念されたため、地元の登山愛好家などが署名運動を始めたことによる運動の組織化が進み、1989年4月にユウパリコザクラの会が発足した。コザクラの会の活動は結果としては功を奏す。1990（平成2）年に国土計画が、91年には夕張市長が夕張岳開発の断念ないしは休止を表明し、1996（平成8）年8月には天然記念指定された。

ユウパリコザクラの会は、その運動戦略によって国土計画による夕張岳スキー場の建設計画をストップさせ、その後も20年以上にわたって活動を続けることのできる力量を備え

ていた。同会が、活動を進める中で直面した状況は、図らず
も観光開発に染まっていた市内の様子を浮かび上がらせるも
のであった。第一に、この夕張岳へのスキー場建設計画に反
対する住民の動きは、同会によるものを除くと皆無に近かっ
た。第二に、同会の構成員は、ごく一部を除き夕張市外の在
住者によって構成されている。これは、同会のメンバーが、
当時の夕張市において市民が市政に対して批判的な視点から
活動を行うことが極めて困難であると判断したことから、自
覚的に市外在住者を中心としたためである。当時の夕張に
とって観光開発はほとんど唯一の地域振興手段とみなされて
おり、その分、スキー場反対運動に対する風当たりも強かっ
たのである（小川・下村2002）。

　先にみたように、1991年以降の市長選の投票結果からは、
中田元市長の市政に対する批判的な意見が一定程度は存在し
ていたことが読み取れるし、こうした人々のうちの何割かは、
コザクラの会が夕張岳のスキー場計画に反対していた1988
（昭和63）年から90年において、すでに同じような意見を持っ
ていたのではないかと考えられる。しかしながら、このよう
な意見を持つ人々が集まり、夕張市内で体系的に活動するこ
とは困難であるとみられていた。すなわち、当時の夕張市内
において、目に見える形でアリーナを設置し、批判的な視点
をもった人々も含めて関連する主体が議論を積み重ね、公共
圏の成立によって市政の方針転換を迫っていくことは非常な
困難を伴うと認識されていたのである。

8-4. 不正の手法

　ここで、夕張市の財政破綻の最も直接的な原因となった不
正な会計操作の方法について確認しておこう。夕張市の破綻

は、旧産炭地であることや元市長の影響など、様々な要因によってもたらされたものであるが、債務が極端なまでに膨大なものとなったのは、「ジャンプ」と呼ばれる一時借入金に関する不正な方法によって、長年にわたり赤字を隠蔽してきたからである。この一時借入金のうごきは表8-1においては諸収入において現われている。

　この方法は以下のとおりである。1992（平成4）年度から行われていたとされる年度をまたいだ手法であるので、N年度とN＋1年度として説明する。まず、観光事業の特別会計の資金不足に対応するため、一般会計がN年度に必要額を貸し付ける。貸付金の財源は金融機関からの一時借入金である。観光事業会計は、一般会計からの貸付金を新年度となるN＋1年度の5月までに返済する。5月に入ってきた特別会計からの返済を、一般会計は、N年度の出納整理期間の収入として金融機関に返済する。しかし観光事業会計はN＋1年度の資金がないため、N＋1年度に一般会計がさらに必要額を観光事業会計に貸し付ける。この資金は一時借入金によって調達する。見かけ上は収支の均衡がとれ、実質赤字は発生しない方法である。

　金融機関からの一時借入金、一般会計から特別会計への貸付金とその返済の流れだけに限定すれば、N年度に一般会計が金融機関から借りて特別会計へ貸し付けたものを、N＋1年度に同様の形で借りた資金で返済していることになる。N年度とN＋1年度に動いている金額が同じであれば借金は膨らまない。しかし、特別会計は毎年のように赤字である。これを補う分も新たに借り入れれば、その赤字額の分だけ増えていくことになる。この手法が繰り返されることにより、債務が増大していった。

　こうした手法が用いられていることは、財務に直接に関わ

る一部の担当者しか知らなかったものと考えられる。市の職員のあいだでも、財政が厳しいことに対する漠然とした意識はあったと思われるが、専門的な内容であり、正確なことは知るよしもなかった。何より、中田市長が在職中は、この問題を取り上げることは難しかったものとみられる。市長が交代し、新聞社が独自に情報を分析し報道することで、ようやく問題が表面化したのである。

8-5. 財政再建・再生計画と夕張市財政の推移

本節からは、夕張市の財政再建・再生計画についてみていくが、その前に、破綻前の同市の財政状況を確認しよう（表8-1参照）。歳入は、2001（平成13）年度に約200億円とピークを迎えているが、2005（平成17）年度には約103億円に半減してしまっている。人口も減少しているが、それを上回るスピードで減少している。

地方税は、人口減とパラレルに減少している。2004（平成16）年度で市税は約9億7千万円であり、うち固定資産税額約4億6千万円、個人住民税所得割約2億8千万円、たばこ税約1億円となっている。市税の徴収率は住民税所得割92.3％、固定資産税91.3％と低い。

交付税は、1970（昭和45）年度は約10億円、ピーク時の1990（平成2）年度は約69億円であった。交付税が地方税の減収を支えていたが、その交付税も約34億円に落ち込んでいる。全国的にも、2001（平成13）年度から2003（平成15）年度には普通交付税と臨時財政対策債を合わせた額は伸びているが、夕張市では落ちている。これは、基準財政需要額の算定における人口減が影響している。

地方債は、1980（昭和55）年度約18億円、1985（昭和60）年

度約 19 億円、1990（平成2）年度約 15 億円と増発が続いた。1995（平成7）年度には起債制限比率が 23.8％となり、制限比率 20％を超え、起債制限を受けるようになる。80 年代以降の地方債の増発は、市の説明によれば、87（昭和62）年の北炭撤退に伴い住宅改良等事故処理費用約 580 億円のうち約 330 億円を市が地方債で負担したことによる（光本 2011:245）。

　地方税、交付税交付金、地方債が限界に達すると、諸収入による財源調達を始める。1990 年度に約 13 億円であったものが 2001 年度には約 59 億円、2004 年度には約 100 億円に達している。2004 年度の歳入規模は約 190 億円で、半分以上を占める異例の事態となっている。この諸収入のうち、自治体以外の貸付金の元利収入が約 93 億円を占めている。この巨額の貸付金が、不正な会計操作の対象となった一時借入金である。

　次に、夕張市の財政再建計画と財政再生計画についてみておこう。2006（平成18）年 6 月に北海道新聞の記事によって財政破綻が表面化した夕張市は、市議会が 2007（平成19）年 2 月に財政再建計画を可決する。3 月には総務相がその計画に同意し、準用財政再建団体となる。この計画における再建期間は 2007 年から 2024 年までの 18 年間で、解消の対象となる赤字額は 353 億円であった。その後、財政健全化法の制定をうけ、2010（平成22）年に臨時市議会が財政再生計画案を可決する。再生期間は 17 年、赤字額は 322 億円である。再建計画時点で 2024 年までとされた期間は、2027 年までと 3 年ほど延びている。現在は、全国唯一の再生団体として、財政の再生に取り組んでいる。

　再建計画と再生計画の内容をみていこう。この計画で解消すべき赤字額とされた 353 億円である。もっとも多いのは観光事業会計閉鎖に伴う累積債務精算で 186 億円、次いで

一般会計における住宅管理会計赤字額の60億円となっている。

353億円を18年で返すということは平均すれば年20億円程度となるが、実際の再建計画では、初年度である2007年度の解消額は15億円となっている。解消額は年々増加していき、最終年度の2024年度で36億円となる。2007年度の夕張市の歳入額は83億円とされており、解消額はその18%を占める。これが2024年度には、歳入57億円のうちの36億円となり、約60%となる。極めて厳しい再建計画であることがうかがえる。

再建計画では、歳入は年々減少する一方で解消額は増加していくことが予定されている。歳入の減少は、人口の減少を見込んでいるためである。人口減少は、地方税の減少を招くと同時に、地方交付税交付金の減少にもつながる。炭鉱の閉鎖以降、夕張市では人口流出が続いていたが、財政破綻の表面化と厳しい内容の再建計画により、その傾向に歯止めがきかなくなっている。

歳入が減少する一方で赤字額が増加するということは、市民生活のために使われる歳出額は加速度的に減少していくことを意味する。実際、初年度は68億円であったものが、2024年度にはわずかに21億円と、3分の1以下に落ち込むことになる。

そのため、再建計画では、表8-2にまとめてあるように、さまざまな歳入確保策が講じられている。しかし、人口減少が進む中、こうした方策による増収の効果は限られている。地方交付税は、再生計画においては、再建計画に比べ、20億円近く増加している。これは民主党政権下で、地方交付税の算定基準が変わり、市町村合併促進のために削減されてきた割り増し策が復元されたことと、特別交付税による支援が

表 8-1 夕張市財政の概要（2001 ～ 2014 年度）＊決算カードより筆者作成

	人口(人)	歳入総額 *1	歳出総額	実質収支比率	財政力指数 *2	経常収支比率	地方税	固定資産税 *3	普通交付税	諸収入	地方債
2001 (平成 13)	14880	20015241	20013999	0.0	0.20	116.7	1087087	519534	4433168	5940593	1891100
2002 (平成 14)	14438	17198688	17197525	0.0	0.21	108.3	1067298	515912	3867651	5748205	1353600
2003 (平成 15)	13953	16997117	16995981	0.0	0.21	109.8	972530	442224	3580555	7212931	1029600
2004 (平成 16)	13615	19349322	19348788	0.0	0.23	116.3	973783	457586	3266966	9973315	1059400
2005 (平成 17)	13268	10969748	12618853	-37.8	0.24	125.6	946722	454574	3111071	1958143	1148400
2006 (平成 18)	12631	22960869	57919834	-791.1	0.24	119.9	938943	410413	3139862	12612867	2607600
2007 *5 (平成 19)	12068	9035195	42519517	-730.7	0.25	84	1061800	406070	3045108	868846	463863
2008 (平成 20)	11633	8621737	40794877	-703.6	0.24	82.9	1009387	431986	3128666	260921	618564
2009 (平成 21)	11213	42200485	41744343	9.1	0.24	72.9	934690	400802	3246612	199116	33124298
2010 *6 (平成 22)	10839	11198199	10671749	10.1	0.18	77.2	957303	392605	3733692	357647	1251466
2011 (平成 23)	10471	11339981	10751395	11.8	0.19	79.9	935940	392598	3608659	279868	1022374
2012 (平成 24)	10130	10777413	10132050	12.2	0.18	79.9	889832	368906	3683518	149412	989007
2013 (平成 25)	9801	11500290	10846594	13.2	0.18	120.9	859159	360979	3686895	192933	811000
2014 (平成 26)	9440	13233522	12554918	14.3	0.18	124.7	855247	359462	3534123	119590	1323579

*1 金額の単位はいずれも千円　　　　　　　　＊4 費目のうち斜字体は歳出
*2 財政力指数は、単年度で算出したもの　　　＊5 2007 年 3 月に財政再建団体入り
*3 固定資産税額は地方税額に含まれる　　　　＊6 2010 年 3 月に財政再生団体入り

　行われたことによるものである。国・道の支出金も、再生計画においては再建計画と比べ、4 億円増加している。地方債は 2 つの計画において変化していない。

　歳出削減策については、人件費およびそれに関連した組織の改廃を中心にみていこう。市役所組織は、2007 (平成 19)年度から、5 部 17 課 30 係体制を 7 課 20 係に再編されている。市内に 5 箇所あった連絡所を廃止している。職員数は、2006 年度 4 月時点で 269 人であった。再建計画では、これを 2009 年度当初までに人口規模が同程度の団体の平均を下

物件費 ※4	扶助費	補助費	普通建設事業費	労働費	農林水産費	商工費	土木費	教育費	公債費	前年度繰上充用金
1440666	1647884	1041479	2954651	69378	150163	3671182	4890323	897276	2114859	0
1241081	1625781	740064	2201135	38413	120122	3131571	3960769	850273	1846783	0
1148930	1556149	814096	1015782	38002	111811	2701252	3721616	762620	1977505	0
1079141	1517337	710434	1121937	27640	100848	4876760	3914096	735774	1986788	0
1081349	1414943	395696	1298350	28916	102551	1854877	1187166	689500	2349876	0
892548	1338424	5255355	1682945	27128	80791	26230370	5591666	575067	3801541	981736
619029	1361564	421308	986990	1260	23091	253351	567628	289932	2117611	34959395
674765	1283403	297864	995399	739	15275	188556	605791	375462	2035421	33484322
635218	1325846	1095918	1633936	424	40656	688495	2016888	964346	1568996	32199466
702715	1322851	910864	2465543	3583	43756	665965	1862447	777263	2128003	0
667828	1385663	760846	1748570	0	41145	504096	1567277	233182	1890826	0
617871	1425330	782347	1096435	0	40114	523873	1267038	230686	1842581	0
651145	1446986	862147	1124741	0	68153	467904	1243289	230546	3866609	0
655679	1495714	774791	1865764	0	58552	447277	997706	226064	3856446	0

回る 134 人とし、2010 年度には 103 人となるようにすると計画されている。

　一般職職員は給料月額を 2007 年度 4 月から平均で 30％削減し、管理職手当、期末勤勉手当、退職手当については削減後の給料を算出基礎とすることで削減を図る。退職手当については、支給月額の上限を 2006 年度 57 月、2007 年度 50 月として、以降毎年 10 月ずつ削減し 2010 年度には 20 月とすることで支給額を最大で 4 分の 1 まで削減する。期末勤勉手当については、すでに 1 ヶ月分の削減をしていることに加え、

表 8-2　再建計画における歳入確保策（夕張市資料）

市民税個人均等割 3000 円→ 3500 円

個人所得割 6%→ 6.5%

固定資産税 1.4%→ 1.45%

軽自動車税 7200 円→ 10800 円

入湯税の新設（宿泊 150 円、日帰り 50 円）

市営住宅使用料の徴収強化

下水道使用料 1470 円→ 2440 円（10㎥）

各種交付手数料の引き上げ

ごみ手数料の有料化

保育料：2007 年度から 3 年間は据え置き。2010 年度から 7 年間をかけて段階的に上げていく。

2007 年度から 2011 年度までは支給月数の削減を拡大し、6 月と 12 月の支給月でそれぞれ 1 ヶ月削減し、条例本則の額から 60%以上の削減を図る。

　特別職の報酬等については、市長、助役、教育長の給料については、条例本則の額から平均で 60%以上削減する。期末手当については削減後の額を算定基礎として、条例本則の額から 80%以上を削減し、退職手当については当面は支給しない。

　議員報酬については、全国都市の中で最も低い水準とし、期末手当の支給額も 4.45 月から 2.45 月に削減するとともに、議員定数を現行の 18 人から次回改選時（2007 年 9 月）に 9 人とする。

　人件費以外の削減策としては、敬老乗車証は 1 回 200 円の自己負担としていたものを 300 円として当面継続する。各種の補助費については、2005 年度の決算額との対比で 8 割を削減するなどとされている。

　以上が再建計画における削減策である。再建計画と再生計

画を比較すると、まず、人件費の支出が再生計画において多くなっている。再生計画では、職員数は人口規模が同程度の市町村で最も少ない職員数の水準を基本とし、給与は全国の市町村の中で最低水準を基本とすることなどを決めている。これらの措置により、人件費は 8 〜 9 億円の範囲に抑えられている。また、扶助費も再生計画の方が支出額が多い。こちらは 10 〜 13 億円の範囲内とされている。これに対し、普通建設事業費は再生計画の方が削減幅が多くなっている。

　再建計画と再生計画のあいだの重要な相違点として、再生振替特例債の導入が挙げられる。これは健全化法において認められた制度である。再建計画の段階では、夕張市の民間金融機関からの借入金に対し、相当額を北海道が夕張市に貸し付けるという支援策が採られた。民間からの借り入れを北海道に対するものに切り替えたのである。ただしこれは一時借入金として行っている。したがって毎年度、借り入れと返済を繰り返しながら、徐々に金額を減らしていくという形になる。

　これに対し、新たに導入された再生振替特例債では、こうした毎年度の借り入れと返済を繰り返す必要はない。この赤字地方債は、3 年間の償還据え置き、償還期間は 17 年、元利均等返済、利子は 1.80％となっている。しかも、利子の一部を国と道が負担し、公的資金である財政融資資金を全額充当し、その他の事業債にも地方公共団体金融機構資金を充当することとなっている。

　健全化法で定められた 4 つの指標では、再生振替債の効果がみてとれる。夕張市のばあい、2008 年度の数値で、実質赤字比率は 703.6％（再生基準 20％、健全化基準 15％）、連結実質赤字比率は 705.7％（再生基準 30 〜 40％、健全化基準 20％）、実質公債費比率 90.4％（再生基準 35％、健全化基準 25％）、将来負担比率

第 8 章　夕張市における破綻と再生への取り組み　　179

1164.0%（健全化基準350%）であった。このうち、実質赤字比率と連結実質赤字比率は、再生振替債の発行により2009年度に一気に解消されている。実質公債費比率は、2029年度で7.4％となり、健全化基準をクリアすることになる。再生振替債の返済は2026年度に完了となっているが、実質公債費比率の数値は過去3カ年分の平均となるため、基準を下回る時期はもう少し遅くなってしまう。将来負担比率は、2023年度に337.5％となり、健全化基準を下回るとされている。

　再建計画と再生計画を通算した財政再建期間は、2007年から2027年までの20年となっている。本書執筆時点の2017年はその折り返し地点に当たる。再建期間の半分まで来た時点での夕張市の状況はどのようなものであろうか。まず、人口はこの年の7月末の時点で8538人と下げ止まっていない。2007年1月時点での人口が12798人であったから、この10年で4千人減少している。毎年の1月時点の人口をみても、コンスタントに300〜500人ずつ減っていることから、減少ベースは一定のまま、歯止めがかかっていない。

　職員数は120名ほどであるが、道などからの派遣による人を除いた職員は100人ほどである。再建・再生の両計画に定められているように、人数・給与水準ともに全国で最も低い水準に抑制されている。

　破綻後の夕張市の状況として特筆すべきは鈴木直道市長の誕生であろう。東京都の派遣職員としてやってきた鈴木は、派遣期間の終了により、一度都庁に戻ったのち、夕張市長選挙に出馬し当選、現在2期目を務めている。初当選当時、30歳という若さであったことに加え、都庁職員というポストを抛ってのものであったことから、全国的にも高い注目を集めた。2017年3月までの再建・再生期間10年のうち、6年が鈴木市政であり、多くの困難があったと考えられるが、現在

でも市民からの支持は厚い。

　鈴木市長の下での夕張市の取り組みは、債務の返済を重視した計画の中で、なんとか市の活力を取り戻すための可能性を探ろうとするものであったと言えよう。市では2015年に、全国の自治体で進められた地方版総合戦略計画の一環として、計画を策定している。その中では、子育て世代が定住してくれず、人口減少が止まらないことをふまえ、2039年までのあいだに、子育てや学校、病院に当てるための予算を、国の制度などを利用しながら確保することに努めている。

　現在の人口減少ペースが止まらなければ、再生計画が終了する予定の2027年には、4000人台に落ち込んでいることになる。高齢化も進むであろう。このことは、税収が落ち込んでいくだけでなく、計画終了後の市の姿が描けないことも意味する。債務は返し終わっても、生活する場としての市は非常に厳しい状況におかれている可能性がある。

　計画期間上は半分の時点まで辿り着いているが、先が見えかかっているというよりは、今後に対する不安がさらに深まってきていると言える。

8-6. 財政再建・再生制度の評価と影響

　本章の最後として、夕張市の事例をとおして、現状の財政再生制度がどのようなものであり、それが市にどのような影響を与えているのかをみていこう。

　第一に、再生計画は、あくまで巨額の債務を返済することを目標としたものである。自治組織としての市や、生活の場となるようなコミュニティを活性化させるということは、念頭におかれていない。名称は再生計画であるものの、実態は返済計画であり、生活の場としての市を再生させようとする

ものではない。

　歯止めのかからない人口流出は、こうした計画の性格を反映しているものと考えられる。その例として、市民病院の診療所への「格下げ」が挙げられる。当初は廃止も検討されていたが、市内には他に総合病院はなく、市民生活に与える影響が甚大であること、また積極的に病院の経営を引き受けてくれる医師が現れたことにより、診療所としての存続が決まった。それでも、いくつかの治療が行えなくなったため、市外の病院への通院を余儀なくされている患者もいる。また、市内に暮らす高齢者は、一人暮らしというケースも多い。そうした人が健康を崩し、市外の病院に入院すれば、そのまま転出ということにもなる。

　小学校は、3つあったものが1校となった。これによって、長時間の通学を強いられる児童もいる。バスなどの通学の便は確保されているが、人数が少ないことと合わせ、思うように部活動ができないことから、市外に転校していくこともある。

　これらのことから、地域社会の中で生じる様々なストレスを引き受けて破綻した財政を再生するための計画が、一転して、地域社会にストレスを与えるという「逆流効果」が生じていることが理解できる。そしてこの逆流効果がさらに地域の衰退を促進している。

　第二に、この再生計画は、債務返済の責任のすべてを市に負わせている。そのうえで、国は、できるだけ特別な救済措置を講じることを回避しようとしている。これは、全国の自治体の多くが財政危機に瀕していることを念頭においているからであると考えられる。今後、夕張市のように財政再生団体になる自治体が出てこないとは限らない。国の夕張市への対処策は、その際のモデルになるであろう。夕張市に対して

何らかの特別な救済策を講じれば、今後それが常態化してしまいかねない。夕張市に厳しく接することで全国の自治体に財政再生団体を回避することを促し、再生団体入りするところが出てきた際にも、国の負担となるような特別な救済策が常態化しないようにする。今回の再生計画には、そうした意図が込められているのではないか。

他方で、夕張市の事例は例外的なものであり、一般化し、他の自治体に当てはめるべきものではないとする指摘がある（光本2011）。例外的な事例であれば、特別な救済策を講じることも可能となる。本書では、この事例は特異なケースではあるものの、その背景には全国の自治体に共通した構造的な条件があるという立場をとる。

これまで分析してきたように、全国の自治体は、財政破綻に追い込まれるような構造的な条件のもとにおかれている。大鰐町の事例がそうであったように、衰退局面に直面した自治体が、現状を打開しようとして、国の政策などもふまえ積極的にうごいたものの、それが失敗して巨額の債務を背負ってしまう。この過程において自治体側の判断がすべて適切であったとは言いがたいであろうが、それでも、自治体は厳しい状況の中で、「負け」につながるようなゲームを展開しがちな条件下におかれている。何かをしようとすればするほど事態が悪化してしまう負のゲームに入り込んでしまう構造的条件がある。

たしかに、すべての自治体が負のゲームにはまってしまっているわけではない。夕張市のケースで言えば、大規模な旧産炭地であったことに加え、中田市長という強烈な個性をもった首長が生まれたことが特殊な個別要因であったということは言えよう。しかしこうした特殊要因も、その背景には、全国の自治体に共通した構造的な条件がある。特殊な個別要

因にのみ着目し、そこにすべての責任を負わせることは、こうした構造的条件に目を向けないことを意味する。

すでに指摘したように、地方財政は、国際社会レベルや国レベルでの政治・経済セクターにおける経営システムの失敗のしわ寄せを最も受けやすい構造になっている。再生計画は、その中で発生してしまった巨額の債務を自治体と住民に責任を負わせる形で返済することを念頭においたものであり、そのしわ寄せを緩和し、市民生活そのものを再生させていくことを意図したものではない。

8-7. 第Ⅱ部のまとめ

最後に、第Ⅱ部で述べてきたことから読み取れる知見を示しておこう。

本書では、社会を政府、市場、市民の3つのセクターに分け、かつ、それぞれのセクターごとに地域、国、国際という3つの水準に分け、計9つのシステムを設けるという枠組みを示している。9つのシステムは、それぞれに固有の内部構造を持ちながら、相互関係を結んでおり、全体として大きな1つのシステムを形成している。財政社会学の視点をとる本書の狙いは、これら9つのシステムの内部構造や相互関係の特徴を、財政を軸にして読み解いていくことにある。

9つのシステムは、内発的ないし外発的な誘因に拠りながら、その内部構造や他のシステムとの相互関係を常に変化させている。起点となる内発的ないし外発的な誘因は、周辺の主体や制度などとの緊張を生み出し、関係主体にとって解決すべき問題として立ち現れる。問題解決の方法は多様であるが、常に、問題そのものがきれいに解消してしまうわけではない。自らのシステムで起きた緊張を他のシステムに転移さ

せることによって、解決を図るという方法もある。

　第Ⅱ部では、夕張市を始めとする旧産炭地自治体を中心に、財政破たんした自治体あるいは財政再建に取り組んできた自治体を考察してきた。この考察においてまず指摘すべきことは、各システムで生じた問題は、財政という回路を通じて、地域社会レベルの政治システム、すなわち地方自治体に収斂する傾向があるということである。これは、経営システム上の課題解決の失敗による負の収斂過程と言いうるものであり、自治体の側にとってはしわ寄せを受けることでもある。

　この自治体に対する負の収斂過程は、複数の経路で生じている。国際社会レベルでの政治システムや経済システム上の課題の解決のため、日本国政府になんらかの対応が求められる。アメリカとの貿易赤字の解消のための内需拡大はその一例である。国レベルの政治システムは、この課題を解決するために、地域社会レベルの政治システムを巻き込む。内需拡大のためにリゾート開発を行うわけである。地域の衰退に苦しむ自治体は、こうしたうごきに乗らないわけにはいかない。

　ところがこの開発には、地域社会レベルからみれば落とし穴がある。事業失敗のリスクを、実質的に自治体財政がすべて引き受けることになる。日本国政府も、融資をした金融機関も、リスクは背負っていない。事業が成功すれば、自治体も恩恵を受けるわけであるが、失敗してしまえば、その負債のすべてを引き受けなければならない。振り返ってみれば、事業そのものが極めて過大で、成功する見込みの低いものであった。

　地域社会レベルの政治システムへの負の収斂の過程は、地域社会レベルでの他のセクターとの関係においてもみられる。第6章で示したフローチャートはこれを示すものである。経済システムを形成している石炭企業は、その最盛期におい

ても、自らの事業活動を支えるためのインフラの整備などにおいて、自治体財政に依存している。インフラは、産業活動に直結するものもあれば、労働者の子弟が通う学校の整備など、間接的なものもある。炭鉱の閉鎖は、旧産炭地の経済システムを窮地に追い込む。職を失った労働者の雇用を確保するためには、行政資金による建設事業が最も手早く、効果的である。事業活動を支えるために整備されていたインフラは、企業の撤退や人口の急減により、デッド・ストックと化す。

　市民社会システムからの収斂もある。炭鉱を抱える企業の中でも大きなところは、病院を運営するなどしていた。撤退する企業は病院も手放すが、市民生活にとっては不可欠なものである。ゆえに自治体が負担する形で病院を存続させることになる。また、行政資金による建設現場での雇用をえている人々は、その継続を行政に求めるようになる。

　自治体の財政は、自らに収斂してくる各種の負担を、受け入れざるをえない。本書の枠組みでは、システムを構成している各主体は、自らの戦略と勢力を持ち、自己の利益を最大化させるように行為している。この枠組みは、自治体にも当てはまる。このような分析枠組みは、ゲームを展開している当事者同士が、同じ条件のもとにおかれた対等な主体であることを意味しない。それぞれの条件の中で、つねに分の悪い手を選択し、その帰結として大きな負けを背負うことになる主体も存在する。これは、「負の選択ゲーム」と呼びうるものである。

　自治体が持つ資源は限られている。その中で、地域を振興させる、あるいは危機的な状況の中で市民の生活を支えるという目的を達成しようとするならば、取ることのできる選択肢は少ない。そしてその選択肢は、自治体財政に少なからぬ負担をかけるものであり、さらなる悪化を促してしまう可能

性もある。自治体は負の選択ゲームに陥っているのであり、財政の破綻はその先にある。

　矢祭町のように、個々の自治体が自力で問題の解決に取り組む事例もみられる。しかし問題は極めて構造的である。構造的に難しい条件の中で、個々の自治体が個別に努力して局面を打開することは、可能ではあるが、全体としては稀なケースと言わざるをえない。

　3つのレベルと3つのセクターにまたがる大きな社会システムは、多くの課題を抱えている。その課題は、それぞれの個別のシステムの中でも顕在化し、解決のための取り組みがなされている。しかしその解決の中で、他に転移された問題は、最終的には構造的に最も立場の弱いところに収斂してしまう。現在の日本の地方財政制度では、それが地方自治体になっているということである。

　地方自治体が直面している課題は、他のレベルやセクターの課題を結びついている。しかし、自治体の周辺で起きている問題を、他のシステムと結びつけて、構造的に理解することは容易ではない。本書の分析枠組みからは、自治体が置かれている構造的緊張の収斂地点という現状が明らかにされたのである。

注

1　2010年秋、関係者へのインタビューより。
2　2008年秋、夕張市民へのインタビューより。

第Ⅲ部

原子力関連施設立地
自治体財政の社会学的分析

第 9 章

原子力エネルギーをめぐる現状

第Ⅲ部では、原子力関連施設の立地自治体の事例を取り上げる。本書が対象とする原子力関連施設は、原子力発電所、核燃料サイクル関連施設、使用済み核燃料の中間貯蔵施設、高レベル放射性廃棄物の最終処分施設である。原発は運転中・停止中・廃炉を含めて、全国で17サイトに57基ある。また、青森県大間町と山口県上関町の2カ所が新規サイトとして建設中である。高速増殖炉の開発用原子炉である常陽やふげん、もんじゅも含めれば、その数は60を超える。核燃サイクルの関連施設は青森県六ケ所村、使用済み核燃料の中間貯蔵施設（未稼働）は青森県むつ市に立地されている*1。高レベル放射性廃棄物は、岐阜県瑞浪町や北海道幌延町に研究施設があるが、最終処分施設は立地地点を選定中である。

福島第一原発の事故以降、大手メディアによる世論調査では、2017年に入っても、原発の再稼働に反対する意見が半数を占める状態が続いている*2。これに対して、原発をはじめとする原子力関連施設の立地地域からは、早期の再稼働を求める声が上がっている。その背景には、よく知られているように、交付金や税収、あるいは雇用などの面での経済効果がある。とりわけ、交付金や税収という自治体財政への効果は大きいとされている。

第Ⅲ部では、原子力関連施設の立地が地域社会にもたらす「恩恵」について、原発、核燃サイクル施設、使用済み核燃中間貯蔵施設の立地地域を中心に検討する。そして、これを受けることによって地域社会や原子力政策そのものにどのような影響が出ているのかを分析していく。

9-1. 第Ⅲ部での分析視点

第Ⅲ部では、第Ⅰ部で示した分析枠組みを原子力関連施設

の事例に適用していくが、そのポイントを示しておこう。

　まず、9つのシステムによる分析枠組みを当てはめよう。本書において原子力関連施設の立地に関わる問題の分析は電源三法交付金と税収による自治体財政への影響を中心としている。したがって、国レベルの政府と自治体の関係が考察の対象となる。この部分の考察は、経営システムと支配システム、戦略分析の視点から行うが、他のシステムが全く関わらないということではない。政府のエネルギー政策は、国際社会の動向と、国内の市場セクターにおけるエネルギー産業の状況に大きく左右される。国際社会レベルでは、開発途上国や国際原子力機関（International Atomic Energy Agency, IAEA）など、原子力エネルギーを推進しようとする国や主体が少なくない一方、再生可能エネルギーの普及が進んでおり、原子力から離れようとする国も出てきている。

　国内の原子力産業においては、東京電力をはじめとする原発を保持している電力会社だけでなく、東芝や日立、三菱重工などの原発メーカーを含めた「原子力ムラ」と呼ばれる勢力が、依然として一定の力を維持している。

　政府と自治体という2つのシステムの関係は、こうした国際社会や国内の原子力産業の動向に左右される。とくに国際社会の動向は、政府にはコントロールすることが出来ない。石炭のときのように、国際社会の中で原子力から離れるうごきが強まり、それに応じて、国内産業でも原子力を維持することが困難になったばあい、そのしわ寄せが、地域社会に押し寄せてくることは十分に考えられる。

　経営システムと支配システムの視点からの分析は以下のようになる。原子力関連施設という高度な危険性の伴う施設の立地場所を探すことは、政府や電力会社など立地する側の主体にとっては、経営システム上の課題として位置づけられる。

第9章　原子力エネルギーをめぐる現状　　193

電源三法交付金の制度をはじめとする経済・財政的なメリットの提供による立地の促進は、この課題の解決を促すための手段であり、自らの資源を用いた戦略である。この戦略は政府にとっては合理的なものであるが、国際社会の動向によって左右されるものであり、状況の変化によっては合理性を欠くことになることもある。

他方、受け入れ候補地の側は、地域の活性化という経営課題を抱えている。かれらがこの課題の解決に用いることのできる資源は限られており、原発などの迷惑施設を受け入れることによって経済・財政効果を得られるということは、魅力的な解決策の1つとみなされうる。積極的にこうした施設を受け入れることを、地域活性化のための合理的な戦略とする関係者も少なくない。しかしこの解決策が地域の振興につながるものであるのかどうかを疑問視する指摘も多い。本書でも、原子力関連施設の経済・財政的なメリットとデメリットについて検討していく。

原子力関連施設の立地は、また、支配システム上の問題を引き起こす。この問題は、立地の過程において、地域内での合意形成が不十分なまま計画が進められてしまったり、計画や事業が進む中で、意思決定権を実質的に失い、不本意な条件や施設を受け入れざるをえなくなったりするとう形で立ち現れる。これは、道理性に関わる問題である。

原子力関連施設の立地は、経営システムと支配システムの双方の文脈の課題を生み出すが、これらは逆連動という形をとる。立地による経済・財政効果が巨大であることは、一時的な地域の活性化をもたらすが、最終的に原発の増設を求めざるをえなくなるなどのように、地域社会の自律性を損なう。経済・財政的なメリットが発揮されれば、立地は進み、地域社会も潤う。メリットが明らかになれば、当初みられたリス

クへの不安も小さくなる。これは一見すると経営システムと支配システムの正連動である。しかし、その後の依存の深まりをふまえれば、こうした形での連動は恒常的なものではなく、逆連動に転じていく可能性を常に孕んでいる。この逆連動の結節点にあるのが、電源三法交付金を軸とした財政制度である。

　2つのシステムの連動は、政府にとっても好ましくない帰結をもたらす。原子力発電所や核燃サイクル施設の立地において積み重ねてきた受け入れ地域との約束が、核燃サイクル政策の方向転換と、高レベル放射性廃棄物の最終処分施設の立地選定をより困難なものとしている。一時的な正連動の作動の中で支配主体と被支配主体とのあいだで取り交わされた約束が、支配主体にとっても制約条件となっている。経営システムと支配システムの逆連動は、被支配主体のみならず、支配主体をも制約してしまう。

　以下では、上記のような視点にもとづきながら、経済・財政効果によって立地を促進するという手法が、原子力関連施設を受け入れた地域社会に与えた影響と、政府に対する新たな制約条件を生んでいる状況を分析していく。

9-2. 原子力エネルギーをめぐる現状

　まず、国内の原子力エネルギーに関するこれまでの経緯と現状を、原子力発電所の立地、核燃サイクル、高レベル放射性廃棄物をキーワードに、本書での議論に必要な範囲でまとめておく。

9-2-1. 原子力発電所の立地

　国内の原子力発電所は、運転段階にあるものは43基であ

る (2016年9月時点。以下、原発の基数について、とくに断りがないかぎりは、この時点のものである)。ただし大半が停止中であり、原子力規制委員会による新規制基準適合性審査を経て、稼働にまで至ったのは、高浜原発3号機と4号機、伊方原発3号機、川内原発1号機と2号機のみである。このうち、高浜原発の2基については、2016年3月9日の大津地方裁判所による再稼働禁止の仮処分命令によって運転を止めている。このほかに、廃炉が決まっているものが16基、建設段階にあるものが3基あるほか、安全審査段階にあるものや、試運転を中断し廃炉が取りざたされているもんじゅがある。

　原発の設置時期をみてみると、各サイトの1号機の着工は、最も早い東海原発で1960 (昭和35) 年である。1960年代の1号機着工は、この他には敦賀、福島第一と美浜のみである。各サイトでの1号機の着工が最も多かったのは1970年代であり、1980年代以降は、泊 (84年)、志賀 (88年)、東通 (98年) となっている。これら3カ所についても、計画構想は60年代から出ていた。

　一方、原発の候補地として名前が挙がりながら、最終的に建設が断念されたり、実質的に計画が頓挫した地域も少なくない。三重県の芦浜、福島県の浪江・小高、新潟県の巻、宮崎県の串間などである。これらの地点での計画構想は、芦浜のように60年代という地域もあるが、串間のように80年代以降というところが多い。総じて、計画構想時期が遅くなるほど、実現が困難になっている (原子力資料情報室編、2015: 73)。

　その背景には、原発のリスクに対する認知が高まったことが挙げられる。60年代の夢のエネルギーとしての期待は、スリーマイル島での事故などにより、事故リスクの存在が広く認知されるようになるにつれてしぼんでいく。原発に対する立地地点周辺の住民の姿勢もこれに応じて変化し、慎重な

態度をとったり、強力な反対運動を展開することが多くなってきた。新規サイトの立地が困難になるにつれ、原発は既設サイトでの増設が多くなる。世界最大とされる柏崎・刈羽原発には7基、福島第一で6基もの原子炉が設けられたのは、こうした背景のゆえである。

　本書で検討を加える電源三法交付金は、こうした原発立地の状況変化と密接に関わっている。制度の詳細は次章で述べるので、ここでは、やや長期的な視点から把握できるこの制度の特徴を指摘しておく。

　第一に、電源三法制度は当初から原発のみを対象としていたわけではない。発電所の立地が困難であることは、原子力発電所にかぎった話ではない。60年代から70年代にかけて、当時の主力であった火力発電所の建設も、周辺環境に対する公害への懸念から難航することが多かった。裁判闘争に持ち込まれたケースも珍しくはない。こうした立地難に直面した電力会社は、個々の努力では解決できないと判断し、政府の支援を仰ごうとする。電源三法はその産物である。現在でも制度としては、原発だけを対象とするものではない。しかし、原子力エネルギーが脚光を浴び、さらにはその危険性も認知され、立地が困難になる中で、実質的には原子力発電所設置のための制度として機能するようになっている。

　第二に、電源三法制度も、幾度となく「改正」を繰り返しており、その中で少しずつ性質を変えてきている。当初は、新規の立地を促すことを主眼としており、立地受け入れから運転開始までの助成金が手厚かったが、新規立地の計画が難航することが多くなるにつれて、既設地点への長期的な補助を手厚くしてきている。交付金の使途も幅広くなり、一般財源化とも呼べる傾向を示している。このことは既設サイトを抱える自治体の、立地による恩恵への依存を高めていく効果

を持つ。

9-2-2. 核燃サイクル政策

　日本の政府は、原子力発電所の建設を推進し、原子力による発電割合を増やすことと同時に、核燃料サイクルの導入を推し進めてきた。核燃サイクルは、原子力発電所で出た使用済み核燃料をプルトニウムやウランを取り出す形で再処理し、それを加工してMOX燃料を作るというものである。この燃料を高速増殖炉で燃やすことで、消費した分を超える量の核燃料物質＝プルトニウムを生産できることから、無限に近いエネルギーを得られる夢の計画として、日本にかぎらず、原子力発電を導入した国の多くがこぞって推進してきた。しかし、技術的に期待されていたほどの成果は上がらず、失敗が繰り返されてきており、このサイクルを完成させた国はない。高濃度の汚染を生み出す危険がある一方で、巨額のコストを要することから、アメリカやドイツを中心に、実質的に撤退している国が多い。日本は依然として核燃サイクルを推進する政策を転換していないが、現時点では少数派となっている。

　日本における核燃サイクル関連の施設は、ウラン濃縮工場、再処理工場、MOX燃料工場、低レベル放射性廃棄物埋設センター、高レベル放射性廃棄物貯蔵管理センターが青森県の六ケ所村に立地している。他に関連する施設としては、茨城県東海村に、再処理工場と高速増殖炉の実験炉である常陽が、福井県敦賀市に原型炉であるもんじゅがある。高速増殖炉の開発は、実験炉、原型炉、実証炉と進むとされているが、日本では実証炉の段階まで辿り着いていない[*3]。

　核燃サイクルは、ウラン濃縮工場、再処理工場、MOX燃料工場と高速増殖炉が操業してはじめて完結する。このうち、

2016（平成28）年時点で本格操業しているのはウラン濃縮工場のみで、再処理工場は使用済み核燃料を用いたアクティブ試験の段階にあるものの、本格的な稼働はすでに20回以上にわたって延期を繰り返している。MOX燃料工場は東日本大震災の影響で建設が止まっており、高速増殖炉は原型炉であるもんじゅの段階で多くの失敗を繰り返している。もんじゅは1985（昭和60）年に着工し、1994（平成6）年に初臨界を達成したが、1997（平成9）年3月のナトリウム漏れ事故の発生やその際の処理方法の問題など、多くの不祥事を起こしてきており、ほとんど稼働してこなかった。2016年に廃炉が決まっている。

　核燃サイクルの完成の見通しが立たない一方、フランスやイギリスでの再処理により、プルトニウムの抽出が行われ、40〜50トンが国内に搬入されるか、海外で保管されている。このプルトニウムは核兵器の製造に不可欠のものであることから、国際的には保有が厳しく監視されている。日本の保有量は原爆数千発分に相当する。核燃サイクルにおいて使用するという理由づけて保有が認められているが、その開始の目処が立たない中で大量に保有することは、望ましくない。そのため、政府は海外で製造したMOX燃料を国内の軽水炉（通常の原発）で燃やすプルサーマルを開始し、プルトニウムを少しでも使うようにしている。しかしながらプルサーマルは、当初の構想には含まれていなかったものであり、安全性や経済性の面で大きな問題を抱えている。

　この六ケ所村に隣接する東通村には原子力発電所があり、近隣のむつ市には使用済み核燃料の中間貯蔵施設、大間町には、建設中の原子力発電所がある。これらの自治体を含む下北半島は、わが国有数の原子力関連施設の集中立地地域である。六ケ所村を含むこの地域は、政治的・経済的な面などに

第9章　原子力エネルギーをめぐる現状　　199

おいて、日本国内で経済面などで周辺に位置づけられる青森県の中でもさらに周辺に属する。これらの地域も、電源三法交付金をはじめとする原子力関連施設立地による利益を享受している。

六ケ所村への核燃サイクル関連施設の立地にあたり特徴的なことは、当初計画されたむつ小川原開発計画が、このような地域を工業化することで活性化させようという計画であり、原子力関連施設の誘致を中心としたものではなかった点である。むつ小川原計画が立案された当時は高度経済成長期であり、地域からも多くの期待を集めた。しかしオイルショックなどによって経済状況が大きく変化する中で、企業の進出がほとんどなく、工業地帯を形成するという計画は頓挫してしまう。他方、企業の進出を見越した土地の買収は青森県が設置した公社によって着々と進められていた。その結果、買い手がつかず、行き先のなくなった広大な土地と、その購入資金を確保する際に生じた多額の債務が残ってしまう。そこに核燃料サイクル施設が進出してきた。青森県内や六ケ所村内では、当初の開発計画やその後の核燃サイクル計画に対しては、批判的な声も多く、反対運動が展開された。この運動は現在も継続しているが、立地の流れを止めることはできず、今日に至っている。

9-2-3. 高レベル放射性廃棄物問題

この核燃サイクル問題と切り離すことのできない問題が高レベル放射性廃棄物の処理問題である。原子力発電所は、平常通りに運転していても、様々な廃棄物を生み出す。これらの廃棄物はいずれも放射能を帯びており、これらをどのように処理するかは、原子力利用の歴史の当初から重大な課題であり続けている。中でも、原子炉で焼却された後の使用済み

核燃料と、再処理の過程で生じるガラス固化体は、非常に高い放射能を帯びていることから、高レベル放射性廃棄物として、処理方法の模索が続けられてきた。原子力を利用し始めた当初は、効果的な処理技術の開発も期待されていたが、未だ十分な成果は挙がっていない。海洋投棄も模索されたが、1972（昭和47）年のロンドン条約で禁止されている。現在は300mほどの地下に深く埋めてしまうという地層処分を、日本を含めた各国が採用している。

　ただし、この地層処分を行うための立地点の選定は、多くの国で難航しており、決定の上、建設が着工されているのはフィンランドのみである。スウェーデンでも立地点は決定している一方、アメリカのヤッカ山や、ドイツのゴアレーベンなどのように、いったんは決定したものの、その後の反対運動などによって白紙に戻ったというケースもみられる。フィンランドやスウェーデンの立地点は、原発サイトに隣接している。原子力関連施設を受け入れたことのない地域が、高レベル放射性廃棄物の処理施設を受け入れたという実績は、世界的にみても例がない。

　日本では、2000（平成12）年にNUMOを発足させ、当初は自治体側からの応募を待つという公募方式を採っていたが、これまでのところ、実質的な応募はない[*4]。首長などが関心を示し、六ケ所村に視察に行くなどした自治体もあったが、当該自治体内の住民の反対は非常に強く、また、近隣の自治体や知事からも懸念が示されることで、早期に断念している。

　こうした動向をふまえ、国は政府が積極的に関与するとして、2017（平成29）年7月に科学的特性マップを公表している。これは地震の有無などの科学的特性にもとづき、基準を満たした地点を提示したものだが、国土の3〜7割を適地とするものであり、立地推進への効果は不明である。

高レベル放射性廃棄物の処理施設の立地選定が難航している理由は、処分されるものが高いレベルの放射能を帯びている危険度の高いものであること、期間が数万年という途方もない長期間に上ること、そうしたものを引き受けることによる地域社会への悪影響が懸念されること、日本にかぎれば地震が多発しており長期間にわたる地層の安定性に疑念が持たれていることなど、様々である。2012（平成24）年9月には日本学術会議が、この問題への対処方法に関する諮問を受け、「高レベル放射性廃棄物の処分について」という答申を出している。その答申では、これまでの原子力政策の進め方に対する方針の転換を求めていたが、これまでのところ、政府は方向性を変えていない。

　核燃サイクルで再処理されるのは、使用済み核燃料である。それゆえに、六ヶ所村には、高レベル放射性廃棄物貯蔵管理センターが立地され、ここに全国の原発から出た使用済み核燃料の一部が貯蔵されている。ただし、同村内の施設はすでに満杯近くになっており、同村に搬入できない分については、各地の原発敷地内に保管されている。むつ市に建設された中間貯蔵施設は、この不足分を補うためのものである。

　下北半島には使用済み核燃料の多くが搬入されている。その一方で青森県は、高レベル放射性廃棄物の最終処分地になることを強く拒否している。こうした状況が持つ意味については第11章で分析していく。

　以下の章では、第10章で原子力関連施設の立地による経済・財政効果の特徴についてみていく。第11章で原子力発電所、核燃サイクル施設、使用済み核燃料の中間貯蔵施設の立地地域の事例を取り上げその効果を検討する。第12章では電源三法交付金制度をを中心に、本書の枠組みをふまえた

分析を行っていく。

注

1 　茨城県東海村の再処理工場と常陽、福井県敦賀市のもんじゅは除く。
2 　2017 年 2 月 21 日の朝日新聞で反対 57％、賛成 29％。3 月 13 日の毎日新聞で反対 55％、賛成 26％。
3 　常陽は 1977 年に臨界を達成している。
4 　高知県東洋町が 2006 年に文献調査に応募したが、翌年に撤回している。

第 10 章
原子力関連施設立地の経済・財政効果と特徴

10-1. 原子力発電所の立地による地域経済の浮揚効果

　原子力関連施設の立地による地域社会への効果は、直接的な経済の浮揚効果と自治体の財政効果に分けられる。これらの効果には先行研究も多いが、最も早い時期から原発が建設され、今でも国内有数の集中立地地帯である福井県に関するものが、福井県立大学経済研究所によるものを中心に充実している。また、7基もの原子炉を抱える柏崎刈羽原発のある新潟県に関する研究も多い。以下、本節で福井県と新潟県に関する先行研究を中心に、原子力発電所の立地が地域経済にもたらした浮揚効果についてみたのち、次節で、財政効果について検討していく。

　結論から述べておくと、原発の立地と稼働による雇用創出などの経済浮揚の効果はさほど大きくない。この点は、ニュアンスの差こそあれ、福井県・新潟県以外の地域を対象にしたものも含め、多くの先行研究においてほぼ一致している。経済効果の多くは大都市部へ流出しており、立地点での歩留まり率は低いからである。原発の立地による地域への効果は、後述する財政効果の方が圧倒的に大きい。

　ただし、経済効果がさほどでもないということは、原発に関わる経済の規模が小さいことを意味するものではない。巨大な施設である原発は、それ自体としては多くのお金を動かしている。立地している自治体の人口や経済規模によっては、その効果は相対的に大きくなる。この傾向は、規模の小さな自治体での財政効果において、最も顕著に現れる。

10-1-1. 建設段階の効果

　原発の経済効果は、建設段階のものと運転段階に分けられる。建設段階の効果については、岡田・川瀬・にいがた自治

体研究所編 (2013) での指摘がある。同書は敦賀市のふげんと
柏崎・刈羽原発 1 号機の効果について、地元の自治体や商工
会議所がまとめた報告書をふまえて分析している。その指摘
によれば、いずれのケースでも、地元企業への発注などによっ
て地域経済効果を生み出すのは、総建設費の 4 分の 1 程度で
あり、他は県外への発注である。その理由については、原発
そのものが原子力産業に属する独占企業が作り出したもので
あり、建設にあたってはそれらの企業に発注せざるをえない
こと、それらの企業は東京に本社を置く大企業であることか
ら、地域外に流出していくためとされている。建設に従事す
る作業についても、地元の雇用は 30 ～ 40％ほどである。こ
れらの作業員が地元で消費する分などを含めても、地域への
経済効果は限定的なものであると言えるだろう。

10-1-2. 運転段階の経済効果

運転段階の経済効果はどうであろうか。原発の運転による
地元への経済効果は、県民経済計算あるいは市町村民経済計
算において算出されている県内 (市町村内) 総生産に占める雇
用者所得や、固定資本減耗の割合をみることで理解すること
ができる。

福井県では、原子力産業の存在感の大きさは、他県のデー
タと比較しても明確である。総生産に占める電気業の割合
は、2001 (平成13) 年から 2010 (平成22) 年までの期間でみた
ばあい、全国平均が 1.2％～ 2.0％であるのに対し、福井県
では 11.7％～ 14.1％と、極めて大きくなっている。福井県
の代表的な地場産業とされる繊維業・精密機械業の割合でも、
前者が 2.1％～ 3.4％、後者が 0.8％～ 1.3％となっており、
いかに電気業の経済規模が巨大であるかが理解できる (井上
2014:75-76)。この傾向は、立地市町村においてより顕著である。

福井県内の立地点以外の市町村の総生産における電気業の割合が 2001 年度の数値で 3％程度であるのに対し、美浜町で 5 割前後、高浜町とおおい町では 7 ～ 8 割と非常に高くなっている。立地点の中では比較的数値の低い敦賀市でも 2 割前後である（井上 2014:78）。

　このように大きな経済規模を誇る原子力産業であるが、これがそのまま地域に経済効果をもたらしているわけではない。例えば福井県内の電気・ガス・水道業における固定資本減耗の割合は 56.8％と、他の産業の 24.9％と比較して高くなっている（2010 年度）[*1]。原発の設備は県外から調達されているものが多いため、固定資本減耗分の大半は立地地域外に流出していくことになる（井上 2014: 76）。経済規模は大きいが、地元での歩留まりが低いため、地域経済の効果が限られてしまっている。

　新潟県の柏崎刈羽原発についても、県民（市民）経済計算に依拠しながら、市・村内の総生産に対する市民所得の割合をみている研究がある。岡田・川瀬・にいがた自治体研究所（2013）では、2005（平成 17）年度と 2009（平成 21）年度の新潟県市町村民経済計算をもとに、市内総生産に占める市民所得の割合を、所得の地元歩留まり率として算出している。2005 年度と 2009 年度の数値をみてみると、柏崎市で 60％と 69％、刈羽村で 29％と 50％となる。同じ数値を近隣自治体と比較してみると、三条市が 68％と 69％、新発田市が 80％と 77％、出雲崎町が 69％と 79％、新潟県が 72％と 71％になっている。柏崎市では、近隣の自治体と大差ないか、低くなっており、刈羽村は明らかに低く出ている。

　柏崎市と刈羽村で 2005 年度から 2009 年度にかけて大きく数値が変化しているのは、この間に大きく電気・ガスの総生産額が落ち込んだためである。この数値は電気業も含めた

全産業を表しているが、福井県内と同様に、両自治体においても、電気・ガス産業が占める割合が高くなっているために、この産業の変動による影響を強く受けることになる[*2]。電気・ガスの総生産額が落ち込む一方で、他の産業も含めた歩留まり率が上昇していることは、電気・ガス産業における歩留まり率が、他の産業と比べて低いことを示している。原発が関連した産業の歩留まり率は低く、原発を立地していない自治体の歩留まり率は立地自治体のものよりも高い。

　こうした現象を起こしている固定資本減耗分の高さ、雇用者報酬の地元歩留まりの低さは、原子力発電所が装置産業であることに由来する。地域外に拠点を置く事業者が、やはり地域外で装置を調達し、地域内に設置している。地域は装置を置かせているだけであり、それによって地元に還元される利益は非常に限られたものとなる。

　また、高度な技術が用いられていることや、設置事業者が以前から取引のある事業者へ発注することから、地元の製造業との結びつきも弱い。福井県は、福井市を中心とした嶺北と、敦賀市があり原発が立地している嶺南の2つの地域に分けられる。県内の製造業は以前から嶺北地域が強く、嶺南地域は弱かったが、原発が多く立地し相応の年数が経過した時点でも、この傾向に変化はない。製造業を始めとする地域の産業に対する効果がさほどでもない点については、新潟日報による調査も同じ結果を得ている（新潟日報特集「100社調査」）。その中でも比較的利益を得ているのは建設業であるが、こちらは、後述するように、財政効果を経由しているものが多い。

　以上のように、原子力発電所の立地による地域への直接的な経済効果は、さほど大きなものではない。本格的な操業の見通しが立たない核燃サイクル関連施設の現時点での効果や、使用済み核燃料の中間貯蔵施設および放射性廃棄物の処

分施設の直接的な経済効果は、さらに限定されるとみられる。

10-2. 財政効果の概要

　直接的な経済浮揚効果が限定的であることに比べれば、交付金や税収入による自治体財政への効果は大きい。厳密には立地自治体の規模に左右されることになるが、総じて小さくはない効果がある。

　自治体への財政効果をもたらすものは、国から交付される電源三法交付金のほか、法人県民税、法人事業税、法人住民税、固定資産税など法にもとづいた国税、そして核燃料税など各自治体の条例によって課されている税に分けられる。これに電力事業者からの寄付金が加わる。

　これらの収入は、県と市町村の双方に直接入るもの(交付金)、県に入るもの (国税のうち法人県民税・法人事業税)、県に入ったのち一部が市町村に分配されるもの (条例による税) *3、市町村に入るもの (国税のうち法人住民税、固定資産税、寄付金) という形でも分けられる (固定資産税については、金額が大きいと一部が県の収入になることもある *4)。

　以下ではまず、これらの収入についてそれぞれの概要をみていく。個別事例の分析は後に行うが、以下の説明では、具体的な数値については福井県のものを中心に具体例に言及する。

10-2-1. 電源三法交付金

　電源三法交付金は、「電源開発促進税法」 (税法)、「電源開発促進対策特別会計法」 (特別会計法)、「発電用施設周辺地域整備法」 (整備法) の三つの法によって構成されている。「税法」は 70 年に制定されていたが、三法が揃う形で制度化された

210

のは 1974（昭和 49）年である。「税法」でお金を集め、「特別会計法」でこれを入れる財布を作り、「整備法」で使い方を定めるという構図である。制度そのものは水力発電（ダム）なども対象として含めているが、これまでの実績として、大半は原子力関連施設を対象に交付されており、近年では原子力を優遇する傾向が制度的にも強められている。

　この制度は、創設以来、各種の見直しを繰り返してきた。「税法」に定められている電源開発促進税については、1970（昭和 45）年には 1000kwh あたり 85 円とされていたものが、順次引き上げられ 83（昭和 58）年には 445 円となった後、段階的に減税され、2007 年で 375 円となっている。2015（平成 27）年度の税収は約 3200 億円である（財務省ウェブサイト：平成 27年度　平成 28 年 4 月分国庫蔵入歳出状況）。また 1980（昭和 55）年には、電源開発促進対策特別会計の内訳が、電源立地勘定と電源利用勘定と 2 つの区分に分けられている。この特別会計は、2007（平成 19）年度に行政改革推進法に基づいて石油及びエネルギー需給構造高度化対策特別会計と統合され、エネルギー対策特別会計となっている。

　自治体や地域社会への影響という点で注目すべきは、「整備法」に定められている交付金制度である。この制度も変更が繰り返されているが、重要な点は、80 年代以降の①交付対象項目の多様化と②交付期間の長期化、そして③ 2003（平成 15）年以降の一般財源化である。

　図 10-2 にも示されているように、「〇〇交付金」としてメニューが設けられている。この交付金の種類が多様化するなかで、交付対象となる期間や用途も拡大されてきた。制度創設時は、交付期間は原発の運転開始までであった。これが 80 年には、運転開始後 5 年までに延長され、その後はさらに拡大している（図 10-1、10-2 参照）。また、2003 年の改訂の

際には、使途が地域産業振興や福祉サービスなどのソフト事業にも拡大され、公債費など一部の費目を除いて適用可能となっている。交付金を受け取る立地地域からみて、より長期的に交付され、より手厚く、より使いやすいものとなるように変更されてきている。交付金の一般財源化が進んでいると言える。

　では、原発を立地すると、どのくらいの交付金を受けとることができるのか。多くの原発が立地している福井県の事例をみてみると、表10-1のようになる。

　37年間で3461億円であるから、年平均で約95億円が交付されている。福井県や立地4市町の財政規模は、県が約5000億円、敦賀市が約290億円、美浜町約79億円、おおい町約109億円、高浜町約92億円（数字は2001年から2009年の平均値、三好2015）である。市町村であれば37年間で1639億円、年平均42億円であるから、自治体の規模によっては小さくない割合を占める。

　経済産業省資源エネルギー庁が発行している「電源立地制度の概要」「電源立地制度について」というリーフレットによれば、出力135万KWの原子炉1基を新設したばあいの財政効果は、45年間で1240億円にも上る。モデルケースとして示されている図10-1・10-2によれば、環境影響評価開始の翌年に5.2億円が交付されるのを皮切りに、着工年度である4年目に74.5億円、5年目と6年目には期間中の最大金額である77.5億円が交付されることになっている。建設終了と運転開始が10年目に設定されているが、10年間の交付金額は約449億円とされている。運転開始後は、39年目まで、20億円あまりの時期が続く。そして交付開始から40年目、運転開始から30年目に約30億円近くにまで上昇する。

　このモデルケースは、建設が始まってから運転開始までの

表 10-1　福井県および県内市町村への電源三法交付金交付実績

(1974-2010 年分)

Ⅰ．電源立地地域対策交付金：2759 億円
①電源立地促進対策交付金：県・市町村で 735 億円
②電源立地特別交付金分のうち原子力発電施設等周辺地域交付金枠：県・市町村で 500 億円
③電源立地特別交付金分のうち電力移出県等交付金枠：県のみ 895 億円
④原子力発電施設等立地地域長期発展対策交付金：4 市町で 491 億円
⑤電源立地等初期対策交付金：県・市町村で 55 億円
⑥電源地域産業育成支援補助金：県・市町村で 35 億円
⑦水力発電施設周辺地域交付金：市町村のみ 33 億円
Ⅱ．電源立地等推進対策交付金：332 億円
①広報・安全対策等対策交付金：県・市町村で 60 億円
②放射線利用・原子力基盤技術支援研究推進交付金：県のみ 63 億円
③リサイクル研究開発促進交付金：9 市町村で 53 億円
④原子力発電施設等立地地域特別交付金 3 市町 100 億円
⑤高速増殖炉サイクル技術研究開発推進交付金：2 市町 29 億円
⑥原子力発電施設立地地域共生交付金：30 年超の施設、県と 3 町で 6.7 億円
⑦核燃料サイクル交付金：高浜町に 2 億円
Ⅲ．原子力施設等防災対策等交付金：212 億円
Ⅳ．電源立地等推進対策補助金：153 億円
累計 3461 億円（うち市町村 1639 億円、県 1809 億円、その他の団体 14 億円）

出典：平岡（2014）をもとに筆者作成

時期を中心としたものであるが、既述したように、交付時期が延びる方向で制度の「改正」が加えられてきた。具体的には、運転期間の長くなってきた原発の立地地域への対応から、運転開始 30 年目から交付されるものが増えてきている。固定資産税の減少は多くの自治体を悩ませるが、運転開始 30 年目から交付される交付金は、こうした問題を解決することができる。「つなぎ資金」としての性質は維持しつつも、固

第 10 章　原子力関連施設立地の経済・財政効果と特徴　　213

原子力発電所が建設される市町村等には、電源立地地域対策交付金等による財源効果がもたらされます。

出力135万kWの原子力発電所が新設された場合、その地域(所在市町村、周辺市町村、都道府県)にもたらされる電源立地地域対策交付金等による財源効果のモデルケースです。

また、発電所立地によるメリットは、このモデルケースにあげられた交付金以外にも各種交付金や補助金が活用できるほか、固定資産税の増収、建設工事に伴う雇用拡大等、経済波及効果が見込まれます。

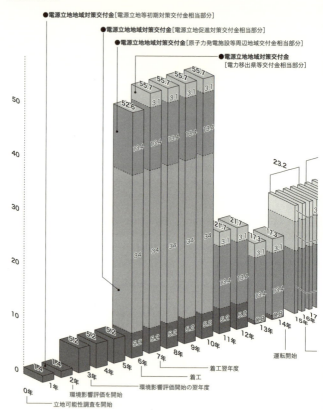

図10-1　財源効果のモデルケース（資源エネルギー庁 2016）

電源立地地域対策交付金	約1,340億円
電源立地等初期対策交付金相当部分	約56億円
電源立地促進対策交付金相当部分	約170億円
原子力発電施設等周辺地域交付金相当部分	約657億円
電力移出県等交付金相当部分	約273億円
原子力発電施設等立地地域長期発展対策交付金相当部分	約184億円
原子力発電施設立地地域共生交付金	約25億円

■モデルケース

出力135万kWの原子力発電所の立地にともなう財源効果の試算(運転開始まで14年間～運転開始翌年度から40年間)
使用済燃料プールの貯蔵能力:700トン、一炉心:150トン

建設期間8年間

※実際の金額は立地地点の状況や開発スケジュールなどによって異なります。

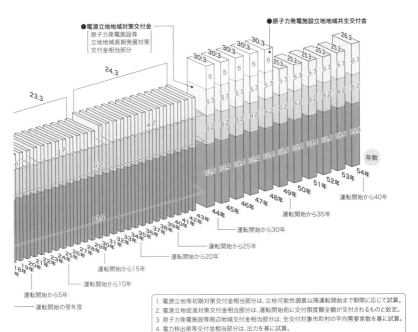

1. 電源立地等初期対策交付金相当部分は、立地可能性調査以降運転開始まで期間に応じて試算。
2. 電源立地促進対策交付金相当部分は、運転開始前に交付限度額全額が交付されるものと仮定。
3. 原子力発電施設等周辺地域交付金相当部分は、全交付対象市町村の平均需要家数を基に試算。
4. 電力移出県等交付金相当部分は、出力を基に試算。
5. 原子力発電施設等立地地域長期発展対策交付金相当部分は、高経年化炉または使用済燃料に対する加算措置分を含む。
6. 原子力発電施設立地地域共生交付金は、交付期間の年間に均等交付した場合の試算。

第10章 原子力関連施設立地の経済・財政効果と特徴　215

定資産税に減少を補う役割を持ち始めていることから、運転開始前だけという一過性的な面は弱くなりつつある。

このような電源三法交付金制度には、いくつか特異な点があると指摘されている（岡田・川瀬・にいがた自治体研究所 2013）。第一に、交付額の決め方である。発電量に応じて決まるものであり、自治体側の財政規模や行政需要は考慮されていない。自治体財政の基本は量出制入である。地域の財政需要を見定め、それに必要な金額の税収を確保するという趣旨である。自動的に入ってくる金額の決まるこの交付金制度は、この原則からみれば反対の論理に基づいている。また、自治体財政としては、年度ごとの決算において黒字額が大きくなることは望ましいことではない。利益を上げることが目的ではない以上、入ってきたお金は残さずに住民サービスに使用した方がよい。そのため、発電量に応じて決まる巨額の収入を、無理に使わなくてはならないという状況になる。この点は、後述する固定資産税にも当てはまる。

第二に、補助金ではなく一括交付金となっている点である。補助金でない以上、いわゆる「補助裏」の負担は発生せず、全額を交付金で賄う形で施設整備をすることが可能である。合わせて、使い途が多様化していることから、自治体としては非常に使いやすいものとなっている。用途があまり限定されず、補助裏もないということは、実質的には一般財源に近い形で使用できることを意味している。

端的に言えば、自由に使えるお金が必要以上に入り、かつ、それを使い切らなければならないということである。こうした状況は、財政規律の弛緩と交付金への依存度の高まりという帰結を生みやすいものであると言えよう。そしてこの傾向は、元々の財政規模の小さな自治体ほど顕著になる。

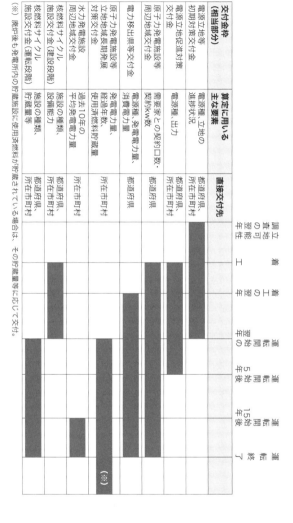

図10-2 電源立地地域対策交付金の概要（資源エネルギー庁 2016）

10-2-2. 法人県民税・法人事業税・核燃料税等

　原発など原子力関連施設の立地道県の財政にもたらされる税収として、国税による法人県民税、法人事業税と、条例によって課される核燃料税などがある。

　県民税と事業税を比べると、額が大きいのは事業税である。県民税・事業税ともに、事業者ごとの内訳は公表されていないが、福井県での 2005 (平成 17) 年度と 2006 (平成 18) 年度のデータでは、福井県の県税歳入のうち、法人県民税が占める割合は 5%強である。原発を保有する電力事業者の納税分は、さらにこの一部となる。これに対し、事業税は、県税歳入の 3 割を占め、電気・ガス業の単独でも 7 ～ 8%となる。

　これに次いで歳入額が大きいのが核燃料税であり、5 ～ 6%を占めている。電気・ガス業の事業税と核燃料税の 2 つで、福井県税歳入の 13 ～ 15%を構成している。1980 年代後半には 4 分の 1 を超えたこともあり、2003 年にも 2 割を超えている。他の歳入で大きな割合を占めているのは、個人と法人を合わせた県民税 (2割強)、自動車税と地方消費税 (それぞれ 10 ～ 15%) であるから、電力・原子力関連の歳入が大きな意味を持っていることがうかがえる。

　福井県と同様に核燃料に課税するための条例は、2015 年 4 月 1 日までに、原発を立地しているすべての道県が制定している。福井県のほかは、北海道、青森県、宮城県、茨城県、静岡県、新潟県、石川県、島根県、愛媛県、佐賀県、鹿児島県である。福島県も条例を制定していたが、2012 年 12 月 31 日に失効した。福井県は、この条例を最も早く 1976 (昭和 51) 年に制定している。以降は、1977 (昭和 52) 年の福島県から、1978 (昭和 53) 年の茨城県、1979 (昭和 54) 年の愛媛県・佐賀県、1980 (昭和 55 年) の静岡県・島根県、1983 (昭和 58) 年の宮城県・鹿児島県、1984 (昭和 59) 年の新潟県、1988 (昭和 63) 年の北海

道、1992 (平成4) 年の石川県、2004 (平成16) 年の青森県と、昭和50年代の制定が多くなっている。

条例の名称や課税率、県と市町村の配分は、それぞれに異なっている。しかし、関連施設を持つすべての道県が条例を制定していることから、財政難に苦しむ自治体にとって貴重な財源となっていることが理解できる。

10-2-3. 固定資産税、法人住民税、寄付金

次に、固定資産税、法人住民税、寄付金についてみていこう。これらは基本的に立地市町村の歳入となるものである。

このうち、圧倒的に税額が大きいのが固定資産税である。図10-3は、全国原子力発電所所在市町村協議会が作成した、「原子力発電所に関する固定資産税収入と電源立地対策交付金」に関するグラフである。建設期間が5年となっているなど、前述した資源エネルギー庁の資料と異なっている点もあるが、運転開始期間中の固定資産税収入を理解するためには有益である。固定資産税収入に関して、このグラフから読み取れる重要な点は以下の2つである。第1に、税額は、運転開始初年度に35億円を超えたあと、急速に減少する。6年目に概ね半分、20年目に1～2億円の規模にまで落ち込んだあとは、40年目まで大きく変化しない状態が続く。第2に、この固定資産税は、およそ4分の3が地方交付税と相殺されるため、自治体にとっての正味の収入は25%程度しかない。

固定資産税の税額は、建設費などによって決定されるものであり、立地する市町村の財政規模に左右されない。そのため、財政規模の小さな自治体に立地された場合ほど財政効果が大きくなるが、基準財政需要額の規模によっては、一部が県の収入となることもある。

電気事業者が市町村に納める法人住民税についても、法人

第10章　原子力関連施設立地の経済・財政効果と特徴　　219

県民税や事業税と同様に、他の事業者が納めた分との合計額は分かるが、内訳は示されていない。それでも、人口の少ない小さな自治体では、原子力発電所の存在感は際立っており、合計額のうちの相当部分が、電気事業者からのものと推定できる。実際、福井県の美浜町や高浜町、おおい町では、原発の立地にともない、法人住民税額が、立地前の数十倍から 200 倍にまで達している (福井県立大学地域経済研究所、2010)。他に大きな事業者がいないことを想定すれば、この巨額の変動は、電気事業者によるものとみなすほかはないだろう。

　寄付金は、原発を保有する電力会社が、立地自治体に対して拠出しているものである。納付が義務化された租税ではなく、任意に支払われるものである。このような寄付金の存在は、マスメディアによって指摘されることが多いが、不透明な部分が少なくない。電力会社がいつ、いくら寄付したのかは、必ずしも公表されるものではなく、その分、公的な根拠を伴って特定することができないからである。それでも、財政規模が小さく、過去において寄付金がほとんどなかった自治体で、突如として巨額の寄付金が納められれば、現実には電力会社によるものと考えられる。

　こうした点を理由にしてか、学術的な研究も限られている。三好 (2015) は、電力会社による巨額の寄付の背景として、①地域活性化への支援、②原子力災害に対する賠償ならびに見舞い、③合併による行政組織変更に伴う良好関係の再構築があるとしている。そのうえで、巨額の寄付は自治体と電力会社間で完結するため、住民が除外されてしまい、住民による財政コントロールが効きにくい状態を作り出す要因になると指摘している。

　また、電力会社が直接、地元住民の組織に巨額の寄付金を提供していたことも明らかになっている。中部電力は、浜岡

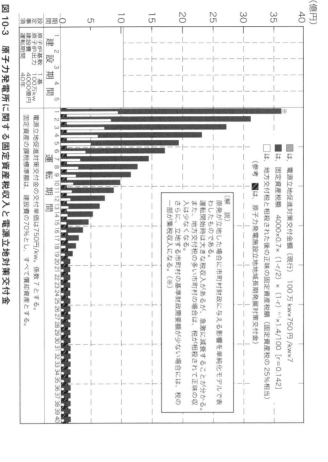

図 10-3 原子力発電所に関する固定資産税収入と電源立地対策交付金

(出典:全国原子力発電所在市町村協議会 website)

第 10 章 原子力関連施設立地の経済・財政効果と特徴 221

原発の建設に対し、地元の地権者による佐倉地区対策協議会に、累計で30億円以上を協力金として支払ってきた（東京新聞160511）。このケースのばあいは当時の関係者のメモが後から公表されることで明らかになったものであり、その都度、公表されたものではない。公表されていないこうした寄付金や協力金が他にあることも考えられるのであり、自治体に対する寄付金と合わせて、不透明な資金の流れがあると言わざるをえない。

10-3. 原発立地自治体の財政動向

　これまで明らかにしてきたように、原発をはじめとする原子力関連施設を受け入れた自治体は、多くの財政収入を得ることが出来る。他方、現在の地方自治体の財政状況は、全体として非常に厳しく、財政再生団体となっている夕張市ほどではなくとも、それに近い水準にある自治体は少なくない。その中で、原発を受け入れた自治体の財政状況はどのような特徴を持っているのだろうか。

　表10-2は、2003（平成15）年から2009（平成21）年にかけての、原子力発電所と核燃サイクル関連施設、中間貯蔵施設などの立地自治体の財政力指数の一覧である。合わせて、所在する都道府県内の市町村の平均値も示してある。表10-3は、同様に、経常収支の一覧である。

　財政力指数は、基準財政収入額を基準財政需要額で除して得た数値の過去3カ年の平均値である。端的に言えば、自治体が平均的な水準で行政活動を行うさいに必要になる需要額に対する、地方税などの自主財源によって得られる収入の割合である。この数値が高いほど自主財源が多く、財政状況が豊かな自治体と言える。近年の地方自治体については、「3

割自治」という言葉が用いられることがあるが、この3割は財政力指数が0.3であることを意味する。多くの自治体の財政力指数が0.3程度しかなく、国や県などからの移譲財源に依存しないと立ち行かない自治体が多いという問題点を表現したものである。

経常収支比率は、経常経費充当一般財源を経常一般財源総額で除し、100％を掛けた数値である。経常経費は人件費や扶助費、公債費など義務的性格の強いものである。経常一般財源収入は、地方税や地方交付税、地方譲与税など、毎年収入があり、かつ使途が限定されていないものである。この経常一般財源収入がどの程度、義務的性格の強い経常経費の支払いに充当されているのかを示す数値が経常収支比率であり、当該団体の財政構造の弾力性を測定するものとして用いられる。この数値が高いことは、使途が限定されていない収入の多くが義務的な支払いに充てられているということであり、弾力性が低いことを意味する。反対にこの数値が低ければ、義務的な支払いが占める割合が小さく、自由に使える分が多いということであり、弾力性が高いことになる。自治体の多くは総じて経常収支比率が高く、財政の弾力性が低い状況にある。

それでは、これらの表のデータからどのようなことが指摘できるであろうか。第一に、原発立地市町村の財政力指数や経常収支比率は、多くのばあいにおいて、当該市町村が所在する都道府県の平均値を大きく上回る形で良好な状態を示している。原発立地に伴う交付金により、立地市町村の財政は極めて豊かなものとなっていることが数字として表れている。しかし第二に、これらの自治体の財政は長期的にみて、必ずしも安定した状況にはない。表10-2・10-3が対象としているデータの期間は限定的であるが、それでも、立地自治体

における財政力指数や経常収支比率といった指標が、各都道府県の平均値に近づいていく傾向があることがうかがえる。

むろん、それぞれの自治体には個別の事情がある。例えば青森県六ケ所村やむつ市には原子力発電所はない。六ケ所村には核燃サイクル関連施設が立地し、むつ市には使用済み核燃料の中間貯蔵施設が建設されている。むつ市にも電源三法関連の交付金が交付されているが、自主財源には含まれないため、財政力指数は低くなっている。これらの点への注意は必要であるが、財政力指数が低下し、経常収支比率が上昇しているという基本的な傾向はみてとることができる。

既述したように、電源三法交付金は原子力発電所の運転開始前に手厚く交付される。運転開始後には、固定資産税が主たる財源となる。しかしこの固定資産税は、年々減少していくものである。したがって、電源三法交付金も固定資産税も、自治体財政を長期的に安定的に潤すものではない。短期的には増減が激しく、不安定で、長期的には持続可能なものではない。

次にいくつかの自治体について、より長期的な動向を詳しく見てみよう。ここでは、新潟県柏崎市、静岡県御前崎市、佐賀県玄海町を取り上げる[*5]。

表10-4〜表10-6は、この3市町の歳入総額、市町村税額ないし固定資産税額、国庫支出金額、財政力指数の一覧であり、図10-4〜図10-6は、この表をグラフにしたものである[*6]。電源三法交付金等の国からの助成金は国庫支出金として計上されている。

柏崎市は、柏崎刈羽原発の立地自治体である。1号機の建設着工は1978年、運転開始は85年である。1号機の運転開始を待たずに83年に2号機と5号機の建設に着工している。以後、90年に2号機と5号機、93年に3号機、94年に4号

表 10-2　原子力発電所立地自治体の財政力データ：財政力指数

	2003	2004	2005	2006	2007	2008	2009
北海道泊村	1.65	1.64	1.56	1.47	1.35	1.20	1.17
北海道平均	0.25	0.26	0.27	0.28	0.28	0.28	0.27
青森県東通村	0.20	0.22	0.27	0.65	0.98	1.24	1.15
青森県六ヶ所村	1.83	1.95	2.03	1.92	1.88	1.78	1.71
青森県むつ市	0.52	0.38	0.39	0.41	0.41	0.41	0.40
青森県平均	0.27	0.31	0.33	0.34	0.36	0.36	0.35
宮城県女川町	1.63	1.91	2.10	1.89	1.71	1.56	1.41
宮城県平均	0.40	0.41	0.53	0.54	0.55	0.55	0.55
福島県大熊町	1.69	1.58	1.64	1.61	1.63	1.63	1.50
福島県双葉町	0.78	0.79	0.80	0.80	0.79	0.77	0.78
福島県楢葉町	1.16	1.19	1.19	1.19	1.19	1.20	1.12
福島県富岡町	0.98	0.96	0.94	0.92	0.92	0.93	0.92
福島県平均	0.40	0.42	0.47	0.49	0.50	0.51	0.50
新潟県柏崎市	0.94	0.92	0.78	0.79	0.81	0.82	0.79
新潟県刈羽村	2.03	1.85	1.72	1.59	1.60	1.58	1.53
新潟県平均	0.41	0.45	0.52	0.53	0.55	0.57	0.57
茨城県東海村	1.43	1.63	1.73	1.90	1.87	1.85	1.78
茨城県平均	0.58	0.66	0.71	0.74	0.77	0.79	0.79
静岡県御前崎市◆1	1.40	1.18	1.20	1.36	1.48	1.56	1.48
静岡県平均	0.69	0.72	0.82	0.84	0.87	0.91	0.90
石川県志賀町	0.81	0.82	0.54	0.56	0.73	0.87	0.96
石川県平均	0.41	0.47	0.49	0.50	0.53	0.55	0.56
福井県敦賀市	1.28	1.24	1.19	1.16	1.14	1.14	1.11
福井県美浜町	0.84	0.87	0.88	0.86	0.84	0.79	0.73
福井県高浜町	1.12	1.12	1.09	1.06	1.05	1.01	0.97
福井県おおい町	1.78	1.12	1.06	1.04	1.08	1.11	1.10
福井県平均	0.49	0.54	0.61	0.62	0.64	0.65	0.64
島根県松江市	0.66	0.55	0.56	0.58	0.59	0.59	0.58
島根県平均	0.25	0.26	0.27	0.29	0.29	0.29	0.29
愛媛県伊方市	1.28	1.26	0.57	0.58	0.59	0.57	0.54
愛媛県平均	0.32	0.39	0.43	0.44	0.46	0.47	0.47
佐賀県玄海町	2.20	1.80	1.68	1.60	1.57	1.52	1.49
佐賀県平均	0.42	0.46	0.51	0.53	0.56	0.57	0.57
鹿児島県薩摩川内市◆2	0.68	0.42	0.44	0.48	0.51	0.51	0.50
鹿児島県平均	0.26	0.27	0.28	0.29	0.30	0.30	0.29

◆1 合併前の浜岡町の数値。御前崎市は 0.63。両町は 2003 年 4 月 1 日に合併
◆2 合併前の川内市の数値。2003 年 10 月 12 日に、川内市、樋脇町、入来町、
　　東郷町、祁苔院町、里村、上甑村、下甑村、鹿島村が合併し、薩摩川内
　　市となる

(総務省公開データをもとに筆者が作成)

表 10-3　原子力発電所立地自治体の財政力データ：経常収支比率

	2003	2004	2005	2006	2007	2008	2009
北海道泊村	63.3	65.2	66.1	68.6	76.4	81.0	66.7
北海道平均	88.2	92.0	91.8	91.1	92.0	92.1	91.2
青森県東通村	81.9	82.2	81.5	64.0	68.8	67.9	81.5
青森県六ケ所村	57.6	59.7	58.1	75.8	73.1	80.5	83.3
青森県むつ市	96.1	103.8	97.4	102.8	102.5	96.7	98.6
青森県平均	88.3	92.0	91.5	92.2	93.4	92.0	91.4
宮城県女川町	42.6	48.3	52.4	57.1	61.4	68.1	77.2
宮城県平均	87.5	91.8	92.8	92.3	94.6	93.7	93.2
福島県大熊町	63.5	68.4	61.6	66.1	64.1	74.2	68.3
福島県双葉町	82.6	88.5	89.1	95.4	99.6	91.4	89.3
福島県楢葉町	77.8	84.8	81.2	77.4	83.4	97.6	94.1
福島県富岡町	82.5	95.7	96.8	97.9	97.2	99.4	97.2
福島県平均	80.3	85.2	85.8	87.9	89.0	88.4	87.7
新潟県柏崎市	87.0	91.5	91.7	97.4	104.1	101.9	97.8
新潟県刈羽村	58.5	81.7	76.7	80.0	81.7	82.2	79.1
新潟県平均	84.3	88.6	88.5	88.5	91.3	89.8	89.4
茨城県東海村	83.6	62.2	65.9	73.8	67.3	74.8	77.0
茨城県平均	84.5	88.4	89.3	89.7	89.8	90.2	89.5
静岡県御前崎市◆1	70.1	70.1	70.6	55.7	66.7	73.2	78.7
静岡県平均	78.6	82.3	80.9	81.4	84.0	85.3	85.7
石川県志賀町	84.2	93.9	98.9	99.6	73.5	74.9	78.7
石川県平均	85.3	89.1	90.2	92.9	92.9	92.6	92.4
福井県敦賀市	72.2	74.7	78.8	78.2	80.6	85.5	86.8
福井県美浜町	83.7	82.7	88.3	93.4	97.4	95.8	92.1
福井県高浜町	86.0	87.8	86.8	87.5	98.4	99.5	99.0
福井県おおい町	54.6	58.8	67.7	77.7	76.0	78.8	80.8
福井県平均	84.2	86.8	89.1	88.4	89.5	90.7	90.3
島根県松江市	90.4	92.4	89.6	92.9	91.8	89.0	89.6
島根県平均	89.7	93.0	92.9	93.5	93.4	91.6	90.9
愛媛県伊方市	73.0	80.3	85.7	87.6	86.7	86.5	86.1
愛媛県平均	82.4	86.4	86.4	88.7	89.1	88.7	88.4
佐賀県玄海町	54.9	66.9	67.0	69.7	75.5	71.8	73.5
佐賀県平均	87.1	92.0	91.3	93.9	93.6	92.7	90.5
鹿児島県薩摩川内市◆2	89.2	95.8	89.0	94.9	94.5	92.8	93.4
鹿児島県平均	87.5	91.9	92.4	92.7	94.1	93.5	91.3

◆1 合併前の浜岡町の数値。御前崎町は 95.5。両町は 2003 年 4 月 1 日に合併

◆2 合併前の川内市の数値。2003 年 10 月 12 日に、川内市、樋脇町、入来町、東郷町、祁荅院町、里村、上甑村、下甑村、鹿島村が合併し、薩摩川内市となる

(総務省公開データをもとに筆者が作成)

機、96 年に 6 号機、97 年に 7 号機が運転を開始している。

　静岡県御前崎市は約 3 万 5000 人の人口を抱える浜岡原発の立地自治体である。同市は、2004 年に元々の立地自治体である浜岡町と隣接する御前崎町が合併して誕生した。データは 2004 年以前が浜岡町のものであり、2004 年以降は御前崎市のものである。浜岡原発は、1 号機が 71 年に着工、76 年に運転を開始している。78 年に 2 号機が運転開始したのち、87 年に 3 号機、93 年に 4 号機、2005 年に 5 号機が運転を開始している。なお、1・2 号機については 2009 年 1 月に運転を停止している。

　佐賀県玄海町は玄海原発の立地自治体である。1 号機の着工は 71 年、運転開始は 75 年である。以後、81 年に 2 号機、94 年に 3 号機、97 年に 4 号機が運転を開始している。

　これらの自治体の財政力指数の推移をみると、その水準が極めて高いことに加えて 1 つの共通点が指摘できる。いずれの自治体のグラフも、3 〜 4 つの「山」を持っている。これは、3 つの自治体が、最初の原発稼働から現在に至るまでのあいだに、3 〜 4 回の「ピーク」を経験していることを意味する。

　このピークの現れ方には、はっきりとした傾向がある。いずれも原発の運転開始の翌年である。柏崎市では、86 年、91 年、95 年の 3 回のピークがあるが、これは 85 年 (1 号機)、90 年 (2・5 号機)、93 年 (3 号機)・94 年 (4 号機) の翌年および翌々年である。ただし、96 年 (6 号機) と 97 年 (7 号機) の翌年である 98 年にはピークがきていない。

　御前崎市も同じ形である。1 号機運転開始の翌年 (77 年) の山は表の上では小さいが、前年度からの変化の度合いは大きい。2 号機 (78 年) の翌年 (79 年) に大きな山が来た後、3 号機開始の翌年 (88 年) と 4 号機の翌年 (94 年) に財政力指数 2 を超える最も大きなピークを迎えている。5 号機の翌年(2006 年)

表 10-4　柏崎市財政関連データ

			歳入総額	歳入総額 (対前年比)	財政力指数 (単年度)	経常収支 比率
1976	昭和 51		8649112	1.0	0.595	68.8
1977	52		10385160	120.1	0.613	69.2
1978	53	①着	12364783	143.0	0.594	68.8
1979	54		13734796	158.8	0.597	66.4
1980	55		15840335	183.1	0.657	70.8
1981	56		17022707	196.8	0.660	69.6
1982	57		18501963	213.9	0.727	72.1
1983	58	②⑤着	20811419	240.6	0.738	72.2
1984	59		21023610	243.1	0.773	74.6
1985	60	①運	24041600	278.0	0.831	76.6
1986	61		26435665	305.6	1.238	62.5
1987	62	③着	27072336	313.0	1.167	63.6
1988	63	④着	24522676	283.5	1.090	67.1
1989	1		26947422	311.6	0.972	65.5
1990	2	②⑤運	31518456	364.4	0.942	69.5
1991	3	⑥着	36476138	421.7	1.130	63.1
1992	4	⑦着	35760877	413.5	1.012	67.2
1993	5	③運	39041291	451.4	1.006	70.0
1994	6	④運	39994536	462.4	1.201	67.3
1995	7		44778627	517.7	1.330	61.2
1996	8	⑥運	40116376	463.8	1.211	66.8
1997	9	⑦運	40320461	466.2	1.146	70.0
1998	10		43423965	502.1	1.111	72.1
1999	11		42843081	495.3	1.003	77.4
2000	12		38681089	447.2	0.961	81.1
2001	13		39438896	456.0	0.956	80.6
2002	14		37725434	436.2	0.955	85.0
2003	15		38327416	443.1	0.912	87.0
2004	16		45521333	526.3	0.909	91.5
2005	17	注	48157201	556.8	0.772	91.7
2006	18		46103801	533.0	0.817	97.4
2007	19		71447475	826.1	0.855	104.1
2008	20		64828041	749.5	0.797	101.9
2009	21		59493320	687.9	0.714	97.8
2010	22		57173405	661.0	0.698	95.7
2011	23		55413232	640.7	0.694	96.1
2012	24		54276613	627.5	0.699	97.4

注：平成 17 年 5 月 1 日、高柳町および西山町と合併
以下は表 10-4 〜 10-6 共通
＊金額の単位はすべて千円　　＊財政力指数は単位なし　　＊その他の単位は％
＊丸数字は号機を示す。「着」は建設着工、「運」は運転開始

市町村税額	固定資産税額	国庫支出金額	固定資産税額/市町村税額	寄付金
3001335		1092719		6377
3509457		1252595		6162
3873559		1978327		5467
4488058	1574626	1987279	35.1	9327
5233043	1798033	2613321	34.4	5642
6183027	1971179	2650854	31.9	43163
6856630	2292984	2428058	33.4	10807
7539369	2540841	2865502	33.7	8255
7956460	2813817	3707300	35.4	5556
8896377	3590251	4945613	40.4	2158
14487216	8944269	2691008	61.7	134761
14622377	8676663	3609949	59.3	50041
14123957	8245426	2278089	58.4	15313
14322042	8211535	2639346	57.3	69462
14615451	8481185	4918320	58.0	43325
18831384	12554751	3389302	66.7	8958
18509329	11803139	3492829	63.8	1132
18302171	11627686	4039130	63.5	3102
21048893	15030012	4363192	71.4	10314
24415539	17816045	4646126	73.0	15573
22950400	16655462	2702474	72.6	14607
22587347	15998147	3748161	70.8	15440
22140181	16200141	4908637	73.2	19709
21001672	15246187	5189679	72.6	6456
19432527	13823140	3401855	71.1	1505
18792482	13077625	2970934	69.6	4757
17813105	12503176	3036338	70.2	363818
16733503	11364217	3172750	67.9	503918
16547201	10946745	3195498	66.2	137001
17113072	10872717	4187145	63.5	3169
17164689	10163003	3500618	59.2	6636
17484896	9864139	9092539	56.4	1891055
16738346	9608081	8099570	57.4	118148
16166329	9237042	9438339	57.1	23756
15609014	9060980	7919694	58.0	12465
16131178	9643181	6467338	59.8	59891
16007425	9218431	5330446	57.6	24711

公開データをもとに筆者作成

表 10-5　御前崎市（旧浜岡町）財政関連データ

			歳入総額	歳入総額 （対前年比）	財政力指数	経常収支 比率
1969	昭和 44		589891	1.0	0.355	
1970	45		849769	1.4	0.348	
1971	46	①着	1216540	2.1	0.552	70.0
1972	47		1504948	2.6	0.403	63.2
1973	48		1934849	3.3	0.441	69.6
1974	49	②着	2990617	5.1	0.427	61.6
1975	50		2463773	4.2	0.469	67.3
1976	51	①運	2913880	4.9	0.559	65.0
1977	52		3733526	6.3	1.021	64.5
1978	53	②運	3428493	5.8	0.879	63.7
1979	54		4569463	7.7	1.669	42.3
1980	55		4700984	8.0	1.497	49.1
1981	56		4783973	8.1	1.234	46.1
1982	57	③着	7427320	12.6	1.492	52.4
1983	58		7366736	12.5	1.343	50.1
1984	59		7830021	13.3	1.271	47.5
1985	60		7360979	12.5	1.413	52.5
1986	61		10158985	17.2	1.301	56.0
1987	62	③運	7684455	13.0	1.311	49.3
1988	63		8721406	14.8	2.188	31.5
1989	平成 1	④着	10180687	17.3	1.984	32.3
1990	2		12834494	21.8	1.726	32.6
1991	3		10746848	18.2	1.578	37.7
1992	4		12569476	21.3	1.551	43.4
1993	5	④運	11915916	20.2	1.569	44.8
1994	6		13354299	22.6	2.327	47.8
1995	7		13745974	23.3	2.069	45.3
1996	8		15865942	26.9	1.900	49.0
1997	9		16875866	28.6	1.763	50.8
1998	10		16701986	28.3	1.713	54.8
1999	11	⑤着	14767914	25.0	1.392	56.6
2000	12		13508602	22.9	1.368	52.5
2001	13		15615671	26.5	1.378	51.8
2002	14		16331063	27.7	1.413	55.3
2003	15		14849636	25.2	1.414	70.1
2004	16	注	21574715	36.6	1.196	70.1
2005	17	⑤運	17837167	30.2	1.228	70.6
2006	18		20011092	33.9	1.642	55.7
2007	19		19650000	33.3	1.574	66.7
2008	20		19518185	33.1	1.482	73.2
2009	21	①②停	18867429	32.0	1.392	78.7
2010	22		17539774	29.7	1.195	79.4

注：2004 年に御前崎町と浜岡町が合併し、御前崎市に

市町村税額	固定資産税額	国庫支出金額	固定資産税/市町村税額	寄付金
117759		12648		86529
143505		27415		52385
171280	49474	43738	28.9	198138
220592	65121	24477	29.5	228011
272868	87305	84281	32.0	516085
378880	123815	133331	32.7	561698
475379	192585	692369	40.5	50474
559885	218572	573337	39.0	82507
1386131	918556	785934	66.3	50919
1389806	863986	387294	62.2	84332
2822860	2258133	169088	80.0	67552
2660469	2090180	242414	78.6	133921
2910940	1957841	229645	67.3	168013
2960831	2093596	333262	70.7	2027708
3052302	2050135	1093440	67.2	610753
3338513	1949393	897185	58.4	579841
3317946	1893473	1011628	57.1	46940
3574219	1925118	421492	53.9	1836428
4061716	2266865	403685	55.8	813561
6381501	4935932	456377	77.3	75514
6689852	5110772	962840	76.4	56679
6779916	5249326	1637946	77.4	178890
7001794	5369220	920010	76.7	39997
7058958	5168620	1842134	73.2	107787
7216934	5476598	1182888	75.9	174836
10323399	8736469	402527	84.6	51820
9875221	8161670	877884	82.6	47037
9439803	7862231	545199	83.3	2588243
9300851	7505587	2016962	80.7	177332
8813197	7081638	1620591	80.4	175274
8354308	6661295	1426033	79.7	203544
7793145	6072533	1499605	77.9	140166
7630978	5877606	3416150	77.0	35039
7443761	5611050	1527278	75.4	11128
6814511	5140117	1483948	75.4	14886
8092223	5596650	5417058	69.2	51105
8053238	5802931	2450154	72.1	12938
11556149	9136662	3081593	79.1	67018
11215357	8453817	2863383	75.4	29205
10938500	8081668	2762260	73.9	114882
9987035	7482404	2511024	74.9	23437
9729847	6980016	2295277	71.7	270255

公開データをもとに筆者作成

表 10-6　玄海町財政関連データ

			歳入総額	歳入総額 (対前年比)	財政力指数 (単年度)	経常収支 比率
1969	昭和 44		367545	1	0.177	56.6
1970	45		329574	0.9	0.151	54.2
1971	46	①着	386897	1.1	0.147	51.7
1972	47		619363	1.7	0.174	60.0
1973	48		990792	2.7	0.161	58.4
1974	49		1286128	3.5	0.168	63.7
1975	50	①運	968485	2.6	0.257	71.4
1976	51	②着			1.259	
1977	52		1372236	3.7	1.063	61.9
1978	53		1581223	4.3	0.917	63.4
1979	54		1550250	4.2	0.827	63.4
1980	55		2592434	7.1	0.724	65.1
1981	56	②運	2199709	6.0	0.694	63.5
1982	57		3148610	8.6	2.154	31.4
1983	58		6793091	18.5	1.803	40.0
1984	59		4056329	11.0	1.602	47.5
1985	60	③④着	3868681	10.5	1.384	51.1
1986	61		3409126	9.3	1.410	55.4
1987	62		4423444	12.0	1.156	60.0
1988	63		3847214	10.5	0.996	65.5
1989	平成 1		5208199	14.2	0.871	63.6
1990	2		6097580	16.6	0.783	64.2
1991	3		4507613	12.3	0.692	65.5
1992	4		4971677	13.5	0.614	68.0
1993	5		4872112	13.3	0.644	74.4
1994	6	③運	4379791	11.9	0.879	88.2
1995	7		6442729	17.5	2.765	34.7
1996	8		6688321	18.2	2.152	34.2
1997	9	④運	6541163	17.8	1.942	39.2
1998	10		8217850	22.4	2.199	35.9
1999	11		8493831	23.1	2.252	36.4
2000	12		6843856	18.6	1.984	41.2
2001	13		7071054	19.2	2.814	44.9
2002	14		7839293	21.3	1.969	49.6
2003	15		8934627	24.3	1.841	54.9
2004	16		7543903	20.5	1.618	66.9
2005	17		7400143	20.1	1.590	67.0
2006	18		8995691	24.5	1.596	69.7
2007	19		7461296	20.3	1.528	75.5
2008	20		7521993	20.5	1.434	71.8
2009	21		8433105	22.9	1.521	73.5
2010	22		7747803	21.1	1.326	71.4

市町村税総額	固定資産税額	国庫支出金額	固定資産税 / 市町村税額	寄付金
27895	11867	30370	42.5	15118
30688	12828	20498	41.8	4429
36087	14566	23129	40.4	5867
49812	19301	56239	38.7	3491
56854	19620	87430	34.5	153014
85827		131097		
128462		301712		3187
733316		264496		6494
724073		347309		20814
681411		368883		6338
646507	484848	676110	75.0	4162
774673	505332	392376	65.2	4212
2247985	2029629	249650	90.3	41375
2035761	1794944	233024	88.2	2007995
1870531	1604297	142169	85.8	1016388
1785447	1437478	846894	80.5	31066
1742081	1382509	480847	79.4	7538
1681407	1252933	1218653	74.5	5395
1542952	1144640	993805	74.2	10419
1505913	1070608	2070820	71.1	7378
1426205	999454	2316428	70.1	29304
1341340	919573	629967	68.6	300
1346033	886207	544930	65.8	1604
1425136	871544	835375	61.2	1181
1572237	1178525	736539	75.0	2280
4597242	4042186	725749	87.9	200
4981999	4523583	742389	90.8	483
4648915	4277550	773014	92.0	100
5317622	4924938	987876	92.6	175
5294273	4940265	1020351	93.3	200
4722764	4311420	860767	91.3	0
4825368	4382995	771752	90.8	0
3897863	3528477	932534	90.5	0
3526051	3075076	1312053	87.2	150
3093350	2603389	1378480	84.2	1010
3055420	2570364	1389085	84.1	100
3011813	2558580	1447403	85.0	
2977550	2569971	1480141	86.3	
3137932	2724322	1456931	86.8	
3378668	3019558	1569328	89.4	275
3373483	2922995	1473903	86.6	1036

公開データをもとに筆者作成

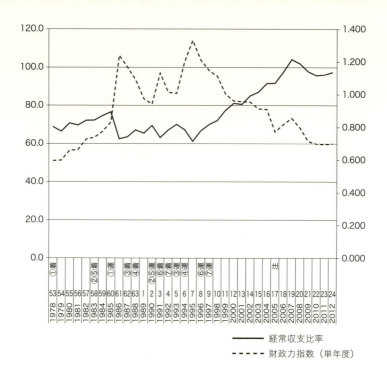

図 10-4-1　柏崎市：財政力指数×経常収支比率

公開データをもとに筆者作成

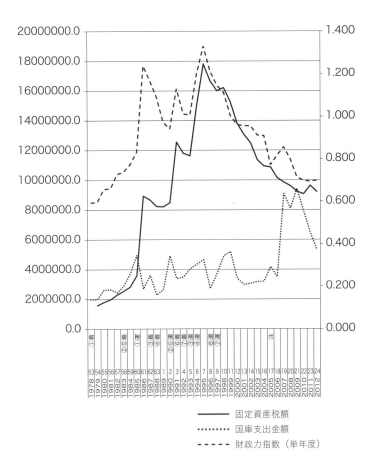

図 10-4-2 柏崎市：財政力指数×固定資産税額×国庫支出金額

公開データをもとに筆者作成

第 10 章　原子力関連施設立地の経済・財政効果と特徴

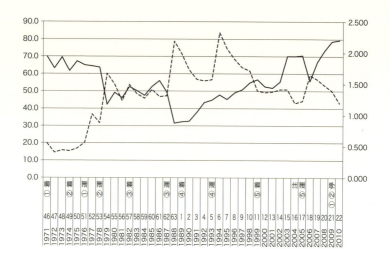

図 10-5-1　御前崎市（旧浜岡町）：財政力指数×経常収支比率
公開データをもとに筆者作成

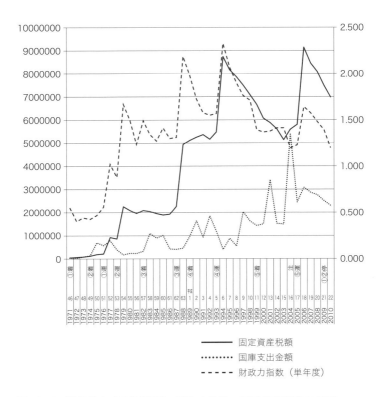

図 10-5-2　御前崎市（旧浜岡町）：財政指数 × 固定資産税額 × 国庫支出金額　　公開データをもとに筆者作成

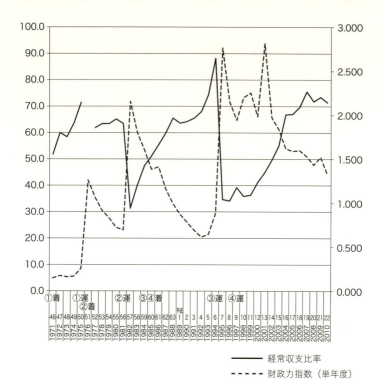

図 10-6-1　玄海町：財政力指数×経常収支比率

公開データをもとに筆者作成

238

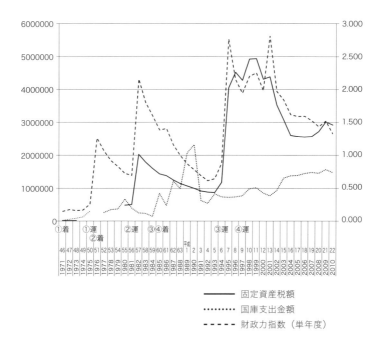

図 10-6-2　玄海町：財政力指数×固定資産税額×国庫支出金額

公開データをもとに筆者作成

第 10 章　原子力関連施設立地の経済・財政効果と特徴　239

にも小さな山が出来ている。

　玄海町も同様で、1号機運転開始 (75年) の翌年である 76年、2号機開始 (81年) の翌 82年、3号機 (94年) の翌 95年がそれぞれピークとなっている。4号機 (97年) については、翌々年の 99年がピークとなっている。

　原発が稼働を始めれば、その翌年から固定資産税が自治体に入る。表やグラフから理解されるように、その効果は顕著である。

　ピーク前後の財政力指数の変化の度合いをみると、玄海町での振れ幅が大きいことに気づくだろう (表7参照)。柏崎市では 1号機の際に 0.47 ポイント上昇しているのが最高である。御前崎市 (数値はいずれも浜岡町の頃のもの) では、2号機、3号機、4号機の運転開始の際に 0.8 ポイントほどの変化を経験している。これに対し玄海町は、1号機の折に 1.022、2号機で 1.460、3号機で 1.886 ポイントという、途方もない上昇を経験している。

　経常収支比率の変化は、財政力指数のうごきと連動している。図 10-4-1、図 10-4-2、図 10-4-3 からは財政力指数が上昇すると経常収支率は下落 (=改善) していることがみてとれる。

　このような変化は、財政規模と原発建設以前の財政状況によっても左右される。いずれの自治体でもまだ原発が建設されていなかった 1960年代の歳入額をみると、柏崎市が 68年に 21億 5000万円であるのに対し、御前崎市 (浜岡町) は同じ 68年で 4億 2000万円、玄海町は 2億 6400万円となっている。原発からもたらされる固定資産税は、発電能力(設備容量)によって決められるため、同じ能力の設備であれば、玄海町のように、人口が少なく、予算規模も小さい自治体に立地された場合の方が、大きな財政効果が得られる。

　三法交付金や固定資産税による歳入は、自治体の財政を一

表7　ピーク前後の財政力指数の変動（それぞれの稼働年を起点にしたもの）

柏崎市
1号機：0.831 → 1.238 → 1.167　2・5号機：0.942 → 1.130 → 1.012
3号機：1.006 → 1.201　（4号機開始）→ 1.330 → 1.211　（6号機開始）
→ 1.146　（7号機開始）→ 1.111 → 1.003
御前崎市
1号機：0.559 → 1.021 → 0.879　（2号機開始）→ 1.669 → 1.497
3号機：1.311 → 2.188 → 1.984　4号機：1.569 → 2.327 → 2.069
5号機：1.228 → 1.642 → 1.574
玄海町
1号機：0.257 → 1.259 → 1.063　2号機：0.694 → 2.154 → 1.803
3号機：0.879 → 2.765 → 2.152　4号機：1.942 → 2.199 → 2.252 → 1.984

出典：各市町の財政資料をもとに筆者作成

定程度うるおす。しかし、原発の稼働翌年にピークを迎えた財政力指数は、稼働3年目以降は、順次低下していく。一時的な小幅の増加は別として、減少傾向に歯止めをかけるためには、新たな原発の稼働しかない。こうして、一度原発を受け入れてしまえば、増設を求めるようになるという「中毒のサイクル」が完成する。複数回のピークを迎えている財政力指数のグラフは、安定性も持続可能性もない状況下で、この中毒のサイクルが完成していく様子を示している。

注

1　2005年度は42.4%となっている（服部2008）。

2　電気・ガス業が総生産に占める割合は、2005年度は柏崎市33%、刈羽村63%、2009年度は柏崎市12%、刈羽村29%となっている。

3　市町村が条例を制定して課税すれば、直接、市町村の歳入となる。

4　大手の電気事業者は、複数の都道府県に設備を有している。これらの事業者は、自社の収入を、固定資産をもとに、各都道府県に割り当てている。この割り当て額が、各種の税金の課税ベースとなるため、固定資産が減少することは、当該都道府県の税収にも影響を与えること

になる（服部 2008）。

5　データの収集は、筆者が県庁の行政資料室等や県立図書館などに出向き、所蔵されている市町村財政データを閲覧して行った。資料は主として県庁の市町村課等が作成している「市町村財政要覧」か、これに似たものを使用した。しかしながら、この「要覧」等に掲載されている市町村の財政データは、県庁によって異なっている。本報告書におけるデータも、これを原因とする不整合がみられる。データそのものは県庁等が保持していると思われるため、今後の追跡調査により補足・修正する予定である。

6　財政力指数は通常、直近 3 カ年の平均値を取るが、本研究では年ごとの変化を的確に把握するため、年ごとに基準財政収入額を基準財政需要額で除した数値を用いている。

第 11 章

原子力関連施設立地自治体の財政動向

本章では、原子力関連施設の立地自治体から、福島県双葉町、青森県六ケ所村、青森県むつ市を取り上げ、その財政動向について、政治的な経緯や背景などを含め検討していく。双葉町は原発、六ケ所村は核燃サイクル関連施設、むつ市は使用済み核燃料の中間貯蔵施設を受け入れている。原子力関連施設の受け入れは、これらの自治体の財政にどのような影響を与えたのであろうか。また、本章の後半では、高レベル放射性廃棄物の問題についても言及する。

11-1. 福島県双葉町

福島県双葉町は、福島第一原子力発電所の立地自治体である。福島第一原発は大熊町と双葉町にまたがって立地しており、大熊町に1号機から4号機が、双葉町に5号機と6号機が設置されている。大熊町側の4機は、1号機の1971 (昭和46) 年から4号機の1978 (昭和53) 年10月のあいだに営業運転を開始している。これに対し双葉町側の5号機は1978年4月、6号機は1979 (昭和54) 年にそれぞれ運転を開始している。

2011年3月の福島第一原発事故の際、5号機と6号機は大きく損傷した1〜4号機からはやや離れて、かつ数メートル高台に設置されていた。そのため、電源を喪失することがなく、冷却を維持できたことから、大きな事故を起こすには至らなかった。しかし、1〜4号機の事故は双葉町にも甚大な被害をもたらし、町内の大半が帰還困難区域に指定されている (2016年10月現在)。

繰り返し述べてきたように、原子力関連施設の立地自治体は、電源三法交付金や固定資産税による収入のため、財政状況に余裕があるとされている。しかしながら双葉町は、2008

（平成20）年度決算において実質公債費比率が29.4％となり、地方公共団体の財政の健全化に関する法律に基づく早期健全化の基準（25％）を超えたため、原発立地自治体では唯一、早期健全化団体に指定された（表4-1参照）。

指定を受けた双葉町は財政健全化計画を策定し、2009（平成21）年度と2010（平成22）年度の2年間にわたり健全化に努めた。2010年度末に基準をクリアしたため、健全化計画は完了している。同町の実質公債費比率が早期健全化基準を超えた理由は、「大規模建設事業や下水道整備事業のため発行した地方債の元利償還額が多額であるため」（福島県総務部市町村財政課2010）とされている。

指定前の2007（平成19）年度の実質公債比率でみても、同町は30.1％と極めて厳しい水準に達している。隣接し、同じように原発を抱えている大熊町の3.9％、楢葉町の11.0％、富岡町の17.9％と比べても突出している（朝日新聞2011年5月28日）。以下では、この双葉町の財政に関する変遷を追っていくことで、原発関連の収入が自治体財政に与えた影響をみていく。

原発立地自治体でありながら早期健全化団体となったことから、双葉町の財政に関しては様々な形で言及されてきた[*1]。表11-1は、双葉町の財政データについて、5号機の運転開始の前年度にあたる77（昭和52）年度から、健全化計画完了の2010年度までの期間で、一部の項目を取り出したものである。表を参照しながら、同町が早期健全化団体になる経緯を確認していこう。なお、財政力指数は、通常は過去3カ年の平均で出されるが、本表では単年度で算出している。

原発着工前の1965（昭和40）年度の数値をみると、財政力指数は0.23と、自主財源が極めて少なく、国からの交付金なしでは立ちゆかない状況であった。しかし78年に5号機、

第11章　原子力関連施設立地自治体の財政動向　　245

表 11-1 双葉町財政関連データ

		人口（人）	歳入総額	歳出総額	財政力指数 （単年）	経常収支 比率
1977	52	7641	1526197	1491174	0.55	82.8
1978	53	7667	1970189	1916415	0.49	76.8
1979	54	7663	2765566	2769848	1.78	41.7
1980	55	7629	3056755	2956711	2.07	37.8
1981	56	7686	3389286	3158016	2.03	38.9
1982	57	8021	3727896	3505079	1.96	41.4
1983	58	7995	3318265	3084926	1.87	44.0
1984	59	8018	3114884	2852587	1.86	47.1
1985	60	8093	2922842	2613491	1.77	49.3
1986	61	8117	3222870	3005767	1.48	58.7
1987	62	8113	3186866	2993212	1.49	63.4
1988	63	8135	3057919	2883565	1.28	65.0
1989	1	8085	3276194	3127350	1.13	65.4
1990	2	8085	3517847	3369222	0.95	68.2
1991	3	8040	3673040	3524600	0.86	68.2
1992	4	7964	4151736	4039435	0.75	64.7
1993	5	7891	4041959	3867171	0.76	67.7
1994	6	7977	4502036	4359765	0.75	68.9
1995	7	7948	5894726	5722193	0.70	69.0
1996	8	8007	5011267	4576998	0.72	73.6
1997	9	7976	6485614	5844709	0.69	75.8
1998	10	7927	8643519	8288955	0.66	76.9
1999	11	7819	6278978	5991746	0.78	75.3
2000	12	7734	5362046	5004998	0.67	78.1
2001	13	7639	5185814	4964671	0.78	78.8
2002	14	7627	5047858	4880533	0.77	81.0
2003	15	7576	5186394	5040296	0.79	82.6
2004	16	7527	6016439	5886040	0.80	88.5
2005	17	7445	5645008	5512724	0.80	89.1
2006	18	7365	4849134	4727252	0.79	95.4
2007	19	7306	5618178	5509553	0.79	99.6
2008	20	7260	6277000	5962843	0.75	91.4
2009	21	7178	5880871	5608226	0.81	89.3
2010	22	6939	6086955	5539278	0.87	80.7

◆1　5号機運転開始
◆2　地方交付税の不交付団体になる。6号機運転開始
◆3　原発関連固定資産税のピーク
◆4　交付税の交付団体になる
◆5　町議会が原発増設決議
◆6　東電によるトラブル隠しを受け、議会が増設決議を凍結
◆7　町議会が凍結を解除

固定資産税	地方債歳入	投資的経費	公債費返済	
137026	182800	775765	44838	
153738	219400	1112677	65842	◆1
1321925	218600	1689551	84511	◆2
1709138	277500	1402378	111763	
1842867	228400	1543672	138092	
1857035	557424	2127119	204225	
1907931	162035	1317907	192559	◆3
1853020	165900	1083420	197650	
1799727	73800	625928	209932	
1592094	161500	1077851	229258	
1695509	161000	909220	242207	
1590840	120900	843503	241210	
1588492	132700	843315	226435	
1466107	347200	1184466	212928	◆4
1459673	174700	1075389	216821	◆5
	237900	1307966	238403	
1473082	471431	1105375	260601	
	535800	1473980	265168	
	834200	1942172	284617	
	393600	1431039	335090	
	674600	2149135	381775	
	1324200	4563854	433200	
	294000	2340746	489823	
	308600	1355849	545160	
1641869	339300	1179798	597540	
1564001	496200	1199214	612876	◆6
1477578	691800	1345099	600459	
1419444	798400	1777947	604301	
1440575	591800	1394739	607375	
1333198	345500	988547	661277	
1283876	513200	1096262	630786	◆7
1210325	120000	754375	815754	◆8
1423382	186300	491276	634164	◆9
1658541	221500	810689	511183	◆10

◆8　決算で実質公債費比率が29.4％と早期健全化基準の25％を超えたため、
　　財政健全化計画を策定。電源立地等初期対策交付金交付開始
◆9　早期健全化団体入り。原発立地自治体としては唯一
◆10　決算で実質公債費比率が早期健全化基準を下回ったため、財政健全化
　　計画を完了

公開データをもとに筆者作成

79年に6号機が運転を始めると、早くも79年度から地方交付税の不交付団体となる。単年度の財政力指数でみても、前年度の3倍以上となり、1.0を大きく上回っている。80年度には財政力指数3.73と、信じられないような水準に達する。83年度には原発関連の固定資産税がピークの17億9700万円に達する[2]。表中の固定資産税額は原発関連以外のものも含まれているが、この年の分を中心に、この時期が同税による歳入のピークであることに変わりはない。同町をはじめ、他に大規模な事業者が立地していない地域での固定資産税額は、その大半が原発関連であると考えられるが、78年度から79年度への急激な金額の上昇は、このことを裏づけている。82年度には、地方債による歳入や、施設建設に当てられる投資的経費も、80年代の中では最も多い額となっている。自主財源となる歳入の増加に合わせて投資的経費が増加しているが、これと合わせて地方債も増加していることは注目に値する。また、経常収支比率も、原発の運転開始後から急速に数値が改善し、80年の37.8%、81年の38.9%と、30%台にまで抑えられている。

このような財政上の豊かさのもとで、同町は様々な施設を建設する。道路整備や農林水産施設、消防施設、水道、教育文化、スポーツ、レクリエーション施設などである（葉上2011）。これらの施設の建設には、交付金だけでなく、町の一般財源や借金も投入される。その一方で、交付金や固定資産税は減少し、財政力指数は低下していく。さらに各種の施設は、建設したのちは維持費がかかる。維持管理のための人件費などは経常収支比率を高くする効果をもつ。

双葉町の財政状況は80年代の後半から90年代にかけて様相が変化する。同町では90年に単年度財政力指数が1.0を下回り、交付税の交付団体となる。経常収支比率は悪化し、

固定資産税も下落している。

　双葉町議会が原発増設を求める決議を可決したのは、こうした状況のただ中の 91 (平成3) 年である。90 年代は、固定資産税が継続的に減少している一方で、地方債の発行による歳入が増え、投資的経費を含めた歳出総額も増加傾向にある。この傾向は 90 年代の後半になると顕著である。原発からの収入が減る一方で、歳出に向けた圧力はむしろ強まっていたことがみてとれる。原発の増設は、こうした財政状況を乗り切るための措置と位置づけられる。

　しかし 2000 年代に入ると、局面が暗転する。東京電力によるトラブル隠しが発覚したのである。これは、2000 (平成12) 年の内部告発をきっかけに、1980 年代から 90 年代にかけて実施されていた自主点検などにおいて虚偽の点検結果が記載されていたことなどが明らかになり、東京電力もこれを認めたというものである。このような東京電力のトラブル隠しに対し、当時の佐藤栄佐久福島県知事が激怒。福島第一・第二原発の運転を停止させる事態となった。

　このトラブルを受け、双葉町議会での増設決議も凍結された。トラブル隠しは安全性の根幹をゆるがす問題であり、これに対する抗議としては当然の措置であるが、これによって増設による歳入増の見通しが立たなくなってしまう。その一方で、これまで発行を積み重ねてきた債務の償還時期は待ってくれるはずもなく、公債費による歳出は増加していく。歳入が減少する一方で、債務の償還額は増えていく。早期健全化団体入りを招いた公債費負担比率の上昇は、この帰結である。

　こうした財政の苦しい状況を受け、町議会は 2007 (平成19) 年に凍結決議を解除し、増設を容認してしまう。これによって 2008 (平成20) 年度から 4 年間で合計 39 億 2000 万円

の電源立地等初期対策交付金を受けることになった。増設容認に賛成した町議の1人は「財政再建の切り札だった」としている（朝日 110528）。町は一時的に早期健全化団体に転落したものの、この交付金の効果で、2年という短期間で健全化計画を終了させている。

　双葉町の辿った経緯は、自治体が原発によってもたらされる効果に依存を深めていく様子をよく示している。早期健全化の基準を超えてしまったケースは他にはないとはいえ、多くの原発立地自治体も、程度の差はあっても、同様の経緯を辿りうるとみてよいであろう。2003年改正による電源三法交付金の一般財源化は、こうした依存の深化傾向に拍車をかけていると考えられる。

　同町の経験は、もう一つ、原発に依存を深めていくことに伴う不確実性の発生と、それによる選択肢の制限も示している。双葉町にとって大きな誤算であったのは、増設決議をしたのちに発覚した東電によるトラブル隠しであった。事業者が安全性を蔑ろにすることは、当然、許されることではない。増設決議の凍結は当然の判断ではある。しかし増設決議の背景には、地域内での財政支出への圧力が強くなっていることがある。この圧力が強まる一方で、原発関連の収入が漸減していくままであることは、町の財政を危機的な局面に追いやることになる。原子力関連事業に伴う事故リスクや、それと連動したトラブル隠しなどの不祥事の可能性に大きく左右された形であるが、こうした状況の中で、財政状態が危機に陥ることを回避するためには2つの選択肢しかない。1つは財政支出への圧力を弱めることであるが、それができなければ、もう1つの選択肢、すなわち、安全性への評価を犠牲にし増設凍結を解除することしか方法がなくなる。

　双葉町の事例は、財政効果という受益と、原発の安全性に

関わるリスクの互換化が成立してしまったこと、それによって選択肢が制限されてしまうことを示している。当初の立地段階では、事故やトラブルのリスクがあることを承知しつつも、そうした事態は起こらないという期待によって、受け入れを承諾している。この時点で事故やトラブルのリスクが顕在化していれば、反対の声は強くなり、計画が頓挫する可能性も高まる。

しかし、いったん受け入れ、受益とリスクの互換化が成立したのちに事故やトラブルが発生しても、当初段階に戻ることは容易でない。すでに依存状態が出来上がっていることが前提となり、リスクは小さく見積もられ、受益が選択されてしまう。受益とリスクの互換化が成立することが意思決定の制約条件となっている。

しかし、リスクを小さく見積もることは、希望的な、あるいは楽観的な見通しにもとづくものである。福島第一原発でのトラブルは、この時点では目を瞑ることができたかもしれない。しかし、その後、東日本大震災に伴う過酷事故により、全町避難を余儀なくされてしまった。原発のリスクの管理能力は自治体側にはない。自治体側の選択は、依存状態が制約条件となり、かつ、命に関わりかねないリスクの管理を、事業者や政府に全面的に委ねることによって成立している。原発を受け入れることは、自治体を、極めて危うい前提の上に、ごく限られた選択肢しかもたない状況に追い込んでいく。

11-2. 青森県六ケ所村

次に、青森県六ケ所村の事例を取り上げよう。社会学分野でのむつ小川原開発に関する研究としては、舩橋晴俊・長谷川公一・飯島伸子らのグループによる成果がまとめられてい

る（舩橋・長谷川・飯島編 1998、舩橋・長谷川・飯島 2012）。

　同書の内容は、むつ小川原開発の性格変容と意志決定過程の特質、六ヶ所村の地域権力構造と開発過程、大規模開発下の地域社会の変容、核燃反対運動の構造と特質などを中心としている。イシュー・アプローチの視点から意思決定過程を分析したり、核燃反対運動という環境に関連する社会運動について詳細に分析したりするなど、同書の分析は環境社会学にみられる特徴を有している。その一方で、地域の社会構造など、地域社会学的な面も多く持ち合わせている。

　舩橋らの著作が分析しているように、このような核燃料サイクルの誘致の経緯にも、様々な特徴と問題点がみられる。しかし本書の関心において重要なことは、核燃料サイクル施設や原子力発電所の建設が、これを受け入れた自治体に多額の交付金や助成金をもたらすという点、そしてこれらの資金が村の財政や地域社会にいかなる影響を与えるのかという点にある。

　六ヶ所村とその周辺地域は、広大な土地にわずかな人しか住んでいない人口の過疎地帯である。とくに冬季の気象条件は厳しく、漁業や酪農はある程度盛んであったものの、社会的・経済的な環境も非常に厳しい。このような地域に、核燃料サイクル施設の立地を契機として巨額の資金が流入している。この資金は企業による建設工事費として流入してくる部分もあるが、原発と同様に、助成金や税収として村当局の財政にもかなりの規模で入り込んできている。

　このような資金の流入は六ヶ所村の財政にいかなる影響を与えたのか。表11-2 は、同村の主要な財政データを、開発計画前の 1970 年から 2010 年を対象に取り出したものである。核燃サイクル施設計画の前身である開発計画が具体化する前の 1970 〜 71 年の同村の歳入総額は 6 億円前後で、う

ち 5 割前後を地方交付税交付金に依存している。財政力指数は 0.10 であり、極めて厳しい状況に置かれていたことがわかる。

73 年 12 月に開発推進派の古川伊勢松氏が村長になると、翌 74 年から六ケ所村の財政収入は右肩上がりを始める。産業基盤整備を目的とした国庫支出金や県支出金が増加したほか、76 年と 77 年にはむつ小川原開発公社に村有地が売却され、79 年には国家石油備蓄基地が着工される。石油備蓄基地の建設は、工事がほぼ終了する 82 年まで、多額の国庫支出金や県支出金をもたらした。81 年にはこの基地からの固定資産税も加わり、同年の歳入総額は 80 年代のピークである 58 億 4000 万円に達する。ただし、この時期の歳入増は国や県から交付される依存財源に依拠している部分が多かったため、財政力指数はそれほど上昇していない。国家石油備蓄基地の建設終了により、六ケ所村の歳入額は減少し、83 年には 37 億 7000 万円となる。そしてこのタイミングで、同村に核燃サイクル施設の立地計画が持ち上がる。81 年から 83 年にかけて減少した財政収入は、85 年にかけて増加するが、これは村税の伸びと核燃サイクル関連施設への村有地売却によるものである。その後、再度の落ち込みを見せるが、88 年にウラン濃縮工場の建設が着工されると電源三法交付金、この工場が完成するとその固定資産税により、六ケ所村の財政収入は急速な伸びを見せ、96 年には 110 億円にまで増加した。その結果、六ケ所村の財政力指数も、70 年代から 90 年代にかけて大きな伸びをみせる。この時期、同村を除く他の上北郡部の平均が 0.2 〜 0.3 のあいだ、青森県内の全市町村の平均が 0.4 前後であるのに対し [*3]、とくに核燃サイクル関連の収入がもたらされるようになった 90 年代は大きく伸び続け、95 〜 97 年の平均で 1.0 を超えると、

表 11-2　六ケ所村財政関連データ

		歳入総額	歳出総額	単年度財政力指数	経常収支比率	電源三法交付金受入額
1970	昭和 45	584,738	531,379			
1971	昭和 46	621,709	539,557	0.09		
1972	昭和 47	834,223	752,948	0.10		
1973	昭和 48	1,336,832	1,266,789	0.10		
1974	昭和 49	2,006,197	1,927,791	0.17		
1975	昭和 50	2,662,707	2,627,486	0.34		
1976	昭和 51	3,677,300	3,634,201	0.21	76.8	
1977	昭和 52	4,052,259	3,746,428	0.19	80.1	
1978	昭和 53	3,488,313	3,435,337	0.18	71.8	
1979	昭和 54	3,760,734	3,723,210	0.19	77.4	
1980	昭和 55	4,186,096	4,099,382	0.20	68.5	
1981	昭和 56	5,840,395	5,748,923	0.30	0.6	1,400
1982	昭和 57	4,557,137	4,497,437	0.66		1,400
1983	昭和 58	3,775,371	3,729,189	0.36	94.0	1,400
1984	昭和 59	4,645,167	4,598,009	0.88	78.4	1,400
1985	昭和 60	5,644,089	5,602,194	0.71	79.2	10,400
1986	昭和 61	4,034,658	3,953,316	0.81	77.6	10,400
1987	昭和 62	3,929,090	3,834,071	0.74	77.0	10,400
1988	昭和 63	4,077,608	3,969,278	0.63	75.9	159,170
1989	平成 1	4,520,177	4,392,678	0.58	76.7	279,284
1990	平成 2	6,296,412	6,160,334	0.50	76.7	1,189,762
1991	平成 3	6,384,309	6,264,135	0.49	－	947,475
1992	平成 4	6,524,300	6,404,354	0.52	76.7	1,597,778
1993	平成 5	8,916,874	8,775,388	0.87	88.1	2,557,030
1994	平成 6	9,089,673	8,945,555	0.62	77.3	3,217,429
1995	平成 7	10,296,891	10,142,333	0.78	73.9	3,740,348
1996	平成 8	11,094,839	10,964,400	1.10	70.6	3,691,032
1997	平成 9	8,229,660	8,090,279	1.11	72.9	512,988
1998	平成 10	8,883,081	8,734,831	1.27	75.6	843,357
1999	平成 11	8,284,519	8,139,714	1.27	77.1	730,329
2000	平成 12	10,645,404	10,508,689	1.73	55.1	518,143
2001	平成 13	10,925,246	10,736,335	1.84	55.1	597,021
2002	平成 14	11,016,466	10,810,230	1.74	59.4	686,175
2003	平成 15	11,537,594	11,273,337	1.92	57.6	1,428,482
2004	平成 16	12,882,618	12,675,047	2.20	59.7	1,559,413
2005	平成 17	12,033,589	11,847,268	1.96	58.1	1,420,480
2006	平成 18	10,831,037	10,554,842	1.59	75.8	1,760,127
2007	平成 19	11,195,493	11,000,818	2.10	73.1	2,058,870
2008	平成 20	10,465,811	10,176,372	1.64	80.5	1,396,479
2009	平成 21	13,533,176	13,285,413	1.39	83.3	1,957,795

地方交付税交付金交付額	固定資産税額	投資的経費	公債費	
287,500	10,450	228,657	18,220	
339,967	13,396	188,306	22,656	
398,428	16,395	284,663	25,644	
502,073	18,954	676,275	29,071	◆1
643,349	28,792	918,600	40,767	
577,525	39,928	1,329,775	61,111	
767,045	49,176	2,289,508	100,594	◆2
853,900	59,262	2,228,829	117,007	◆3
1,037,890	70,871	1,925,162	163,512	
1,128,060	81,994	1,791,665	196,980	◆4
1,219,487	98,310	2,147,520	236,279	
1,165,521	125,061	2,716,489	287,826	
670,625	173,727	1,959,615	332,289	
1,140,179	235,034	1,306,337	375,696	
329,542	1,554,174	1,340,874	481,548	
659,731	1,392,686	2,542,565	428,437	◆5
487,407	1,742,816	1,071,487	422,797	
635,303	1,572,154			
927,977	1,451,729	876,773	404,829	◆6
1,429,994	1,271,985	2,534,801	396,306	◆7
1,525,457	1,355,035	2,340,269	380,711	
1,530,149	1,459,679	2,197,902	360,133	◆8
542,728	1,996,154	4,451,823	347,739	◆9
1,277,713	2,057,641	4,378,001	348,298	
798,370	2,851,772	5,065,327	345,949	◆10
145,839	3,788,545	5,544,671	355,431	
116,843	4,347,681	2,290,444	391,961	
98,016	4,449,604	2,838,759	395,505	
56,018	4,287,116	1,962,174	389,003	
2,032	6,780,166	1,913,687	394,319	
2,511	6,636,472	3,810,332	379,021	
1,013	6,210,781	3,650,946	392,270	
30,964	6,877,179	3,784,631	409,316	
3,064	7,541,678	4,999,242	547,873	
170	7,011,175	4,082,871	381,312	
2,964	5,260,491	3,639,425	421,868	◆11
5,561	5,836,348	2,591,772	417,273	
8,418	5,488,066	2,254,036	431,186	
24,638	5,268,730	4,972,024	459,519	

第11章　原子力関連施設立地自治体の財政動向　　255

| 2010 | 平成 22 | 13,758,127 | 13,469,447 | 1.72 | 70.4 | 1,950,956 |
| 2011 | 平成 23 | 13,481,940 | 13,065,212 | 1.55 | | 2,468,235 |

◆1　開発推進派の古川伊勢松氏が村長当選
◆2　むつ小川原開発公社に村有地を売却
◆3　むつ小川原開発公社に村有地を売却
◆4　国家石油備蓄基地着工
◆5　核燃サイクル受け入れ協定締結
◆6　ウラン濃縮工場建設開始
◆7　低レベル放射性廃棄物埋設センター建設開始
◆8　ウラン濃縮工場運転開始。低レベル放射性廃棄物埋設センター操業開始
　　高レベル放射性廃棄物貯蔵管理センター建設開始

97 〜 99 年の平均では 1.217 という高水準に達している（秋元 2003:57-61）。

　経常収支比率は、顕著な改善効果がみられたのは 50％ 台に達した 2000 年から 2005 年にかけてである。他の期間については、核燃サイクル計画の前の開発計画のころから 70％台が多く続いており、他の自治体と比べると良好な状態を維持しているが、2008 年と 2009 年には 80％台まで達している。

　青森県全体では、1988 年から 99 年にかけて、422 億 8300 万円の電源三法交付金が支払われている。このうち、六ケ所村に支払われたのは 191 億円（45.3％）あまりで、隣接・隣々接市町村が半分強の約 214 億円（50.3％）、青森県が約 17 億円（4.0％）を受け取っている。青森県にとって電源三法交付金はさほど大きな収入ではない。県にとっての最大の収入は県条例による核燃料物質等取扱税である。六ケ所村に支払われた交付金は、その大半が、電源立地促進対策交付金の使途が公共用施設や産業振興施設の整備事業に限定されていることもあり、いわゆる「箱もの」に費やされている。

　原発のない六ケ所村は、原発の運転停止による直接的な影

| 24,638 | 6,519,096 | 4,864,436 | 465,131 | ◆12 |
| 81,804 | 5,979,238 | 2,763,026 | 485,112 | ◆13 |

◆9　再処理工場建設開始
◆10　高レベル放射性廃棄物貯蔵管理センター（ガラス固化体 1440 本分）操業開始
◆11　再処理工場アクティブ試験開始
◆12　MOX 燃料工場建設開始
◆13　高レベル放射性廃棄物貯蔵管理センター増設分（ガラス固化体 1440 本分）竣工

公開データをもとに筆者作成

響は受けていない。2011 年度以降の財政状況は、それ以前にくらべほとんど変化していない。他方、再処理工場は本格的な操業開始の延期を繰り返しており、核燃サイクルの完成は見通しが立てられない。

　その核燃サイクルは、2016 年 12 月に政府が原子力関係閣僚会議で高速増殖原型炉である「もんじゅ」の廃炉を決めている。もんじゅの運転に関しては、1995 年のナトリウム漏れ事故とその後の隠蔽問題など、不祥事が相次いできた。運営主体も、ナトリウム漏れ事故を受けて動力炉核燃料開発事業団が解体されている。その後、日本原子力研究開発機構が運営していたが、2015 年 11 月に原子力規制委員会が、この機構にはもんじゅを安全に運転する能力がないとして、新たな運営主体に切り替えることを求める勧告を出した。他に運営能力のある組織が見当たらないことから、政府の対応が注目されていた。廃炉の決定はその結果である。

　もんじゅの廃炉を決めたものの、政府は核燃サイクルの方針を放棄したわけではない。フランスなどと協力して開発を進めており、核燃サイクルは維持するとしている。したがって六ケ所村の現状に、すぐに直接的な影響が生じるとは思わ

れない。それでも、核燃サイクルの今後への不透明性は増大している。

六ケ所村の状況は政府の核燃サイクルに対する姿勢によって大きく左右される。しかしこのことは、六ケ所村が政府の判断に完全に従属していることを意味しない。六ケ所村は核燃サイクル施設の立地にあたり、高レベル放射性廃棄物の最終処分場にはならないことを表明し、政府もそれを受け入れている。仮に政府が核燃サイクルを断念したばあい、六ケ所村に保管されている使用済み核燃料は、すべて高レベル放射性廃棄物となる。このばあい、政府と青森県および六ケ所村は、これを持ち出すことを約束している。

しかし、高レベル放射性廃棄物の処分場は、立地が進んでいない。青森県外に持ち出すと言っても、搬入先はない。このことは、政府にとっては、核燃サイクル政策を維持することの1つの動機となり得る。核燃サイクル政策に関する直接的な意思決定権はなく、財政的にはその関連施設への依存を深めているという点で、六ケ所村と青森県は従属性を強めている。同時に、そうした状況にあっても、青森県と六ケ所村が二重基準（第12章で詳述）を基盤とした勢力を保有していることが、政府にとっての重い制約条件となっている。二重基準を軸としたゲームの積み重ねが、支配システムにおける支配者と被支配者の双方を制約しているのである。

11-3. むつ市

六ケ所村の高レベル放射性廃棄物貯蔵管理センターには、フランスのラ・アーグやイギリスのセラフィールドで再処理されたガラス固化体が運び込まれている。しかし、国内の原発で出た使用済み核燃料のうち、海外で再処理されたものは

一部であり、大半はそのまま、六ケ所村の再処理工場内や各地の原発の敷地内で保管されている。原発の稼働に伴って使用済み核燃料が着実に排出される一方、再処理工場は運転開始の延期を繰り返しており、本格的な操業の目処は立っていない。

　使用済み核燃料の中間貯蔵施設の建設は、1990 年代後半から政府や東京電力で検討されている。2001 （平成13）年の時点で年間約 900 トンの使用済み核燃料が発生する一方、運転開始の延期を繰り返している六ケ所村の再処理工場は、仮に早期に運転したとしても、処理能力は年間 800 トンであり、発生量には追いつかない。使用済み核燃料の貯蔵が困難になれば、原発の運転にも影響が出かねない。青森県むつ市に立地されている使用済み核燃料の中間貯蔵施設は、こうした状況に対応するために建設されたものである。

　むつ市は、すでに 1997 （平成9）年から東京電力に水面下での誘致の打診をしていたとされる （東奥日報010904）。かなり早い段階から情報を入手し、動いていたとみられる。1999 （平成11）年には鹿児島西之表市でも、この施設の誘致の話が持ち上がっている。西之表市には、鉄砲伝来の地として知られる種子島がある。中間貯蔵施設の候補地とされたのは、種子島から近い無人島の馬毛島であった。種子島でも、賛成派と反対派がそれぞれ署名を集めて議会に提出するなどしたが、最終的には西之表市議会が反対派の署名を採択し、さらに議員提案された放射性廃棄物の持ち込みを拒否する条例案も可決することで、この問題は収束している （東奥日報010829、010831）。

　むつ市の杉山粛市長 （当時）が誘致を正式に表明したのは2000 （平成12）年 11 月である。ただし、水面下での打診から正式表明に至るあいだの時期、東京電力は、原発用の用地を

第 11 章　原子力関連施設立地自治体の財政動向　　259

表11-3　むつ市財政関連データ

		歳入（総計）	電源三法交付金総額（千円）	三法交付金が歳入に占める割合	財政力指数
1990	平成2	15,540,554	460,210	2.96	0.44
1991	平成3	17,427,880	117,507	0.67	0.43
1992	平成4	16,583,170	135,529	0.82	0.44
1993	平成5	16,034,561	364,803	2.28	0.46
1994	平成6	17,038,918	643,572	3.78	0.49
1995	平成7	18,235,333	694,486	3.81	0.50
1996	平成8	18,271,030	611,379	3.35	0.51
1997	平成9	19,711,477	466,180	2.37	0.51
1998	平成10	19,090,313	723,711	3.79	0.52
1999	平成11	20,535,888	1,306,579	6.36	0.50
2000	平成12	18,205,323	1,240,065	6.81	0.52
2001	平成13	18,944,547	1,329,916	7.02	0.53
2002	平成14	17,830,511	924,877	5.19	0.53
2003	平成15	18,485,784	968,674	5.24	0.50
2004	平成16	29,596,164	1,116,396	3.77	0.40
2005	平成17	29,019,025	1,994,629	6.87	0.41
2006	平成18	30,308,809	2,500,317	8.25	0.42
2007	平成19	29,123,756	1,891,188	6.49	0.41
2008	平成20	31,119,257	2,130,891	6.85	0.40
2009	平成21	37,289,005	2,227,306	5.97	0.39
2010	平成22	38,018,462	2,880,968	7.58	0.37

◆1　川内町、大畑町、脇野沢村と合併

確保していた東通村への立地を優先していたとされる。しかし、東通村はあくまで原発の立地を重視しており、中間貯蔵施設の建設が原発を引き延ばす口実となることを警戒して立地を受諾しなかった。その結果、むつ市での建設が決まったのである（東奥日報010830、010901）。

　誘致にあたり、むつ市は、東京電力に対して立地可能性調査の実施を要請している。自治体の要請により事業者側が立地可能性調査を行うことは、原子力施設立地では画期的な新手法だったとされる。この手法は、少なからずいた反対派が「立地に反対」と主張しても、「建設が決まったわけでは

国庫支出金	地方税 （法人分）	固定資産税	地方交付税	
2,398,297	353,046	1,468,656	4,597,915	
2,298,897	399,022	1,597,213	5,024,642	
2,328,740	380,731	1,657,408	5,151,449	
1,885,820	391,908	1,731,654	5,135,307	
2,067,173	407,011	1,827,989	4,932,300	
2,254,990	447,982	1,888,456	4,980,926	
2,359,553	466,674	2,008,672	5,051,581	
2,432,194	443,732	2,024,632	5,117,968	
2,405,485	419,365	2,170,316	5,155,865	
2,839,821	400,118	2,207,348	5,480,110	
1,893,927	414,516	2,131,466	5,463,353	
2,143,286	381,890	2,159,725	5,185,498	
1,822,595	301,495	2,159,807	5,108,049	
1,929,615	397,534	2,071,189	5,073,760	
2,863,240	375,296	2,479,802	9,765,421	◆1
3,069,805	411,501	2,503,781	10,716,094	
3,740,674	393,269	2,353,876	10,545,762	
3,594,382	425,951	2,363,903	10,486,504	
3,267,101	366,522	2,384,602	10,889,580	
5,519,935	338,790	2,302,135	11,282,219	
6,093,410	370,075	2,307,091	11,671,828	

公開データをもとに筆者作成

ない」と反論することができるなど、推進派にとっては避雷針の役割も果たしたとされる（東奥日報010902）。

　そして2005（平成17）年10月19日に、設置者である東京電力・日本原子力発電とむつ市とのあいだで施設受け入れの立地協定が交わされる。さらにこれを受け、東京電力と日本原子力発電は事業主体として「リサイクル燃料貯蔵株式会社」を11月21日にむつ市で設立する。約5000トンの使用済み核燃料を50年にわたって貯蔵するという事業である。この施設は、2010（平成22）年に建設着工し、現在では建物そのものは完成している。しかし東日本大震災と福島原発事故の影

響もあり、現在は操業開始に向けた審査の段階にある。

　中間貯蔵施設誘致に関するむつ市のうごきは非常に素早いものであった。こうしたむつ市のうごきの背景には、同市が直面する財政難がある。市は、中間貯蔵施設を受け入れることで、60年間で1000億円という電源三法交付金を受け入れることになる。

　むつ市は、2005年3月に、周辺の川内町、大畑村、脇野沢村と合併している。同市の財政規模は、合併前が約180億円、合併後が約300億円である。これに対し05年度の決算時点での累積赤字は約25億円であった。合併以前の段階でも、むつ市の財政状況は深刻であった。2001年度には、財政再建準用団体に転落する危険性もあったとされている。もともと広大な土地に、集落が点在している過疎地帯であるが、合併以前も以後も変わらずに財政の重荷になっているのが病院である。地域の中心的な病院であるむつ市総合病院へは、合併前の時点でも毎年8億円が市の予算から繰り出されている。合併後は、旧3町村にそれぞれある診療所の40億円以上の不良債務も背負っている。これらの診療所の経営を改善するために、市は毎年6億円近くを支出している。山がちな土地であり、冬には積雪もある。住民の生活と健康を支える病院や診療所を維持することは、市としては重大な使命であろう。他方、採算性は当然のように悪く、その分を一般会計から負担せざるをえない。その一般会計にしても、めぼしい産業も、人口も少ない地域では、十分な歳入は見込めない。少なくとも市の幹部は、破たんを回避し、財政を改善するためには、中間貯蔵施設による交付金に頼らなければならない状況に追い込まれていると考えていたと思われる（東奥日報010901、010828）。

　表11-3は1990年から2010年にかけてのむつ市の財政デー

タの一部を抜粋したものである。2004年度に歳入額が大きく上昇しているが、これは合併によるものである。注目すべきは、電源三法交付金が歳入総額に占める割合であろう。むつ市はもともと、東通原発の近隣市町村に該当したため、中間貯蔵施設の誘致以前から三法交付金の交付を受けていた。しかしこの金額は、誘致が表面化した1999年以降に跳ね上がる。それまで、歳入額に占める割合は2〜3％程度であったものが、5〜8％へと一気に上昇している。他方、三法交付金という依存財源に依拠しているため、財政力指数に大きな上昇はみられない。施設が稼働していないこともあり、固定資産税にも変動はない。

　本書では原発の経済効果はそれほど大きくないことを指摘してきた。中間貯蔵施設のばあい、このような経済効果はさらに小さなものとなる。地域社会が享受できるのは、財政効果が中心となる。原発で大幅な税収増を生んだ固定資産税は、中間貯蔵施設でも期待されている。直接に税収をもたらすのは、搬入されるキャスクであり、施設そのものではない。現在は操業開始前の段階であり、キャスクの搬入はなされていないため、固定資産税の増加はみられない。市が期待しているような財政効果を得るためには、施設の操業開始が不可欠である。

　一方、運び込まれたキャスクが、本当に予定通り50年で搬出されるのかという点に対する疑問は残る。核燃サイクルの見通しは明るいものではない。むつ市もまた、原材料としての使用済み核燃料は受け入れるが、高レベル放射性廃棄物は受け入れないとしている。核燃サイクルが断念されれば、すぐにでも搬出を求めることになる。しかしこのことは、市にとっては貴重な税収を失うことにつながりかねない。他方で国には新たな搬出先の目処はない。核燃サイクルに対し、

今後、政府はどのような判断をしていくのか。それによって地域はどのような影響を受けるのか。六ケ所村と同様に、むつ市も、非常に不安定な状況に置かれている。

11-4. 高レベル放射性廃棄物

ここで、高レベル放射性廃棄物についても検討しておく。高レベル放射性廃棄物は、現在は地下300mに埋設するという地層処分によって処理されることになっている。政府はこの施設の立地点を長年にわたり探し続けているが、現状では受け入れを決めた地域はない。したがって事例分析の対象になるような立地点もない。しかしこの問題の分析は本書にとっても不可欠である。以下、この問題の概要をみておく。

高レベル放射性廃棄物は、原発から出る使用済み核燃料および再処理によって生じたガラス固化体を指す。再処理をせずに処分をする「ワンスルー」方式を採用している国であれば高レベル放射性廃棄物＝使用済み核燃料であり、日本のように全量再処理を前提としている国であれば、ガラス固化体のみとなる。ただし、核燃サイクルを完成させた国はなく、再処理を目指していた国あるいは維持している国には、使用済み核燃料とガラス固化体の双方が存在している。日本でも、イギリスのセラフィールドやフランスのラ・アーグにある再処理工場に委託する形で再処理した中から生じたガラス固化体が、青森県六ケ所村にある高レベル放射性廃棄物埋設センターに貯蔵されている。また、同村内にある未稼働の再処理工場のほか、各地にある原発サイト内には多くの使用済み核燃料が貯蔵されており、その総量は1万7000トンを超えている。

政府は、1976 (昭和51) 年10月に原子力委員会が、「高レベ

ル放射性廃液は安定的な形態に固化し、一時貯蔵した後、地下に処分する」などの方針を決め、長年にわたり高レベル放射性廃棄物の処分施設の立地点を探してきた。後述する北海道の幌延町をはじめ、岐阜県の瑞浪市など、いくつかの自治体の名前が具体的に検討されたが、いずれも地元の反発が強く、計画が実現しなかった。

　2000（平成12）年になると、政府は原子力発電環境整備機構（NUMO）を設置し、全国の自治体から公募を募るという方法を採用した。NUMO による公募に応じた場合、第1段階として文献調査による概要調査地区の選定、第2段階としてボーリング調査による精密調査地区の選定、第3段階として地下施設等による精密調査という3つの段階の手続きをふまえて検討が進められる。そのうえで処分施設建設地を選定する。3段階の調査・選定手続きの中では、「それぞれの段階で報告書を作成し、これに対して地域地域のみなさまから意見をいただく機会を設けます。国は、この段階の選定において関係都道府県知事および市町村長の意見を聞いてこれを十分に尊重しなければならないとされており、その意に反して選定が行われることはありません」（NUMO ウェブサイト）としている。

　この募集に対しては、第1段階の文献調査にかぎっても、応募したのは高知県東洋町のみで、他に手を挙げたところはなかった。しかし、書類の提出には至らなかったものの、関心を示し、六ケ所村への視察を行うなど具体的なうごきを見せたケースは少なくなく、10カ所程度は検討した地域があったとみられる。

　これだけの数の自治体が関心を示した背景には、各自治体が喘ぐ財政難の問題と、文献調査だけでも2億円（2007年度に拡充されて単年度最大10億円、期間内で最大20億円）と言われる助成金

がある。第2段階の精密調査では単年度最大で20億円、期間内70億円となっている。多くの場合関心を示したのは、各自治体の首長をはじめとする行政の責任者である。このことは、こうした助成金が、財政難に直面している自治体にとっていかに魅力的なものとみえたのかを物語っている。

　しかし、受け入れを検討していることが知られるようになると、多くの住民が強く反発した。こうした反対の意見を受けて、いずれの自治体も正式な申し込みには至っていない。住民からの反対が非常に強いのは、高レベル放射性廃棄物が危険であることに加え、これを受け入れることは、自分たちの地域が核のゴミ捨て場になることを意味すると捉えられているからである。

　実際に六ケ所村に視察団を派遣して検討した自治体の1つに滋賀県余呉町がある。この町も最終的には正式応募には至っていないが、視察に来た関係者の1人が六ケ所村の関係者に対して、「なぜ六ケ所村では受け入れないのか」と問うている。他方、六ケ所村に隣接し、東北電力の東通原発を抱える東通村は、2007（平成19）年1月に、地元紙である東奥日報のインタビューに答える中で、村長が、高レベル放射性廃棄物処分場の受け入れに言及している。しかしこの話も、具体的に進展することなく終わった。高レベル放射性廃棄物の最終処分地にはならないということが青森県の基本方針であり、国との「約束」もあるからである。

　多くの核燃サイクル施設が立地している六ケ所村や青森県で、高レベル放射性廃棄物の最終処分を受け入れようとしないことは、この問題を考える上で非常に重要な点を提起している。青森県において、これまで、高レベル放射性廃棄物の最終処分地をめぐってはどのような経緯があったのか。青森県と国（当時の科学技術庁）との約束とはどのようなものである

266

のか。

　青森県に核燃サイクルの構想が持ち上がったのは 1984 (昭和59) 年である。ただし、この時点で具体的に挙げられた施設は再処理工場、ウラン濃縮工場、低レベル放射性廃棄物貯蔵施設の 3 つであり、高レベル放射性廃棄物関連の施設は言及されていない。高レベル放射性廃棄物に関わるものとして、貯蔵管理センターの建設が浮上しきたのは、日本原燃サービスが国に事業許可を申請した 1989 (平成1) 年である。この申請は 1992 (平成4) 年に認可されたのち、1995 (平成7) 年に竣工している。そしてこの年、操業開始のための安全協定の締結にあたり、貯蔵期間は 50 年であり、それをすぎたものについては、速やかに村外に搬出するという約束が、青森県と当時の科学技術庁長官の田中真紀子氏とのあいだで文書によって交わされた。この約束が、現在の核燃サイクル政策にも大きく影響している。

　この約束をした時点で、青森県は高レベル放射性廃棄物の最終処分地にはならないということを明確な形で意思表示したことになる。それでは、事業の始めである貯蔵センターの構想の事業認可、そしてその認可が下りた時点では、青森県および六ケ所村はどのような反応をしていたのであろうか。

　青森県と六ケ所村のこのうごきは、北海道幌延町のうごきと連動している。幌延町は、80 年代以降、政府が高レベル放射性廃棄物の最終処分場の最有力立地点として計画を進めようとしてきた。しかし地元住民や北海道知事や議会をはじめとする多くの行政機関の反対や慎重姿勢のため、研究センターの建設にはこぎつけたものの、処分場の建設計画は実質的には停止している。

　幌延町は明治維新以来の開拓によって作られてきた酪農の町である。しかし当時から人口の減少は進んでおり、経済・

社会的には厳しい状況におかれていた。放射性廃棄物の処分場の計画は1981年頃から取りざたされているが、もともとは「公害企業」や原発、あるいは当時母港を探していた原子力船「むつ」を誘致しようという構想であった。しかし、むつの母港は青森県むつ市となり、原発も泊村に建設されるなど、誘致は思うようにいかなかった。そこで、北海道選出の国会議員で、当時の科学技術庁長官であった中川一郎氏の仲立ちにより、放射性廃棄物の処分場が候補として上がったことがはじまりとされている。当時は高レベルなのか、低レベルなのかもはっきりしていなかったようである（滝川2001）。当初は低レベル廃棄物とされていたが、その後、六ケ所村への核燃サイクルの立地が決まった1984年から、高レベル放射性廃棄物として明確に意識されるようになる。

　この時点では、政府の関係者は幌延での立地にかなり期待していたようである。核燃サイクル施設を受け入れようとしていた六ケ所村側では、高レベル放射性廃棄物は幌延で処分されると国側から説明を受けていた。当時は核燃サイクルの破綻はみえておらず、有力な処分場の候補地もあった。「最終処分場にはならない」ということを前提に核燃サイクルと貯蔵センターを引き受けるという枠組みは、こうして形成されていく。

　しかし、幌延の構想は、その後、大きく停滞することになる。幌延町民や周辺自治体の反発は非常に強かった。また革新系の横路知事も幌延の計画に否定的な立場を示す。そして90年に北海道議会で、高レベルガラス固化体の貯蔵施設も含めた「貯蔵工学センター」への反対の決議がなされることで、ストップがかけられた。

　その後、政府は、なんとか計画を盛り返そうする中で、研究施設の立地にこぎつけるが、2000年には北海道議会で「北

海道における特定放射性廃棄物に関する条例」が制定されている。この条例は高レベル放射性廃棄物の持ち込みに慎重な姿勢を示すものであり、現在でも幌延の施設には高レベル放射性廃棄物は持ち込まれていない。

操業前の安全協定の締結という段階で、青森県は「最終処分地としない」という確約をとろうとしたのは、こうした幌延での計画頓挫の背景がある。有力な候補地がなくなる一方、核燃サイクルは失敗続きで計画は大きく遅延していた。こうしたことを背景に、青森県内で「最終処分地とされるのではないか」という懸念が強くなるとともに、高レベル放射性廃棄物貯蔵管理センターが竣工し、操業開始が迫ってきたことで「約束」が必要とされたのである。

高レベル放射性廃棄物をめぐっては、すでに国内に存在している以上、いずれかの地になんらかの処分施設を作らなければならない。しかし、これまでの経緯をふまえると、この立地選定の過程において、地方自治体の財政事情が重要な変数として関係してくることは避けられないだろう。本書は、実際にこれを受け入れた地域に対して、なんらかの補償をすることを否定しない。しかし、これまでの原発立地にみられたように、この補償が支配システムの一部として機能し立地が進むことは避けるべきである。

11-5. 財政動向と事例分析のまとめ

本章では、原子力発電所、核燃サイクル施設、使用済み核燃料の中間貯蔵施設を立地した自治体の事例と、高レベル放射性廃棄物処分施設の立地動向について、財政に関わる視点を軸にみてきた。

これらの事例からは、原子力関連施設の立地をめぐり、国

レベルと地域レベルとのあいだでの支配システムが財政を軸に作動していること、そしてその作動が地域社会の自律性や持続可能性を損なう方向での影響を与えていることがうかがえる。これは、経営システムと支配システムが逆連動の関係にあり、公共圏やアリーナが衰退することで、道理性が損なわれていることを意味する。

リスクのある施設を受け入れる側である自治体や地域社会の立場のゲームとしてみると、この財政を軸としたゲームは負の選択ゲーム、あるいは自己閉塞ゲームとしての特徴を持っている。リスクを付加的受益 (第12章で詳述) と互換可能にすることで、一定の利益を得ることができる。しかしこれは、自身の身体を切り売りすることに等しい。自身の身体を切り売りして利益を得た場合、それに依存する傾向が強くなるとともに、自らの体力が奪われてしまう。その悪循環から抜けだそうとしても、その流れを変えるような足腰の強さを失ってしまいかねない。その結果、当初の想定と異なり、施設の危険性が現実化したとしても、それに目を瞑って依存を続けなければならなくなる。さらに、全町避難のような壊滅的な事態が生じかねない。

他方、壊滅的な事態に至らなくても、財政効果の変動は激しく、安定性にかける。経済効果はそもそも期待されるべきものではなかった。電源三法交付金はこうした難点に対処するために「改善」を加えられているが、自治体財政の依存度をより高めるものである。この依存は、原子力関連施設が安全で、かつ、原子力産業が今後とも長期的に展開されつづけるという前提のうえに成り立つものである。

現実には、原発の安全性は絶対ではなく、過酷事故の発生と再生可能エネルギーの台頭により、産業としての原子力の今後も見通しが明るいとは言いがたい。原子力への依存とそ

れに伴う財政効果は、非常に不安定な要件の上に成り立っているのである。

注

1　朝日新聞 2011 年 5 月 28 日、葉上（2011）など
2　朝日新聞 2011 年 5 月 28 日
3　青森県内市町村平均は、96 〜 98 年の平均値が一時的に上昇し、0.6 近くまで達している

第 12 章

電源三法交付金の社会学的分析

財政との関わりにおいてみると、石炭と原子力は大きく異なっている。石炭産業は、最盛期においては収支採算性が成立していたが、同時に、政府からの助成金も多く投入されてきた。しかしその多くは炭鉱を抱える企業に対するものであり、炭鉱が所在する自治体に対するものは限られていた。また、都市部で徴収された税を立地点に還流するための制度も形成されていなかった。これに対し原子力では、ほとんどを都市部で徴収した税を立地点に還流する電源三法交付金が制度化されている。

　原子力関連施設の立地において経営システムと支配システムは逆連動するが、その中で電源三法交付金は中心的な役割を果たす。以下では、この制度を起点とした分析を行う。

12-1. 電源三法の制定経緯と特徴

　租税は、①政府の財源を調達するための手段であると同時に、②政策を達成するための手段としての性質を帯びている。後者については、所得税に対する累進税率のように格差の是正と再分配を意図した政策もあれば、企業や個人に環境保護的な行為を選択させるための制度もあるなど、いくつかの下位類型を設定することが可能であろう。電源開発促進税を基盤とする電源三法交付金の制度は、電源立地を促進するためのものであり、政策達成手段の1つとして位置づけられる。

　結果として、この制度のもとで原子力発電所の立地は推進されてきており、政策上の意図にそった機能を果たしている。では、二重基準の連鎖構造や支配システムの視点からとらえたばあい、この制度はいかなる機能を果たしたのであろうか。

　電源三法制度の形成過程とその特徴からみていこう。電源三法は、第一次オイルショックの翌年の 1974 (昭和49) 年に

成立している。制度の内容面ではオイルショックの影響を受けており、エネルギーの海外依存度の高さへの対応策としての性質を持っているが、この制度につながる議論は1950年代から行われていた。

近年では電源三法はもっぱら原子力関連施設の立地促進のために用いられているが、厳密には原子力のみを対象としたものではない。1960年代後半から70年代にかけては、火力発電所も公害の発生源になるとして、立地にあたって周辺住民からの理解が得にくくなっていた。電力会社は、強固になっていく反対運動を前に、独力でこれを克服していくことは負担が重いとして、政府に対して支援の実施を働きかけていた経緯がある。

原子力エネルギーに関して言えば、1956（昭和31）年に日本原子力研究所の東海村への立地が決定したときから、「原子力地帯特別整備法」の制定が要望されてきた（清水1991）。1964（昭和39）年12月に原子力委員会が決定した「原子力施設地帯整備事業」では、5カ年計画で総額18億円が措置されている。また、1973（昭和48）年1月には、日本原子力産業会議が「原子力開発地域整備促進法（仮称）の制定についての要望」をとりまとめている。この「要望」が、「原子力開発地域整備促進大綱（案）」となり、最終的に制定には至らなかったものの、「発電用施設周辺地域整備法案」の国会への上程へと繋がった。

「要望」では、原子力施設の立地に関し法的措置を講ずることの論拠も示されていた。原子力関連施設が立地されるのは基本的に人口の希薄な過疎地である。本来、原子力関連施設に必要な用地造成等の基盤整備については施設設置事業者が負担して行うものであるが、環境・生活に関わる基盤までは網羅されていない。この点は立地自治体が負担して行うことになるが、元来が過疎地で財政力の弱い自治体であること

から、膨張する財政需要に応えることができない。施設が完成して稼働を始めれば、事業税や固定資産税による税収が見込めるが、それを待っていては、公害などの被害を防止すべく先行して対処することができない。それゆえに、特別な枠で地方債の起債を承認するなどの措置が必要であるとされたのである。

この「発電用施設周辺地域整備法案」は1973年4月に国会に提出されたものの、一度も審議されないままに継続審議扱いになった。その理由は、国の助成が不十分であり、電気事業者による経費の一部負担の内容も明らかにされず、地元としても十分なメリットをもたらすと評価できなかったからとされている（清水1991）。

オイルショックが発生したのは直後の10月である。当時の第3次田中角栄内閣は、原子力発電の推進を国家的課題とし、緊急に電源立地促進法制に取り組むことになる。その結果として、翌年に電源三法が上程されたが、この間に、清水（1991）の言うように「単法」から「三法」への衣替えがなされた。この衣替えに伴う変更点は多いが、最も重要なことは、国の補助・負担金の嵩上げによって財政援助をするとしていたものが、電源開発促進税を新設し、その歳入を新たに設けた特別会計に組み込み、これを原資として周辺地域に交付金を配分するという方式に改められたことにある。

この原資となる資金を納税者として支払っているのは電力事業者であるが、その税負担分は、総括原価方式によってすべて電力料金に転嫁されている。したがって実質的な負担は電力使用者である市民となる。電力は現代的な生活においては不可欠のものであるが、人口が集中している分、地方より都市部の方が使用量が多い。原発は人口の疎らな地方に立地されていることから、電力消費地である都市部が原資を税金

として支払い、原発を立地し電力を供給している地方が、リスクを引き受ける代わりに交付金を受け取るという構図が出来上がる。

この構図に対する政府の考え方は、同法の制定をめぐる国会審議での下のような答弁に表現されている。

「一つは、環境保全の見地から考えて、地域の住民の方は環境破壊についての危惧を非常に抱いておる。もう1つの問題は、安全の問題でございます。これは特に原子力の場合には、まだ安全に対する住民の不安感が非常に根強いことが、この根本的な解決ができないいわゆる阻害の要因になっておる。もう一つの要因は、地元の振興に対して寄与しない。いわゆる装置型の産業でございますので、あまり恩恵を受けないということに対しますいわゆる不満足感でございます。もう一つは、そういう犠牲の上に立ってつくられた電力というものが、産業用とかまた都市のために多く使われて益することがないというような感情的な問題も含まれておると思います」（衆議院大蔵委員会議事録1974.5.17）[*1]。

迷惑料という表現こそ用いられていないが、実質的にそうした性質を持つものであることを、当時の政府も認識していたことを示している。装置型の産業である原子力関連施設には、大きな経済効果が期待できないことは、当初から想定されていた。都市部の人々が支払った税金により、「迷惑料」という形での利益を提供し、かつ、原子力関連施設に伴う固有のリスクへの不安感を和らげる。オイルショックを契機の1つとしつつ、この構図に辿り着くことで電源三法交付金制度は誕生した。

12-2. 受益の還流による受苦の相殺：東北・上越新幹線の 建設

電源三法における構図は、社会学的な視角からはどのように分析されるのであろうか。迷惑料を供給することで受苦と相殺するという手法は、環境社会学の概念を用いれば、「受益の還流による受苦の相殺」と呼ぶことができる。受益圏である都市部が、税負担という形によって利益の一部を拠出し、それを受苦圏である原発立地に移動させることで受苦を緩和させる。この手法は、経営システムの視点からは、利益の再分配機能を担っていると言うことができる。再分配にあって供給されるものは金銭に限られない。例えば一般廃棄物の焼却施設の立地にあたり、焼却に伴って発生する熱を利用した温水プールを併設し、周辺住民向けのサービスとするやり方などは、広く使用されている。迷惑施設の立地を課題とする経営システムの視点からとらえれば、合理的な手法の1つである。

しかしながら、支配システムの視点からとらえれば、この手法には留意すべき点が多い。用い方によっては、迷惑施設を望まない形で押しつけるための方便となりうるからである。では、受益の還流による受苦の相殺は、どのような条件のもとでは、支配システムの文脈での押しつけの手法として作用してしまうのか。あるいは、どのような条件を満たせば、押しつけとして作動せず、経営システムと正連動する形で機能するのであろうか。

この点の考察を、東北新幹線建設時における埼京線建設の事例の検討から始めよう（舩橋・長谷川・畠中・梶田 1988）。1980 年に東京から盛岡および新潟までの東北・上越新幹線の建設計画が発表された際、東京都北区や、埼玉県内では強い反対運

動が生じた。とくに埼玉県内は、戸田市や、現在のさいたま市である浦和市・与野市・大宮市の3市、さらには大宮以北の白岡町（現在の白岡市）や伊奈町も含めた県内の沿線全域で、地元の行政と議会、自治会レベルの住民組織に至るまでの幅広い層で反対運動が生じた。合わせて当時の県知事や県議会までもが反対したのであるから、県内はほぼ全面的に反対という状況であった。

　当時は、名古屋における東海道新幹線による騒音・振動の公害が大きな社会問題となっていた。都内や埼玉県内でもそうした公害を懸念する声はあったが、発表された計画には十分な対策が盛り込まれていなかった。東北・上越新幹線の建設は、東北地方や新潟県に住む人々にとっては首都圏へのアクセスを改善するという大きなメリットがあるが、東京都や埼玉県に住む人々にとっては、旅行等での利便性を高めるものではあるものの、日常的なメリットはほとんどない。一方で、建設の計画があることは広く知られ公害の懸念もあったのに、事前の相談もないままに一方的にルートが公表され、公害の対策も十分でなかったことが、沿線地域の反発を呼ぶ結果となった。

　知事以下の全面的な反対にもかかわらず最終的に東北・上越新幹線が建設されたのは、当時は通勤新線と呼ばれた埼京線の併設が大きな意味を持つ。東京のベッドタウンである浦和市や大宮市などでは人口が増加しており、通勤の足である京浜東北線は輸送限界を超え、混雑の度合いが激しかった。埼玉県内の東北・上越新幹線のルートは、この京浜東北線に並行している。新幹線に在来線を併設し、新しい通勤の足とすることは、沿線の住民にとって大きな魅力であった。この通勤新線の併設が提案されることで知事が容認へと方針を転換し、建設計画が大きく前進したのである[2]。この事例は、

埼玉県内の沿線地域という受苦圏に、通勤新線という受益を
もたらすことで理解を得たという点で、「受益の還流による
受苦の相殺」の成功例として位置づけられる。

　しかし、この事例の分析にあたり、「受益の還流と受苦の
相殺」という側面に着目するだけでは不十分である。東北・
上越新幹線の建設においては、埼京線の建設に加え、騒音・
振動への直接的な対策も盛り込まれた。大宮以南の地域にお
いては、線路の両脇の土地が当時の国鉄によって買い取られ、
実質的に緩衝地帯としての機能を果たした。また、この区間
においては、現在でも減速運転が行われている。緩衝地帯の
設置には、用地の買い取り費用が必要となる。また、減速運
転は、到着時刻の遅延となり、利用者の利便性を損なう。こ
こでは、これらの受益の提供あるいは負担の受け入れによっ
て、公害の緩和という受苦の削減が図られている。

　この事例からは、受苦圏への受益の還流が、①受苦そのも
のを削減するもの（受苦の直接的削減）であるのか、②受苦の削
減ではない別の形での受益を付加するもの（付加的受益の提供）
であるのか、の２つを分けて考えるべきであることが示唆さ
れる。埼京線の建設は後者であるが、これとは別に騒音・振
動対策により受苦そのものの削減策が取られている。このこ
とが、埼京線の建設による受益還流という方法をより望まし
いものとした。受益の還流による受苦の相殺が、経営システ
ムと支配システムの正連動として機能するためには、直接的
な受苦の削減と付加的受益の提供が、それぞれに実施される
ことが条件となる。

12-3. 受益圏・受苦圏関係の不可視化、受益と受苦・リスクの互換化

　東北・上越新幹線の事例では、受益の還流による受苦の相殺が、経営システムと支配システムの正連動として機能した。これに対し電源三法交付金による原子力関連施設では、逆連動として機能している。そこには、どのような相違がみられるのであろうか。

　まず、電源三法制度における受益圏と受苦圏の関係をみておこう。国や自治体の財政措置により、受益圏の一部の利益を受苦圏に還流するという方法そのものは、広く行われている。しかし、多くの場合は一般会計の中からその都度支出されており、税を徴収し、それによって交付金を手当するという形で体系的に実施されている例は少数である。一般会計からの捻出であれば、予算をめぐる議論の中で金額が削減させられたり、項目が削られたりすることもありうるが、電源開発促進税のための特別会計を設けることで、持続的に、より大きな規模で還流を実施することができるようになる。

　また、多様な人々が多様な形で納めた税で構成されている一般会計からの捻出とは異なり、この税の負担者である受益圏と、交付金を受け取る受苦圏とのあいだの関係が明確なものとなる。

　しかし、このような明確化は制度上のものであり、現実にはみえない税金となっている。電源開発促進税法の納税者は電力会社であるが、税額分は電力料金に加算されているため、実質的な納税者は電力の需要家である。ところが実質的な納税者である電力の需要家は、自分がいくらの税を支払っているのかなどを、ほとんど知ることができない。納税分の負担額は電力料金に含まれてしまっているため、電力会社から需

要家宛に発行される請求書や領収書には、電源開発促進税の名称や金額が記載されていない。電力の需要家にとっては、電源開発促進税は「みえない税金」であり、その負担は不可視化されている。

この点は、2012年に制定された再生可能エネルギーの固定価格買取制度と対照的である。この制度は、再生可能エネルギーの普及を促すため、このエネルギーによって生み出された電力を、採算性の取れる価格で固定して長期的に買い取るという制度である。普及の遅れているエネルギーの採算ラインは、普及の進んでいるものに比べると高い。固定価格はその差額を考慮して設定されている。設定された固定価格は、通常の電力料金よりも高めになるので、その差額分をどうやって賄うのかが問題になる。固定価格買取制度では、電力料金とは別に賦課金を需要家から集めることで、この問題を解決している。この賦課金の負担者は電力の需要家であり、この点は電源開発促進税と変わらない。しかしこちらの賦課金は、電源開発促進税とは異なり、徴収された金額が領収書などに明記されている。

電源開発促進税のように、みえない税金であれば、知らないままに負担している人も多く、負担感は小さくなる。これに対し賦課金として支払っている金額が明記されていれば、負担感はより大きくなる。税を払っている自覚が薄いことは、自身が受益圏に位置し、その負担額が受苦圏に還流されていることへの認識が薄いことへとつながる。みえない税金としての電源開発促進税は、制度が意図している構図を、とくに受益圏にいる人々には自覚させないという機能を果たしている。この受益圏と受苦圏の関係性の不可視化は、受益の還流という手法が経営システムと支配システムの関係において逆連動となるばあいにみられる現象の1つである。

次に、受苦・リスクの直接的削減と付加的受益の提供についてみていこう。付加的受益としての交付金で地域の振興策が図られたとしても、それによって原発の事故リスクが減少するわけではない。したがって、電源三法交付金とは別に、事故リスクなどの受苦への直接的な対処をすることが必要である。

　しかしながら、この文脈においては、原子力技術が持っている特徴、すなわち、①根本的に事故の可能性をゼロにできないという意味で制御不可能であり、かつ、②事故が生じた場合の被害が極めて巨大なものになり、そこから回復させることができないという意味で不可逆的であることが無視できない。

　新幹線による騒音・振動公害の被害は、人体に深刻な影響を与えることはありうるが、新幹線の走行を止めれば、被害が拡大することはなくなる。この点では可逆的な技術である。また、その被害発生のおそれは、緩衝緑地帯や高性能の防音壁の開発と設置によって、相当程度に小さくすることができる。この意味で、制御可能な技術でもある。これに対し原子力関連事故の発生リスクは、福島第一原発を始めとする重大事故が示しているように、根本的にゼロないしそれに近づけることはできない。原子力の安全性を主張する技術者たちは原発事故の可能性が限りなくゼロに近いとしてきたが、それにもかかわらず福島事故が生じたことは、この技術が制御不可能であることを示している。そして、原子力関連の被害は、一度、巨大な災害が生じ、放射性物質が拡散してしまえば、それを回収することは不可能である。それゆえこの技術は不可逆的である。

　制御可能で可逆的な技術と、制御不可能で不可逆的な技術とでは、受益の還流による受苦の相殺という方法が持つ意味

は異なる。制御可能で可逆的な技術においては、実際の被害の発生を抑制しつつ、受益の還流＝付加的受益の提供によって、受苦圏となる人々の不安や不満を和らげることが可能である。受苦が適切に削減・緩和され、受苦圏にいる人々の意見を反映して、かれらの生活状況の改善につながるような形で付加的受益が提供されれば、経営システムと支配システムが正連動していると言える。

これに対し、制御不可能で不可逆的な技術への対処における受益の還流は、異なった機能を果たす。制御不可能で不可逆的な技術であることから、受苦の直接的削減は極めて困難である。その受苦に抵抗感を抱いている人々に立地を受け入れてもらうためには、付加的受益を提示しながら、懸念されている受苦はさしたるものではないと強調するしか方法はない。ここでは、受益と受苦あるいはリスクの互換化が生じている [3]。

互換化が成立したもとでの付加的受益の提供は、原子力リスクの制御不可能性や不可逆性の矮小化や隠蔽につながる。とくにリスクは潜在的なものであり、どれくらいの危険性があるかなどを具体的に立証することは、科学的な知見を加えても容易なことではない。こうしたばあい、政府が推進している事業では、専門家と呼ばれる人々が安全性を強調するために組織的に動員される一方、政府の方針に否定的な立場からの専門的な知見は、集約して大きな声になりにくい。そのため、原子力リスクが持つ様々な困難さが、十分に評価されずに矮小化されてしまう。

このように電源三法交付金制度は、受益圏・受苦圏関係の不可視化と、リスクの互換化による矮小化を引き起こす。受益圏・受苦圏関係やリスクをめぐる問題は、原子力エネルギーをめぐる議論にとっても中心的な問題である。これらの問題

が十分に議論されなくなることは、原子力をめぐる公共圏や
アリーナの衰退をもたらし、自己決定性などの道理性の問題
も論じられなくなる。これらの過程の帰結として、経営シス
テムと支配システムの逆連動が生じる。

　以上のことから、受益の還流による受苦の相殺という方法
が、経営システムと支配システムの正連動を生むものとして
用いられるための条件として、以下の点が挙げられる。第一
に、被害の発生部分について、実質的にこれを緩和させるた
めの措置が講じられることである。第二に、還流される受益
の部分が、こうした実質的な被害の緩和と互換関係に置かれ
ることのないようにすべきである。第三に、受益圏と受苦圏
の関係を分かりやすい形で示すことである。これらの条件を
満たした場合には、迷惑施設の立地という課題は、経営シス
テムの文脈において、支配システムへの負担の転嫁という逆
連動の形にならずに解決されるであろう。

　これに対し、上記3つの条件のうちの1つでも満たしてい
なければ、逆連動による支配システムへの負担の転嫁が起こ
りうる。原子力関連施設に関しては、安全性の確保の困難さ
などの性質から考えて、常に逆連動の形にならざるをえない。
電源三法交付金は、この逆連動の中心に位置している。

　この傾向は、固定資産税などの他の財政収入にも当てはま
る。固定資産税そのものは一般的な税であり、迷惑料による
埋め合わせを意図して作られた電源開発促進税とは異なる。
そのため、受益圏と受苦圏の不可視化といった問題点の指摘
は当たらない。とはいえ、事業者が支払う税の原資は、大半
が都市部の居住者が支払う電力料金である。受益圏の人々か
らみれば、自分たちが支払った電力料金がすべて、立地地点
への固定資産税になるわけではなく、そもそも事業者の資金
の使途には関心がない。しかし受苦圏に位置する人々からみ

れば、受益圏から還流されてくるものであることに変わりない。

　また、この税収を得るために原発の新増設を受け入れるのであれば、互換化の現象は、電源三法の際と同様に観察されることになる。互換化は、立地道県が制定している条例による財政収入などにもみられる。これらの税収は、電源三法交付金に類似した機能を帯びており、経営システムと支配システムの逆連動を引き起こしている。

12-4. 二重基準の連鎖構造

　経営システムと支配システムが逆連動する中で、原子力関連施設の立地自治体は被支配主体化している。しかしそれは、従属化であって隷属化ではない。支配主体が強制力にもとづいて一方的に、被支配主体を従わせることを隷属と言おう。被支配主体の側は、自ら意思を、一部であっても貫徹させる余地はない。これに対して従属は、圧倒的に不利な状況下での支配主体とのゲームにおいて、被支配主体が、自らの戦略をもち、一部ではあれ何らかの意思を貫徹させる状況を指す。

　原子力関連施設の立地においては、受け入れ側の自治体が、二重基準と呼びうる戦略を用いていることが見出される。二重基準の戦略は、舩橋晴俊 (2012) が指摘したものであり、原子力エネルギーの利用によるメリットは享受するものの、事故リスクのある施設の立地は引き受けないというものである。このことは、原子力立地地域という被支配主体が、支配システムの中で従属的な立場にありながらも、自らの意思をもってゲームに臨んでいることを示すものである。とくに、受苦やリスクを互換可能なものとしつつも、危険性についての判断を完全に放棄したわけではないことも示している。

自治体の関係者が、原子力関連施設の立地を推進しようと
する場合に、この戦略を用いることには合理性がある。地域
社会の中には、リスクを承知したうえでこれらの施設の受け
入れに地域の振興を託そうとする人々もいれば、懸念がぬぐ
いきれずに反対の見解をもつ人もいる。多くの利益が得られ
る部分だけを受け入れ、危険なものは持ち出すという説明は、
こうした人々にとっても説得的に聞こえる。二重基準という
戦略は、受け入れ推進の立場からは合意形成を促す機能をは
たしうるものなのである。

　電力消費地や原発・核燃サイクル施設などの立地自治体な
どがこの戦略を用いることの帰結は、当の自治体の中に留ま
るものではない。この選択が連鎖していく過程で、自治体間
の階層構造が形成されていく。

　階層構造の第一層は、電力消費地たる都市部である。原子
力発電所によって生み出された電力の多くを消費する都市部
には、原発は立地されていない。原発が立地されているのは
都市部から遠く離れた人口過疎地である。ここでは、個々の
都市部ではなく政府が二重基準の戦略を用いているが、電力
使用という利益のみを享受し事故リスクのある原発を近くに
立地していないという都市部の状況から、二重基準の連鎖構
造が始まっている。

　連鎖構造の第二層は原子力発電所の立地地域である。これ
らの地域は、原発の立地によるメリットを享受することを望
んでいる。他方、原発のごみである使用済み核燃料は、自分
たちの地域から持ち出すことを求めている。メリットは確保
しつつ、廃棄物やそれに相当するものは引き受けないという
基準を採用している。

　核燃サイクルの受け入れは第三層に位置する。原発から出
た使用済み核燃料を、原材料としては受け入れるが、廃棄物

第12章　電源三法交付金の社会学的分析　　287

としては受け入れない。青森県と六ケ所村は、高レベル放射性廃棄物の貯蔵管理施設の建設の際、この点の確約を強く政府に対して求め、文書を取り交わした。現在でも、核燃サイクル政策のあり方が問われるたびに、この点を強調している。

現時点では、使用済み核燃料を含めた高レベル放射性廃棄物の処分施設が、第四層に位置づけられる。むつ市に建設されている中間貯蔵施設は、最終的な処分施設ではなく、第二層にあたる原発立地地域と、第三層にあたる六ケ所村の中間に位置するものである。これに対し、日本学術会議が2012（平成24）年に出した提言の中で示した、中間貯蔵とは異なる一時貯蔵の考え方は、最終処分の一つ手前に位置づけられる（日本学術会議2012）。核燃サイクル政策が継続されているか否かに左右されるが、原発立地地域ないしは六ケ所村と最終処分とのあいだに位置する。この一時貯蔵を第四層とし、最終処分施設の立地地域を第五層とすることも考えられるが、一時貯蔵は考え方の提示に留まっているので、本書の考察には含めない。

このような二重基準の連鎖構造は、受益圏・受苦圏の階層構造と対応している。第一層に位置する都市部は受益圏である。第二層に位置する原発立地点は都市部に対しては受苦圏であるが、放射性廃棄物を受け入れないという点で、第三層に対しては受益圏となる。核燃サイクル施設を受け入れている青森県や六ケ所村は、高レベル放射性廃棄物の最終処分地となることを拒否している。このことは、第四層である最終処分地に対しては受益圏であることを意味している。

この二重基準という戦略の選択は、地域社会においては合意形成の推進という機能を果たすが、それと同時に、形成された階層構造が、政策全体の硬直化という帰結をもたらす。この2つの側面は、コインの裏表でありつつ、とくに高レ

ベル放射性廃棄物の処分場の立地にあたっては、逆の効果を
持っている。

　二重基準という戦略は、少なくとも第三層までにおいては
受け入れ促進の機能を果たしてきたし、それは政府にとって
も歓迎すべきことであった。しかしこの戦略の連鎖による階
層構造の形成は、政府にとって2つの点で、原子力問題への
対処をより困難にさせている。第一に、最終段階にあたる高
レベル放射性廃棄物処分施設の立地を困難化させるという帰
結を生んでいる。高レベル放射性廃棄物は、これまでの二重
基準の中で、いずれの主体からも引き受けを拒否されている。
そのため、最終段階にあたる第四層は、最下層性というこれ
までの諸段階とは質的に異なった性質を帯びることになる。
人々にとって、これを引き受けることは、自らの地域が最底
辺に位置づけられることを意味する。「なぜ六ケ所村で引き
受けないのか」という問いは、高レベル放射性廃棄物の最終
処分場となるということが、核燃サイクルの立地している六
ケ所村でさえ引き受けていないものを受け入れることである
ことを示唆している。このことは、高レベル放射性廃棄物の
危険性と最下層性を際立たせる。このような最下層性は、強
い受け入れ拒否の感情を呼び起こす。NUMOの公募に対し、
応募には至らなかったものの、交付金に魅力を感じて応募を
検討した自治体は多い。しかし、東洋町を除くすべての事例
において、住民が強く反発し、具体化には至っていない。最
下層性が呼び起こす抵抗感情が、立地先を探している政府と
関係機関にとっては大きな障害となっている。

　第二に、二重基準の連鎖構造の中で、政府を拘束する要件
が形成されている。具体的には、政府と青森県および六ケ所
村との、高レベル放射性廃棄物の最終処分地とはならないと
いう約束による拘束である。仮に政府が核燃サイクルを放棄

すれば、青森県と六ケ所村は、即座に、ガラス固化体や使用済み核燃料を持ち出すことを求める。しかし、最終処分場を持たない政府には、この要求に応えることができない。このような約束があり、高レベル放射性廃棄物の処分先が見つかる見込みがない以上、政府は核燃サイクル推進の方針を容易に変えることができない。

核燃サイクルは引き受けても高レベル放射性廃棄物の最終処分地にはならないという戦略は青森県が選択したものであり、これを政府も受け入れた。このような被支配主体の戦略による支配主体の戦略の制約は、相対的に劣位な立場に置かれた主体が、優位な立場にある主体への対抗力を保持しているという点では望ましいようにもみえる。しかし核燃サイクルあるいは原子力エネルギー事業全体としてみると、この青森県の二重基準は、原子力政策の転換を妨げる要因、転換のためのボトルネックとなっている。

以上のような帰結は、2つのシステムの逆連動においても、支配主体の意向が常に貫徹しているわけではないことを示している。支配システムにおける被支配主体、相対的に劣位の立場に置かれた主体であっても、独自の戦略を持ち、それに基づいて行動している。従属はしていても、独自の意思＝戦略を持っていないような隷属状態にあるわけではない。不利な立場におかれているものではあっても、被支配主体の意思も作用している。そして、その支配される側の戦略が、結果として当の被支配主体の意図を超える形で、支配する側の主体の戦略も大きく制約するという結果を生んでいる。

受け入れを拒否される負担や負の財の分配をめぐる意思決定は、支配主体と被支配主体の対立を先鋭化しやすい。その中で、経営システムと支配システムの逆連動は、支配主体にとっての課題解決が被支配主体にとっての困難の拡大を意味

する。しかし、この二重基準という戦略の累積は、受け入れ地域にとっても依存状況の深まりなどの形で困難が拡大していると同時に、経営システム上のボトルネックを形成し、システム全体が硬直化しているという帰結を生んでいる。受苦の階層化は地域内の合意形成には一定の効果をもつ。しかしその累積の結果として、支配システムのみならず、経営システムも含めたシステム全体の硬直化を招いている。

12-5. 負の遺産の社会学的特徴

最後に、高レベル放射性廃棄物が持つ、負の遺産（burdensome legacy）としての性質について述べておこう。負の遺産は、一般的には、①相続される遺産に含まれる負債。企業などで過去の取り決めや事件などによって現在に生じている負担、②比喩的に、次世代に押しつけられる未解決の問題、③世界遺産のうち、戦争や虐殺など、人類が犯した過ちの跡をとどめる物件、とされる[4]。

③の事例として、広島の原爆ドームが挙げられる。この事例の場合、原爆の投下という出来事はすでに過去のものであり、何らかの形での新たな意思決定を迫るものではない。また、観光地となることで、周辺地域が利益を得ているということもある。①ないし②の事例としては、累積している政府債務が上げられる。

高レベル放射性廃棄物は②に最も近い。この定義を本書の分析視点を含めて展開すると、①受益圏と受苦圏が世代間のレベルで分離しており、押しつけられた世代は何らの利益を得ていない、②押しつけられた世代は、立地の選定などのような解決策の構築や意思決定を行わなければならない、とすることができる。

第 12 章　電源三法交付金の社会学的分析　291

しかし、負の遺産としての高レベル放射性廃棄物は、この点に留まるものではない。まず、時間的側面だけでなく、空間的側面での受益圏と受苦圏の乖離がみられる。高レベル放射性廃棄物処分施設の立地場所は未定であるが、過疎地に建設される可能性が大である。しかもそれは、少なくとも現状では、全国に一カ所である。このことは、首都圏や関西圏などの都市部に加え、全国の消費者が享受した電力のための廃棄物を、特定の地点が引き受けるということである。日本全国という受益圏に対し、特定の一地点が受苦圏となるという状況は、家庭系廃棄物の処分において採用されている自区内処理の原則とは著しく対照的である。そしてその受苦圏は、他の地域が拒否した廃棄物を引き受けるという最下層性を帯びている。空間的側面での受益圏と受苦圏は、徹底的に乖離したものとなってしまう。

また、時間的な受益圏と受苦圏の分離にも特徴がある。放射能が半減するまでに超長期の時間を要するため、受苦圏に相当する世代はおびただしい数に上る。場合によっては、ある時点での受苦圏が将来の受苦圏のことを考慮しなければならないという、受苦圏のあいだでの世代間倫理の問題も発生する。

負の財や負担は、受益者負担の原則や汚染者負担の原則が示しているように、発生のもととなる行為によって利益を得ている主体やその原因者、すなわち受益圏に属する人々がまずもって責任を負うべきであるという一般的な理解がある。直接的に受益圏に責任を帰せないばあいでも、次善の策として、そこに何らかつながりのある人々に責任を帰すことも可能である。負の遺産の解決が困難であるのは、受益圏と受苦圏が、空間的にも時間的にも、これまでにない形で分離されてしまっているため、受益圏に対して直接的に責任を帰する

ことも、次善の策を用いることもできない点にある。

　この問題への対処にあたっては、原発や核燃サイクル施設の立地推進に効果を発揮してきたこれまでの手法を用いることはできない。受益圏・受苦圏関係の不可視化や受苦・リスクの互換化という条件のもとで、自治体が用いてきた二重基準という戦略を用いることができないからである。これに加えて、上記のような負の遺産としての特徴が、問題の解決をさらに困難にしている。電源三法交付金を軸とした経営システムと支配システムの逆連動は、最下層化された負の遺産への対処という、途方もなく解決の難しい問題を生んでしまった。

　この問題の解決にあたり、最も重要なことは、立地選定の過程を再考することである。受益圏と受苦圏が時間的にも空間的にも大きく乖離しているこということは、道理性に関わる問題が大きな意味を持っていることを示唆している。道理性の問題を丁寧に解決するためには、意思決定すなわち立地選定の過程を適切に進めることが重要である。したがって、適切な意思決定を行うための手順を構築しなければならない。適切な公共圏の設計図を描く必要がある。受益圏と受苦圏関係の不可視化や、リスクの受益との互換化や矮小化を招いてきた電源三法制度や、これに類似した手法は、道理性に配慮した意思決定の方法とはまったく逆の方向を向いている。高レベル放射性廃棄物問題の解決にあたっては、これまでの手法を改めなければならない。公共圏の再設計が求められているのである。

注

1　清水（1991）:152-153
2　他にも伊奈町にニューシャトルが建設されるなどしている。

第 12 章　電源三法交付金の社会学的分析　293

3 受苦は、公害による、すでに発症した健康被害を典型事例として概念
化されている。これに対しリスクは、被害は発生しておらず、その可
能性も一般的には非常に低い場合を指す。本書では、受苦が「おそれ
公害」なども含めて被害が顕在化しているか、それに近いものである
のに対し、リスクは潜在的なものであると定義して用いる。

4 『大辞泉』小学館

最終章
まとめにかえて

本書では、夕張市をはじめとする旧産炭地の財政問題と、青森県などの原子力関連施設の立地をめぐる地方財政の動向を分析してきた。まず、本書での分析内容を簡単にまとめておこう。

　第Ⅱ部の旧産炭地を中心とした分析は、経営システム上の経営課題の解決に関するものである。それぞれのシステムにおいて、各主体が、それぞれに直面する課題を解決しようとするが、その帰結は、いずれの主体も利益を得るというものであるとはかぎらない。単に自身の課題を他者に転嫁させるだけであることも多い。現代の日本の地方財政制度は、国際社会レベル、国レベル、そして地域社会レベルで起きた課題の対処にあたり、様々な負担が地方自治体の財政に収斂してしまうような構造になっている。

　この過程において特徴的なのは、自治体そのものも戦略と勢力をもった主体であり、自ら考えて行為を選択しているということである。しかし、不利な条件の中で選択肢が限られているため、かれらが展開するゲームは負の選択ゲームと呼びうるものとなっていることであった。

　これに対し、第Ⅲ部で分析した原子力関連施設の立地自治体に関する分析は、支配システム上の支配－被支配問題に関するものである。国レベルの政治システムや経済システムは、支配システムの作動をとおして、原発などのリスクを伴う施設を地域社会に押しつけようとする。そこには、支配システムを構成する財や政治的機会の格差が作用している。

　手持ちの勢力の限られた自治体は、負の選択ゲームの一環として、こうした施設を受け入れてしまう。歳入の増加などの利益は得られるものの変動が激しく、持続可能性が十分ではない。

　この過程においても、自治体は自らの戦略と勢力をもって

行為しているが、その特徴として「二重基準」という戦略の採用が挙げられた。

この二重基準という戦略の影響は、個々の自治体に留まらず、システム全体の硬直化という帰結をもたらす。不利な立場にあり、負の選択ゲームを強いられていた自治体とのゲームにおいて、有利な立場にあったはずの政府の戦略にも制約条件が課されるようになる。政府による核燃サイクルの維持と高レベル放射性廃棄物の処分施設立地の困難は、二重基準の戦略が広く用いられた帰結である。

次に、産業としてのエネルギーと地域社会との関係について、いくつかの点を指摘しておこう。

第一に、地域社会は、エネルギーは変遷するものであることを意識しておかなければならない。エネルギーと人類の付き合いは長い。火の使用を含めれば、その歴史は数十万年前にまで遡る。日本国内の発電に関しては、水力発電に始まり、石炭・石油による火力から原子力へとシフトしてきた。北海道歌志内市は、石炭の興隆期に、炭鉱のみを頼る形で、分割して誕生した。それゆえに石炭の衰退は同市の経済と財政を直撃したが、分割した当時は、石炭がなくなるなどとは思いもしなかったという。旧産炭地は、程度の差こそあれ、このエネルギーの変遷による影響を受けてきた。

原子力の今後についても同様のことが指摘できる。海外では再生可能エネルギーの普及が進んでいる一方、先進国における原子力発電所の建設はほとんど進んでいない。開発途上国での計画は見られるものの、全体的には再生可能エネルギーが伸び、原子力は停滞ないし衰退していく傾向にある。依然として実用化にはほど遠く、日本を除く先進国はすべて撤退しロシアや中国などが継続しているだけの核燃サイクルについては、より一層、先行きは不透明である。

最終章　まとめにかえて　　297

再生可能エネルギーについても、将来的には他のエネルギーに変遷していくことはありうる。現在では太陽光と風力、水力が中心となっているが、潮力や波力の開発が進められている。再生可能エネルギーの中で、新しいエネルギーに移行していくことも考えられるし、現在ではあまり想像できないものに移っていくことも考えられる。

ただし、再エネには小規模分散型という利点がある。原発のような大規模な集中型の方は、立地地域による依存度が高まりやすく、その分、衰退したときの影響も大きくなる。小規模分散型であれば、得られる利益も分散しているが、衰退したときの影響も分散して引き受けることになる。

第二に、エネルギーの変遷にあたり、その方向性を決めるのは国であり、地域社会には実質的な意思決定権はない。そして国は、エネルギー政策を決めるにあたっては、国内外の社会の動向に関わる多くの要素を考慮しなければならず、必ずしも地域社会への影響を優先して検討するわけではない。

油主炭従政策による石炭から石油への移行にあたっては、当時においても、産炭地への影響は問題視された。とはいえ、国内の炭鉱の撤退は、時の政権党に対して対立的な傾向のある炭鉱労働者の弱体化という政治上の戦略的な側面があったことは否めないものの、石油の台頭や、安い海外炭という要因の影響が強い。時期や対応策の良し悪しはあったにせよ、長期的には国内の石炭産業の縮小や撤退を避けることは困難であったとみるべきだろう。そしてその政策の判断においては、地域社会への影響は、考慮すべき要因の1つであるが、必ずしも優先順位の高いものではなかった。

第三に、国の支援はあてにすべきではない。石炭の衰退が鮮明になったさい、国は産炭地の振興策を打ち出した。しかし、その実質的な効果は限られていた。本書でも指摘してき

たように、国による支援は、炭鉱を持っていた企業には手厚いが、地域社会に対するものについては、結局は自治体がリスクを被るものとなっている。石炭もまた、傾斜生産方式以来、国による手厚い支援を受けてきた産業であるが、衰退期においても、手厚い支援がなされたわけではない。国も事業者も、保有している資源、端的に言えば資金の量は限られている。その中で、衰退局面にある地域に手厚い保護をしてくれるとはかぎらない。

　本書のまとめとして、今後に向け2つの点について言及しておく。

　1つは、地方に所在する「限界自治体」である。2017年6月に、高知県大川村が村議会を廃止し、村民総会を設置する方向で検討を進めていることが報じられ、全国的な注目を集めた。大川村は過疎化と高齢化が著しく、村議会選挙の立候補者についても、定足数に満たないことが見込まれている。こうした状況をふまえ、規模を問わずいずれの自治体にも設置されてきた首長と議会という二元性の形を変えようとしている。

　現在の地方の行財政制度はとくに、最周辺の自治体にとってより過酷なものとなっている。不利な条件にある周辺部の小規模の自治体と、有利な条件が累積している中心部の大規模自治体が、基本的には同じシステムの下でうごいていくことになっている。いずれの自治体にも首長がいて議会があり、小学校の建設や運営など一定の範囲において、自治体規模に関係なく同じ業務をこなさなければならない。地方の小規模自治体の場合は、これに加えて、例えば民間病院の数が限られてしまうため、公立の病院を設置する必要に迫られるなど、周辺地域固有の問題にも対処しなければならない。この点については地方交付税交付金により地域間格差の是正が

最終章　まとめにかえて　　299

図られているわけであるが、点在している集落に小学校を建設しても分校レベルの小規模なものに留まってしまう。過当な受験競争に曝されることの是非はともかくとしても、都市部との教育機会の格差は歴然としたものとなる。病院の設置にしても、患者の数が限られている一方で、常駐してくれる医師を招聘するためには、設備や給与などの面でそれなりの条件を整備しなければならないし、その費用負担は、最後は自治体の一般会計へと回ってくる。地方交付税による格差是正の効果は限定的であり、周辺部の自治体は、不利な条件のもとでの厳しい運営を迫られている。

　二元性の維持は、民主主義の観点からは重要である。しかし、地方の小規模自治体まで、このシステムを採用しなくてはならないのか。同じシステムの下で動けば、苦しくなるのは小規模自治体である。大川村の事例は、この問題を提起している。今後は、地方の厳しい条件下の自治体については、より柔軟な運営を行っていくための制度の構築が求められるだろう。そこにおいては、従来の自治体の形にこだわる必要はない。

　もう1つは、高レベル放射性廃棄物の処理問題である。この問題に関しては、日本学術会議が、2012（平成24）年9月11日に「高レベル放射性廃棄物について（回答）」と題する文書を提出した。この中には、暫定保管、総量管理、多段階の意思決定など、社会学的な知見をふまえたものが含まれている。その1つには、これまでの手順をいったん、元に戻すことの必要性の指摘も含まれている。これまでは、原子力発電の利用が、きちんとした合意がないままに進められてきた。そのために、廃棄物の処理にあたっても責任の分担などについて明確な議論ができずにいる。この問題を前に進めるためには、これまでの意思決定のあり方を見直さなければならな

い。この提言の背景には、支配システムの作動を自覚的に見直すべきとの視点がある。

　これまでの原子力関連施設の立地において用いてきた手法を駆使することは、現在の支配システムの延長線上で行おうとするものであり、権限と財を用いて、表面的な同意を取り付けることでの押しつけにしかならない。この手法では、高レベル放射性廃棄物の処分場は、立地先を見つけることができないだろう。この問題は、今日において、公共圏の再設計が最も強く求められていることの 1 つである。

あとがき

　本書の土台となった研究の実施にあたっては、以下の研究助成を受けている。

1. 若手研究（B）、「地方自治体の財政再建に関わる意思決定システムの体系的な社会学的分析」（課題番号：17730315）、平成 17 年度〜平成 19 年度
2. 若手研究（B）、「財政再建をめぐる意思決定システムに関する社会学的視点からの比較研究」（課題番号：20730357）、平成 20 年度〜平成 22 年度
3. 基盤研究（C）、「持続可能な地方財政の構築に向けた財政社会学的視点にもとづく比較研究」（課題番号：23530628）、平成 23 年度〜平成 25 年度
4. 基盤研究（C）、「地方財政における自律的な持続可能性の創出を探究する比較社会学研究」（課題番号：26380656）平成 26 年度〜平成 29 年度

　これらの研究の前段階には、2005 年度に刊行した『政策公共圏と負担の社会学——ごみ処理・債務・新幹線建設を素材として』（新評論）がある。同書は筆者の博士論文を土台としたものであるが、この中で筆者は、債務や受苦などの負担を処理するためにはどのようなことが必要であるのかという課題を問うた。

　地方自治体の財政破綻への着目は、この延長線上にある。1 つのきっかけは夕張市の財政破綻であるが、それ以前から、累増する国や地方の債務という負担にいかに対処すべきかについての関心はもっていた。4 つの科研費のうちのとくに前半のものは、この問題関心をもとにしたものである。

　他方、大学院生時代より、研究室での研究の一環として、原子力や再生可能エネルギーについての研究を進めていた。その中で、原子力関連施設立地自治体の原子力産業への財政面での依存度の高さは重大

あとがき　　303

な問題であると考えていた。また、旧産炭地自治体の研究を進めるにつれ、石炭と原子力を結びつけて考察することを構想し始めていた。

転機となったのは、2011年3月の東日本大震災と福島原発事故の発生である。これにより、原子力問題の筆者の中での優先順位は上昇し、旧産炭地の問題と積極的に関連づけて考えるようになった。また、原子力問題の研究に多くの時間を割く中で、高レベル放射性廃棄物の問題にも注目するようになった。

本書は、このような経緯の中で積み重ねてきた研究の成果である。財政社会学という日本の社会学にとって新しい視点を取り入れ、かつ、広範囲にわたる事例を取り上げたため、個々の事例についての掘り下げが十分でない部分も多い。とはいえ、研究を始めてから10年が経過したことから、一度、構想の全体を体系的に取りまとめた方がよいと考えつつあった。そんな折に、春風社の石橋さん・岡田さんに声をかけていただくことで、本書の刊行が具体化した。

この12年にわたる研究の実施においては、多くの方々にお世話になった。とくに、現地でのフィールドワークの実施においてご協力いただいた方には、心より御礼を申し上げたい。筆者としては、可能なかぎり現実を丁寧に分析し、そこから解決に向けた処方箋を描き出したいと取り組んできたが、未だ道半ばである。本書を一里塚として、少しでも前に進めるように研鑽を重ねたい。

本書の刊行にあたっては、関東学院大学人文科学研究所の出版助成をいただいた。春風社に声をかけていただき、上記の助成金をいただかなければ、本書は日の目をみず、筆者の研究は「ちらかったまま」でした。この場を借りて御礼申し上げます。

2017年10月

参考文献

赤池町, 2003, 「赤池町財政再建のあゆみ」

阿部斉・新藤宗幸, 1997, 『概説 日本の地方自治』東京大学出版会

五十嵐敬喜・立法学ゼミ, 1999, 『破綻と再生 自治体財政をどうするか』日本評論社

泉崎村「自主的財政再建計画書（第1回変更)」

井手英策, 2008, 「財政社会学とは何か」『エコノミア』59(2): 35-59

井上武史, 2014, 『原子力発電と地域政策——「国策への協力」と「自治の実践」の展開』晃洋書房

井上武史, 2015, 『原子力発電と地方財政——「財政規律」と「制度改革」の展開』晃洋書房

遠藤宏一, 1977, 「堺・泉北臨界工業地帯造成と税財政」宮本憲一編『講座地域開発と自治体1 大都市とコンビナート・大阪』筑摩書房

大島通義・井手英策, 2006, 『中央銀行の財政社会学 現代国家の財政赤字と中央銀行』知泉書館

岡田知弘・川瀬光義・にいがた自治体研究所編, 2013, 『原発に依存しない地域づくりへの展望』自治体研究社

岡村青, 2007, 『地域の再生は矢祭町に学べ』彩流社

小川裕文・下村恭広, 2002, 「旧産炭地の地域変動——北海道夕張市における地域開発と社会変動」『関東都市社会学会年報』第4号: 57-71

O'Connor James, 1979, *The fiscal Crisis of the State*, Transaction Publishers

小田清, 1983-1984, 「産炭地域振興と地方財政の変容 北海道石狩地域を中心として－上・下－」『北見大学論集』(10): 173-237, (11): 105-157

金井利之・光本伸江, 2011, 「夕張市政の体制転換と公共サービス編成の変容」光本編『自治の重さ——夕張市政の検証』敬文堂

金田町, 1989, 「財政再建のあゆみ」

香春町, 1993, 「財政再建のあゆみ」

橘川武郎, 2011, 『原子力発電をどうするか：日本のエネルギー政策の

再生に向けて』名古屋大学出版会

Campbell, John L., 1993, *The State and Fiscal Sociology*, Annual Review of Sociology（19）: 163-185

Crozier, M ., 1963, *Le phénomène bureaucratique*, Édition du seuil.

Crozier, M. et Friedberg, E., 1977, *L'acteur et le système,* Édition du Seuil.

原子力資料情報室編，各年度版，『原子力市民年鑑』七つ森書館

小西砂千夫，2002，『地方財政改革論』日本経済新聞社

資源エネルギー庁，2009，「我が国石炭政策の歴史と現状」

資源エネルギー庁，2010，「電源立地制度の概要」

資源エネルギー庁，2016，「電源立地制度について」

清水修二，1991，「電源立地促進財政制度の成立：原子力開発と財政の展開 1」『商学論集』59（4）：139-160

清水修二，1991，「原子力開発と財政の展開 2――電源開発促進対策特別会計の展開」『商学論集』59（6）：153-170

清水修二，1992，「電源立地促進財政の地域的展開」『福島大学地域研究』第 3 巻第 1 号：611-634

清水修二，1999，『NIMBY シンドローム考　迷惑施設の政治と経済』東京新聞出版局

清水修二，2011，『原発になお地域の未来を託せるか：福島原発事故――利益誘導システムの破綻と再生への道』自治体研究社

清水修二，2012，『原発とは結局なんだったのか』東京新聞出版局

Schumpeter, J., 1918, *Die Krise des Steuerstaates*,（＝木村元一訳, 1998『租税国家の危機』岩波書店）

白石正雄，2007，「福島県　泉崎村　財政破綻から総合福祉の村へ」『人権と部落問題』No.758

白川一郎，2004，『自治体破産　再建の鍵は何か』日本放送出版協会

神野直彦，1999，『地方自治体壊滅』NTT 出版

神野直彦，2002，『財政学』有斐閣

神野直彦・池上岳彦，2009，『租税の財政社会学』税務経理協会

高木健二，2011，「夕張市財政の破綻と再建」光本編，『自治の重さ――夕張市政の検証』敬文堂

高寄昇三, 2008, 『地方財政健全化法で財政破綻は阻止できるか　夕張・篠山市の財政責任を追及する』公人の友社

滝川康治, 2001, 『幌延　核に揺れる北の大地』七つ森書館

竹内謙, 2005, 『Samurai Mayors　福島県矢祭町 (1) ～ (4)』
(http://www.janjan.jp/column/takeuchi/list_samurai_mayors.php)

中澤秀雄, 2007, 「地方自治体『構造分析』の系譜と課題――『構造』のすきまから多様化する地域」蓮見音彦編『講座社会学 3　村落と地域』東京大学出版会 :169-205

中筋直哉, 2001, 「地域社会学における地方自治体研究の現代的課題」『社会志林』47 (3): 61-74

西原純, 1998, 「わが国の縁辺地域における炭鉱の閉山と単一企業地域の崩壊――長崎県三菱高島炭鉱の事例」『人文地理』50 (2): 1-23

似田貝香門・蓮見音彦編, 1993, 『都市政策と市民生活　福山市を対象に』東京大学出版会

日本学術会議, 2012, 「回答　高レベル放射性廃棄物の処分について」日本学術会議

日本学術会議, 2013, 「高レベル放射性廃棄物問題への社会的対処の前進のために」日本学術会議

日本学術会議, 2015, 「高レベル放射性廃棄物の処分に関する政策提言――国民的合意京成に向けた暫定保管」日本学術会議

丹羽由夏, 1999, 「地方財政の抱えるリスク」『農林金融』1999 年 12 月号: 21-33

Habermas, Jurgen, 1990, *Strukturwandel der Offentrichleit: Untersuchungen zu einer kategorie der burgerlichen Geselschaft*, Berlin: Suhrkamp (＝ 1994, 細谷貞雄・山田正行訳, 『公共性の構造転換――市民社会の一カテゴリーについての探求　第二版』未來社)

葉上太郎, 2011, 「原発頼みは一炊の夢か　福島県双葉町が陥った財政難」『世界』2011 年 1 月号, 岩波書店: 185-193

伯野卓彦, 2009, 『自治体クライシス――赤字第三セクターとの闘い』講談社

橋本行史, 2001, 『財政再建団体――何を得て、何を失うのか』公人の友社

蓮見音彦編, 1983,『地方自治体と市民生活』東京大学出版会

蓮見音彦・似田貝香門・矢澤澄子編, 1990,『都市政策と地域形成 神戸市を対象に』東京大学出版会

服部茂幸, 2008,「福井県における電力業」『ふくい地域経済研究』第7号：p.17-31

Banerjiee,Abhijit,V., Duflo Esther, 2011, *Poor Economics: A Radical Rethinking of the Way to Fight Global Poverty*, Public Affairs,（＝山形浩生訳, 2012,『貧乏人の経済学 もういちど新婚問題を根っこから考える』みすず書房）

林健久編, 2003,『地方財政読本（第5版）』東洋経済新報社

Pikkety, Thomas, 2013, *Le capital au XXIe siècle*, seuil（＝ 2014, 山形浩生他約,『21世紀の資本』みすず書房）

平兮元章・大橋薫・内海洋一, 1998,『旧産炭地の都市問題——筑豊・飯塚市の場合』多賀出版

福井県立大学地域経済研究所, 2010,『原子力発電と地域経済の将来展望に関する研究 その1 原子力発電所立地の経緯と地域経済の推移』福井県立大学地域経済研究所

福岡県, 2002,「法期限後の産炭地域振興指針」

福岡県, 2004,「福岡県産炭地域の現状」

福岡県総務部鉱害課, 2002,「石炭鉱害対策の現状」

福島県総務部市町村財政課, 2010,「双葉町財政健全化計画の概要」2010年3月19日

舩橋晴俊・長谷川公一・畠中宗一・梶田孝道, 1988,『高速文明の地域問題——東北新幹線の建設・紛争と社会的影響』有斐閣

舩橋晴俊・長谷川公一・飯島伸子編, 1998,『巨大地域開発の構想と帰結 むつ小川原開発と核燃料サイクル施設』東京大学出版会

舩橋晴俊・角一典・湯浅陽一・水澤弘光, 2001,『「政府の失敗」の社会学 整備新幹線建設と旧国鉄長期債務問題』ハーベスト社

舩橋晴俊・長谷川公一・飯島伸子, 2012,『核燃サイクル施設の社会学——青森県六ヶ所村』有斐閣

舩橋晴俊, 2010,『組織の存立構造と協働連関の両義性論——社会学理論の重層的探求』東信堂

舩橋晴俊，2012，『社会学をいかに学ぶか』弘文堂

舩橋晴俊，2013，「高レベル放射性廃棄物という難問への応答：科学の自立性と公平性の確保」『世界』839: 33-41

舩橋晴俊，2013，「高レベル放射性廃棄物問題をめぐる政策転換—合意形成のための科学的検討のあり方」舩橋晴俊・壽福眞美編『公共圏と熟議民主主義』法政大学出版局：11-40

Bucanan, J. M and Wagner,R.E., 1977, *Democracy in deficit-The Political Legacy of Lord Leynes*, Academic Press（＝深沢実・菊地威訳，1979，『赤字財政の政治経済学——ケインズの政治的遺産』文眞堂）

Freidbeng, Erhanrd, 1972, *L'Analyse Socologique des organizations*, Grep（＝舩橋晴俊・クロード・レヴィ・アルヴァレス訳，1989，『組織の戦略分析——不確実性とゲームの社会学』新泉社）

方城町，1993，「方城町財政再建のあゆみ」

穂坂邦夫，2005，『市町村崩壊　破綻と再生のシナリオ』スパイス

北海道新聞取材班，2009,『追跡・「夕張」問題　財政破綻と再起への苦闘』講談社

Martin, I. W, Mehrotra, A. K, Prasad, M, 2009, The Thunder of History: The Origins and Development of the New Fiscal Sociology, in Martin, I. W, Mehrotra, A. K, Prasad, Medited, *The New Fiscal Sociology, Taxation in Comparative and Historical Perspective*, Cambridge: 1-27

光本伸江，2007，『自治と依存——湯布院町と田川市の自治運営のレジーム』敬文堂

光本伸江，2011，『自治の重さ——夕張市政の検証』敬文堂

宮入興一，1989-1990，「炭鉱都市の「崩壊」と地域・自治体　高島炭鉱閉山と自治体財政（1）〜（4）」『経営と経済』69(1): 91-129, 69(2): 1-44, 69(3): 23-52, 70(4): 1-54

三好ゆう，2010，「原子力発電所と自治体財政—福井県敦賀市の事例」『立命館経済学』第58巻第4号：43-63

三好ゆう，2011，「原子力発電所所在自治体の財政構造—福井県若狭地域を事例に」『立命館経済学』第60巻第3号：

三好ゆう，2012，「原子力発電所と福井県美浜町財政」『桜美林エコノミックス』第3号：51-64

三好ゆう，2013，「原子力発電所と自治体財政：福井県若狭 4 市町の事例」『経済』211 号：64-71

三好ゆう，2015，「原子力発電所と立地自治体財政」『公営企業』46(11)：12-22

三好ゆう，2015，「原発立地自治体財政における寄付金収入の特質」『桜美林エコノミックス』第 6 号：27-39

諸富徹，2013，『私たちはなぜ税金を納めるのか　租税の経済思想史』新潮社

矢祭町史編さん委員会，1984，『矢祭町史　第 3 巻資料編 2』

矢祭町史編さん委員会，1985，『矢祭町史　第 1 巻通史・民俗編』

湯浅陽一，2005，『政策公共圏と負担の社会学　ごみ処理・債務・新幹線建設を素材として』新評論

湯浅陽一，2006，「財政再建団体と地域における社会システム」『関東学院大学文学部　紀要』第 107 号：15-31

湯浅陽一，2007a，「財政の破綻再生と地域における社会システム――福島県内の 3 つの町村を事例として」『関東学院大学文学部紀要』第 110 号：151-168

湯浅陽一，2007b，「鉱害対策と財政再建団体――福岡県田川地域の経験を事例として」舩橋晴俊・平岡義和・平林祐子・藤川賢（編），『日本及びアジア・太平洋地域における環境問題と環境問題の理論と調査史の総合的研究』(2003-2006 年度科学研究費補助金研究成果報告書，研究代表＝帆足養右，課題番号 1533011)：89-100

湯浅陽一，2010，「旧産炭地財政の財政社会学的分析　長崎県高島と北海道石狩地域を中心に」『関東学院大学文学部　紀要』第 119 号：99-129

湯浅陽一，2012，「自治体財政と公共圏形成の不十分性――夕張市財政破綻の財政社会学的分析」舩橋晴俊・壽福眞美編『規範理論の探究と公共圏の可能性』法政大学出版局：241-266

湯浅陽一，2015，「環境・財政に関わる政府の失敗――負担問題の解決と社会学の役割」『社会学評論』第 262 号：242-259

Rawls, John, 1993, *Political Liberalism*, Columbia University Press

Rawls, John, 1999, *A Theory of Justice Revised Edition*, The Belknap

Press of Harvard University Press

ウェブサイト・その他資料

泉佐野市役所ウェブサイト
一般財団法人石炭エネルギーセンターウェブサイト
原子力発電環境整備機構（NUMO）ウェブサイト
財務省ウェブサイト
石炭エネルギーセンターウェブサイト
全国原子力発電所所在市町村協議会ウェブサイト
電気事業連合会ウェブサイト
新潟日報ウェブサイト（特集柏崎・刈羽100社調査）
北海道空知総合振興局ウェブサイト
朝日新聞，日本経済新聞，東京新聞，東奥日報の各紙

索 引

【あ】

赤池町（福岡県）　12, 68, 130, 142, 143, 147, 148, 152-154, 160

アリーナ　31-34, 51, 171, 270, 285

飯塚市（福岡県）　130-133

泉崎村（福島県）　75, 82, 83, 84-90, 92, 102, 112

泉佐野市（大阪府）　78, 79

一時借入金　75, 86, 88, 149, 172, 174, 179

糸田町（福岡県）　142, 143

ウラン濃縮工場　198, 199, 253, 257, 267

エネルギー対策特別会計　118, 140, 211

エリート理論　42-44, 52

おおい町（福井県）　208, 212, 220, 225, 226

大熊町（福島県）　225, 226, 244, 245

大間町（青森県）　192, 199

大鰐町（青森県）　71, 78, 79, 82, 104-109, 112, 183

御前崎市（静岡県）　224-227, 230, 236, 237, 240, 241

【か】

科学的特性マップ　201

核燃料サイクル　10, 90, 192, 198, 200, 213, 252

核燃料税　70, 210, 218

柏崎刈羽原発　206, 208, 224

柏崎市（新潟県）　208, 224-227, 229, 234, 235, 240, 241

合併しない宣言　73, 82, 92, 94, 96-98

金田町（福岡県）　12, 68, 130, 142, 145-147, 160

上関町（山口県）　192

ガラス固化体　10, 201, 257, 258, 264, 268, 290

刈羽村（新潟県）　208, 225, 226, 241

香春町（福岡県）　12, 68, 130, 142, 146, 147, 159, 160

逆連動　29, 30, 33, 194, 195, 270, 274, 281, 282, 285, 286, 290, 293

旧国鉄債務処理　49-51, 60

旧財政再建法（地方財政再建促進特別措置法）　68, 69, 71, 74

近代化理論　42, 44

具体的行為システム　27, 28

軍艦島　124, 140

軍事理論　42, 44

経営システム　12, 23, 25, 28-34, 48, 51, 62, 139, 155, 184, 185, 193-195, 270, 274, 278, 280-282, 284-286, 290, 291, 293, 296

経済産業省資源エネルギー庁　212

経常収支比率　223, 224, 226, 234, 236, 238, 240, 248, 256

ゲーム　26-28, 111, 139, 183, 186, 187, 258, 270, 286, 296, 297

玄海原発　227

玄海町（佐賀県）　224-227, 232, 238-241

原子力発電環境整備機構（NUMO）　10, 201, 265, 289

原子力リスクの制御不可能性 284
原子力リスクの不可逆性 284
県民経済計算 207
鉱害 115-120, 131, 134, 143-145,
　156, 159
鉱害対策事業団 131
公共圏・政策公共圏 31-34, 51, 111,
　112, 171, 270, 285, 293, 301
構造分析 52, 53, 55, 56, 61
高速増殖炉 192, 198, 199, 213
合理性 25, 31, 33, 34, 194, 287
高レベル放射性廃棄物 10, 192,
　195, 198, 200-202, 244, 257, 258,
　263-269, 288-293, 297, 300, 301
高レベル放射性廃棄物貯蔵管理セン
　ター 198, 202, 257, 258, 269
国際経済システム 14, 15
国際市民社会システム 14, 15
国際政治システム 14, 15, 20
国民国家経済システム（国レベル
　の経済システム） 14, 15, 20
国民国家市民社会システム（国レ
　ベルの市民社会システム） 14,
　15
国民国家政治システム（国レベル
　の政治システム） 14, 15, 20, 22,
　41, 60, 110, 185, 296
固定価格買取制度 282
固定資産税 58, 70, 71, 127, 134,
　135, 173, 176, 178, 210, 213, 216,
　219, 221, 224, 229, 230, 232, 235,
　237, 239, 240, 244, 247-249, 253,
　254, 260, 263, 276, 285

【さ】
最下層性 289, 292

再処理工場 198, 199, 203, 257, 259,
　264, 267
再生可能エネルギー 9, 193, 270,
　282, 297, 298
財政健全化法（地方公共団体の財
　政の健全化に関する法律） 68,
　69, 76, 78, 80, 82, 108, 174, 245
財政再建計画 76, 84, 88, 112, 146,
　147, 174
財政再建団体・財政再建準用団
　体 8, 58, 68, 69, 74-76, 79, 82,
　87, 89, 90, 92, 126, 129, 130, 139,
　141, 142, 146-148, 154-156, 159,
　162, 169, 174, 176, 262
財政再建のあゆみ 146-148, 153
財政再生計画 78, 174
財政社会学 5, 8, 11, 12, 15, 20, 22,
　26, 37-42, 44-46, 48, 49, 51, 57,
　60, 62, 70, 184
財政力指数 96, 112, 126-128, 176,
　222-225, 227, 229, 230, 232, 234-
　242, 245, 247, 248, 253, 263
産炭地域振興臨時措置法・産炭
　地域振興臨時交付金 115, 117,
　118, 120, 127
三位一体改革 12, 72, 164
市町村民経済計算 207, 208
実質赤字比率 76, 179, 180
実質公債比率 245
支配システム 12, 23, 25, 28-35, 48,
　62, 193-195, 258, 269, 270, 274,
　278, 280-282, 284-286, 290, 291,
　293, 296, 301
社会資本・社会資本のデット・ス
　トック化 46, 47, 125, 135-137
受益圏 28, 30-32, 34, 278, 281, 282,

284-286, 288, 291-293

受益とリスクの互換化 251

受益の還流による受苦の相殺 278,
280, 281, 283, 285

受苦・リスクの直接的削減 283

受苦圏 28, 30, 31, 33, 34, 278, 280-
282, 284, 285, 288, 291-293

使用済み核燃料 10, 192, 198-200,
202, 209, 224, 244, 258, 259, 261,
263, 264, 269, 287, 288, 290

将来負担比率 77, 108, 179, 180

鈴木直道 180, 181

整備新幹線 49-52, 60

政府の失敗 49, 60

勢力 24-26, 41, 139, 169, 186, 193,
258, 296

正連動 29, 30, 33, 34, 195, 278, 280,
281, 284, 285

石炭鉱害賠償等臨時措置法 115

石炭鉱業構造調整臨時措置法 115

石炭特別会計・石炭および石油対
策特別会計・石炭並びに石油
及び石油代替エネルギー特別
会計・石油及びエネルギー需給
構造高度化対策特別会計 118,
119, 140, 211

セラフィールド(イギリス) 258,
264

全国原子力発電所所在市町村協議
会 219, 221

戦略 16, 23-28, 33, 41, 56, 62, 110,
111, 139, 157, 159, 170, 181, 186,
193, 194, 286-291, 293, 296-298

戦略分析 16, 23, 24, 26-28, 33, 41,
62, 193

総合保養地域整備法(リゾート法)

71, 73, 104, 105, 109, 110

【た】

高島・端島(長崎県) 119, 120, 122,
124-128, 130, 132, 134, 136, 137,
140

高浜町(福井県) 208, 212, 213, 220,
225, 226

炭鉱労働者等の雇用の安定等に関
する臨時措置法(炭鉱離職者
臨時措置法) 115, 117, 120

地域経済システム 14, 15, 18

地域市民社会システム 14, 15, 18

地域政治システム 14, 15, 18

地方交付税・地方交付税交付金 71-
73, 95, 126, 127, 149, 152, 153,
175, 219, 223, 247, 248, 253, 254,
260, 299, 300

中間貯蔵施設 192, 199, 202, 209,
222, 224, 244, 259, 260, 262, 263,
269, 288

敦賀市(福井県) 198, 203, 207-209,
212, 225, 226

低レベル放射性廃棄物埋設セン
ター 198, 257

電源開発促進税 210, 211, 274, 276,
281, 282, 285

電源開発促進対策特別会計 140,
210, 211

電源三法・電源三法交付金 11,
12, 193-195, 197, 200, 202, 210,
213, 216, 224, 244, 250, 253, 254,
256, 260, 262, 263, 270, 273-278,
281, 283-286, 293

東京電力 193, 249, 259-261

東北新幹線 278

東洋町（高知県） 203, 265, 289
道理性 25, 31, 33, 34, 194, 270, 285, 293

【な】

中田鉄治 165, 167-169, 171, 173, 183
新潟日報 209
二重基準・二重基準の連鎖構造 258, 274, 286-291, 293, 297
日本学術会議 202, 288, 300

【は】

浜岡原発 220, 227
浜岡町（静岡県） 225-227, 230, 236, 237, 240
東通村（青森県） 199, 225, 226, 260, 266
付加的受益 270, 280, 283, 284
福井県立大学経済研究所 206
福島第一原発 9, 192, 244, 251, 283
福智町（福岡県） 12, 68, 142, 143, 154, 155
双葉町（福島県） 79, 225, 226, 244, 245, 247-250
負の遺産 97, 291-293
負のゲーム・負の選択ゲーム 111, 183, 186, 187, 270, 296, 297
負の収斂過程 185
平成の大合併 12, 73, 94-96, 103, 162, 163
方城町（福岡県） 12, 68, 130, 142, 146, 147
幌延町（北海道） 192, 265, 267, 268

【ま】

瑞浪町（岐阜県） 192
美浜町（福井県） 208, 212, 220, 225, 226
三春町（福島県） 82, 98-103, 112
むつ市（青森県） 192, 199, 202, 224-226, 244, 258-264, 268, 288
もんじゅ 192, 196, 198, 199, 203, 257

【や】

矢祭町（福島県） 73, 82, 92-98, 101-103, 112, 159, 164, 187
ユウパリコザクラの会 170
夕張市（北海道） 8-10, 12, 68, 69, 75, 78, 79, 91, 92, 104, 119-121, 123, 129, 130, 133, 138, 140, 142, 156, 161, 162, 164-171, 173-176, 178-183, 185, 187, 222, 296

【ら】

ラ・アーグ（フランス） 258, 264
リサイクル燃料貯蔵株式会社 261
臨時石炭鉱害復旧法 115, 116, 143
連結実質赤字比率 76, 179, 180
六ケ所村（青森県） 8, 90, 192, 198-202, 224-226, 244, 251-254, 256-259, 264-268, 288-290

【欧文】

J. A. シュンペーター（Schumpeter） 39-42, 44, 45, 48
J. ロールズ（Rawls） 25
M. クロジエ（Crozier） 16, 27
MOX 燃料工場 198, 199, 257
R. ゴルトシャイト（Goldsheid） 39-42, 48, 57

【著者】湯浅陽一（ゆあさ よういち）

関東学院大学社会学部教授
1972年生まれ。埼玉大学卒業。法政大学大学院修了。博士（社会学）
青森大学社会学部を経て、2006年度より関東学院大学。
著書に『政府の失敗の社会学』（舩橋晴俊らとの共著、2001年、ハーベスト社）、
『政策公共圏と負担の社会学』（2005年、新評論）など。

エネルギーと地方財政の社会学
旧産炭地と原子力関連自治体の分析

2018年3月4日　初版発行　　　　　　　　　　　定価（本体3,700円＋税）

著　者	湯浅陽一	
発行者	三浦衛	
発行所	春風社	
	〒220-0044　横浜市西区紅葉ヶ丘53　横浜市教育会館3階	
	電話　045-261-3168	
	FAX　045-261-3169	
	http://www.shumpu.com	
	info@shumpu.com	
	振替　00200-1-37524	
装丁	桂川潤	
印刷・製本	シナノ書籍印刷株式会社	

All Rights Reserved. Printed in Japan.
© Yoichi Yuasa. ISBN 978-4-86110-586-9 C0033 ¥ 3700E